Margarethe Eichberger

Die Beruhigung der Angst

Eine Familie lebt mit der Schizophrenie

Gartenstraße 4 / Tagwerk
4830 Gütersloh
Telefon 05241/12014

im Förderkreis
Wohnen–Arbeit–Freizeit e.V.

© Verlag Jakob van Hoddis
im Förderkreis Wohnen-Arbeit-Freizeit
Gartenstraße 4
4830 Gütersloh
Tel. 05241/12014

Satz: Tagwerk Gütersloh
Druck: Werbe-Druck Poppe, Gütersloh
Umschlag und Typografie: Atelier Scheffer, Gütersloh

Das Titelbild ist ein kleiner,
stark vergrößerter Motiv-Ausschnitt
aus einer Lithographie von Marc Chagall

Gütersloh im Dezember 1990

ISBN 3-926278-19-6

Inhaltsverzeichnis

Vorwort	7
Der erste Schock — verschlossene Türen	8
Wie die große Angst begann	27
Schweigen, Aggression und Tränen	48
Alles ist so unheimlich	63
Berufsunfähig? Warum und wie wird man Frührentner?	80
Die "Drehtürpsychiatrie" — Und wo bleibe ich?	94
Die Laterne, das Polizeiauto, — unheilbar?	108
Die Verzweiflung nimmt kein Ende	123
"Ich kann nicht mehr" — und das war die Wende	137
Allmählich "normaler"	149
Entlassen aus der Isoliertheit	166
Der lange Weg zum Erwachsenwerden	182
Die Beruhigung der Angst	192
Der Weg zum anderen Ufer	207

VORWORT

Es ist schon viel über Schizophrenie und die Psychiatrie geschrieben worden, auch viel Spektakuläres. Aber wie wird beides in einer Familie, im ganz banalen Alltag mit Partnerin und heranwachsenden Kindern erlebt? Ich habe hier den Versuch unternommen, meine unerwartete Konfrontation mit dieser seelischen Erkrankung zu schildern, um dann einem langen, langen Prozess zu folgen, in dem es auch zu sozialen und religiösen Konflikten kommen mußte, der vor allem die tiefe, große Angst zeigte, die ganz, ganz langsam zum Vertrauen fand, das Vertrauen wagte und so für uns alle am Ende ein bißchen Heilung brachte.

Es liegt mir auch daran, hier meine Situation als Frau zu zeigen, die für festgelegte Rollen als Hausfrau und Mutter erzogen worden war. Ich versuche, meine Entwicklung zu beschreiben, die mich zu einem emanzipierten und ganzen Menschen werden ließ.

Auch möchte ich zeigen, wie aus dem Aufwachsen in einem konventionellen Kirchenglauben ich Gott dann existentiell erfahren habe, wie ich Gott jenseits aller patriarchalen Namen als Atem und Impuls des Lebens, als tröstende, befreiende Kraft, als Liebe, Hilfe und Schutz erlebt habe, wie geistige und seelische Fülle in mir wuchs. Ich wünsche mir, daß meine Geschichte in diesem Sinne anstecken möge.

Der erste Schock — verschlossene Türen

Ich stand wie benommen mitten im Zimmer und wußte: jetzt ist es also passiert, jetzt ist das Unglück da! Ich hielt eine Weile die Hände vor das Gesicht, — was sollte ich jetzt tun?

Was war geschehen? Als ich meine beiden kleinen Kinder nach dem Mittagessen ins Bett gelegt hatte und mich selbst ausruhen wollte, läutete es. Ein Herr stand draußen, der sich als Walters Chef vorstellte. Er sagte. langsam: "Ich bin nicht sehr geschickt im Überbringen schlechter Nachrichten, aber mit Ihrem Mann ist etwas passiert. Ganz genau wissen wir es auch nicht, aber er hat vor dem Nachtdienst in M. einen Selbstmordversuch unternommen und ist in eine Nervenklinik gebracht worden, in welche, ist uns unbekannt. Aber ich habe gedacht, als erstes müssen Sie doch benachrichtigt werden." Und er ging wieder.

Da stand ich nun. Ganz allmählich beruhigten sich meine Gedanken. Ich weckte die Kinder, setzte sie in den Wagen und ging zu meiner Freundin, die ein Telefon hatte. Dort angekommen, brach ich erstmal in Tränen aus, als ich eine liebe Stimme hörte. Wir beide ließen uns erstmal die Telefonnummern aller entsprechenden Kliniken in M. geben. Beim dritten Anruf hatten wir Erfolg; Walter war dort und wir konnten mit dem zuständigen Arzt sprechen. Er war unverletzt, nur seine Brille war entzwei, aber es wäre das Beste, ich würde selbst kommen. So rief ich gleich meine Schwiegermutter an. Sie kam am nächsten Morgen. Bis dahin hatte ich ein Auto über die Mitfahrerzentrale nach M. bekommen — das war billiger als der Zug — und mich bei Walters Vermieterin angemeldet, damit ich in seinem Zimmer übernachten könnte. Am nächsten Abend war ich in M.

Im Polizeibericht, den ich in den nächsten Tagen zu lesen bekam, stand folgendes in kalter Amtssprache zu lesen:

Amtsgericht / Verwahrungsgericht
Betreff: ... Walter ... wegen vorläufiger Unterbringung
Beschluss: Walter ..., geb. ... in ..., verh. ... wohnhaft in M., wird vorläufig auf die Dauer von drei Monaten zum Zwecke der Beobachtung in dem Nervenkrankenhaus C. untergebracht. Die Frist beginnt am 7.9.1957.
Gründe: Der Betroffene Walter ... wurde am 7.9. auf Veranlassung der Stadtpo-

lizei M. aus Gründen der öffentlichen Sicherheit und Ordnung gem. § ... in das Nervenkrankenhaus gebracht.

Nach dem Bericht des Polizeipräsidenten. vom 6.9. wurde an dem Tag der Betroffene gegen 21.45 Uhr von der Funkstreife aufgrund nachstehenden Sachverhalts zum 15. Polizeirevier gebracht: am 6.9. gegen 19.30 Uhr betrat der Betroffene seine Dienststelle auf dem Flugplatz, begab sich auf den Flugzeugabstellplatz und versuchte, mit einer Maschine nach Berlin mitzufliegen. Von Angestellten wurde er aus dem Flugzeug verwiesen. Er begab sich dann in die Nähe der Motoren und wollte in die laufende Luftschraube gehen. Als er auch daran gehindert wurde, verließ er den Flughafen mit dem Vorsatz, sich von einem Auto überfahren zu lassen. Auf der ... Straße lief er einem PKW in die Fahrbahn und warf sich auf die Straße. Nur der Geistesgegenwart des PKW-Fahrers, der langsam fuhr und sofort bremste, war es zu verdanken, daß der Betroffene von dem Auto nur leicht erfasst und zur Seite geworfen wurde. Anschließend ging der Betroffene in Richtung Bahnübergang und wollte einen Versuch unternehmen, sich vom Zug überfahren zu lassen. Als er dort längere Zeit auf dem Bahngleis saß und ein Zug auf der Strecke nicht kam, gab er sein Vorhaben auf, um nach Hause zu gehen. In der Nähe des Bahnübergangs wurde er von der Funkstreife aufgegriffen. Er gab auch auf der Wache wiederholt zu verstehen, daß er sich das Leben nehmen wollte. Die Polizei erachtete bei ihm Selbstgefährdung.

Laut der vorerwähnten Mitteilung des Nervenkrankenhauses in O. war der Betroffene bei der Aufnahmeuntersuchung ruhig und allseits orientiert. Er motivierte die Selbstmordversuche zunächst mit seinem seelischen Kummer, der mit der Trennung von seiner Ehefrau zusammenhänge. Im Laufe der Exploration gab er dann zu, daß er in den letzten Wochen sich psychisch verändert fühle. Angst und Unheimlichkeitserlebnisse seien über ihn gekommen. Er fühle sich von keinem Menschen mehr verstanden und leide vor allem an einer Willensschwäche. Immer wieder müsse er über seine Zwiespältigkeit nachdenken, mit der er nicht fertig werde. Wörtlich erklärte er: "Irgend jemand gewinnt immer mehr Macht über mich." — Gegen diesen Beschluß ist sofortige Beschwerde binnen zwei Wochen ab Zustellung zulässig.

Walter war Angestellter der Flugsicherung und war nach einer Weiterbildung auf den Flughafen in M. versetzt worden. Dadurch war er schon ein Vierteljahr von seiner Frau und den Kindern getrennt. Eine Wohnung war beantragt worden, wurde aber erst gebaut. Ungefähr sechs Wochen vor diesem Ereignis hatte ich ihm geschrieben, daß ich ein drittes Kind erwarte. Wir hatten schon zwei Kinder von zwei und einem Jahr. Wenige Tage vor diesem oben beschriebenen Unglück war er bei der Verwaltung wegen einer Wohnung vorstellig geworden und bekam die Auskunft, die würde erst im Frühjahr fertig sein. Das wäre noch ein halbes Jahr gewesen und da sollte das dritte Kind schon geboren werden. Ich dachte ganz schlicht und einfach: das war wohl zu viel für ihn gewesen und hatte zum seelischen Zusammenbruch geführt.

Viele Briefe drückten in dieser Zeit der Trennung unsere Gefühle und Erlebnisse aus:

1. Juli 1957

Also Liebe,
... es kam aber als allerwichtigstes dazu: ich wohnte doch nicht allein, die Flugzeuge vor dem Fenster. Und jetzt habe ich die erste Nacht in meinem Zimmer im Dorf hinter mir und es ist so, als gehe die Lebenssonne auf. Dazu kommt das Einarbeiten, daß ich in zwei Tagen allein Dienst machen konnte. Ab heute bin ich nun richtig im Schichtdienst. Ja, und das Zimmer ist klein, aber gemütlich und nur 35,-- DM. Den Krach vom Flughafen höre ich nicht. Und mit der Wohnung ist es tatsächlich so, daß die Wartezeit am 31.8. erst anfängt. Naja, seit ich das Zimmer habe, glaube ich gut warten zu können. Mit Deinem Kommen, soll man das ernsthaft aufgreifen?

2. Juli

Mein Lieber, mit dem Kommen weiß ich ja auch nicht. Ich werde es mir in Ruhe überlegen und auf einmal bin ich da.
Ich kann nicht widerstehen, ich muß den Bann brechen, ich sehne mich so nach Dir, ... und von Dir bin ich nun vierhundert Kilometer getrennt. Diese wahnsinnigen Ängste und Gedankenmacherei kommen doch bloß von der Überlastung. Der Dienst wäre vielleicht garnicht so anstrengend wenn man nebenbei nicht Sorgen hätte. Alles o.k., wenn Du da wärst. Weißt Du, ich habe Komplexe vor Dir gehabt, ich fühle mich unsicher und meinte immer, ich müsse mehr leisten, ich habe mich dabei so sehr angestrengt und mich übernommen.

12. Juli

Lieber,
die Hitze war schlimm! Am Sonntag Nachmittag hatte Viola Fieber. Seit heute haben beide einen Hitzeanfall, — sagt die Ärztin. Beide erbrachen und wollten nicht essen. Mutti war ruhiger diesmal und verstand mich besser. Mit dem

Geld, da muß ich gleich beichten, da habe ich doch etwas Vorschuß geholt, ich aß ja wenig, aber da war plötzlich so viel Unvorhergesehenes, da kam ich nicht hin.

16. Juli 1957

Lieber Walter!
Hardy hat oben links und unten rechts einen Zahn bekommen! Er ist ganz durcheinander! Viola ist jetzt oft ziemlich lustig! Gestern habe ich Geld geholt, also, paß auf:

am 11.7.57	Gehalt		531,--
	Vorschuß	./.	50,--

			481,--
am 12.7	vom Bund		100,--

			581,--
am 12.7.	Miete	./.	56,--

			525,--
am 15.7.	abgehoben ./.		338,--

			187,--
	Krankenkasse	./.	25,--
			--------
	noch auf der Bank!		162,--
			=====

272.- DM habe ich noch genau, nachdem ich das Geld an Dich geschickt hatte.
— Gestern war ich allein im Kino, aber ohne Dich war es nicht schön!

Für mich habe ich nun folgendes zum Ausgeben:

Gas + Strom	20,--
Radio	2,--
Friseur	6,--
Wäsche	8,--
Waschpulver	3,--
Körperpflege	1,50
Sonstiges	30,--
Hemd für Dich	20,--

Stoff für mich	16,--
" für Viola	10,--
Sandalen	20,--
Essen	135,--
	271,50 DM

Ach, Walter, was soll ich Dir sonst schreiben? Wir werden uns ganz neu kennen lernen müssen, und jeder von uns beiden wird sich vielleicht schon wieder verändert haben. Wie Du mit dem Geld auskommst, da bewundere ich Dich auch sehr.

27. Juli

Liebe,
ich gehe auf Deine Briefe immer nicht ein, aber Du mußt wissen, daß ich mich freue. Ich habe das Gefühl, daß nunmehr die eigentliche Trennung aufgehört hat. Gestern bin ich zum ersten Mal mit jemand mitgeflogen. ich flog eine Stunde auf eigenem Flughafen über dem Lichtermeer der Großstadt. Dieser Pilot wäre bereit, mich immer mitzunehmen.

29. Juli

Mein Lieber,
bei diesem Brief mußt Du Dich nach Möglichkeit hinsetzen und in Ruhe lesen, denn danach wirst Du vielleicht ein bißchen durcheinander sein. Wie oft habe ich mir überlegt, ob und wie ich es Dir schreiben soll. Aber jetzt weiß ich es doch nicht. Am liebsten würde ich es Dir mündlich sagen, aber so lange kann ich nicht warten. Also, schlicht und einfach: wir werden Mitte März nicht zwei, sondern drei Kinder haben! Seit Sonnabend Morgen weiß ich es ganz genau, es gibt keinen Zweifel mehr. Zuerst war ich ganz durcheinander und ratlos, aber dann habe ich mich langsam gefreut und gedacht, das wird vielleicht ein ganz kostbares Kind. Wir werden es diesmal ganz schön machen, und es wird auch alles leichter sein, glaube ich. Die zwei sind so wunderbar, da brauchen wir uns um das dritte auch keine Sorgen zu machen. Ich bin ganz gesund und fühle mich ziemlich gut. Ich habe die Idee gehabt, ob wir jetzt vielleicht nicht doch mit der Wohnung schneller berücksichtigt werden können, wenn Du sagst, daß wir ein Kind erwarten.
Nach diesem Brief kam ein Antwortbrief auf meine so wichtige Mitteilung. Als ich merkte, daß ich wieder schwanger war, war ich sehr un-

glücklich, weinte einige Tage immer wieder und überlegte, was ich tun könnte. Ich spürte deutlich, daß wir beide damit überfordert waren, was sich nachher ja auch herausstellte. Auch regte es mich sehr auf, daß ich die Verhütung mit der Temperaturmethode eben falsch gemacht hatte. Ich war sehr verzweifelt, daß Walter mich bei dem allen so allein gelassen hatte, nicht mit sich reden ließ. Aber als ich genug geweint hatte, wurde ich allmählich ruhiger und fing an zu fragen, ob nicht doch ein Sinn darin steckte. Und wie ich so erzogen war, bereitwillig, alles auf mich zu nehmen, was sich als notwendig erwies, verhielt ich mich auch wieder so und suchte, mich selbst aufzubauen. Ich sprach mir Mut zu sagte mir, wie schön so ein Kind ja sei, zumal ich die beiden anderen vor mir hatte. Und so bemühte ich mich, das dritte Kind zu bejahen, ja, sogar, mich ein wenig zu freuen. Nur war natürlich sofort mein Gedanke: wie wird Walter es verkraften? Ich muß ihm helfen dazu. So gab ich mir die größte Mühe, es ihm so lieb zu schreiben, wie es mir möglich war.

Er konnte es aber zunächst nicht verkraften. Die Nachricht verwirrte ihn so, daß er mir einen konfusen Brief schrieb, voller Vorwürfe und Anschuldigungen. Er deutete sogar an, daß er sich von mir trennen wolle und jeder allein leben müsse. Man kann sich vorstellen, wie verzweifelt ich war! Der Brief war zeitweilig so schlimm, so ordinär formuliert, daß ich ihn instinktiv vernichtete. Dann versuchte ich aber, ihm in Ruhe zu antworten:

5. August
Du hast mir heute offen geschrieben und Dich von allen "Lügen" befreit. Ich hatte von Dir nie verlangt, "Lügen mitzumachen", und ich bin mir auch selbst keiner Lügen bewußt. Ich habe ja nie Dein Unglück sein wollen, denn ich liebe Dich doch und gerade in Deinem Anders-sein oder "Nicht-sein", wie Du es nennst. Das hat mich angezogen, daß bei Dir alles nicht mit alltäglichen Maßstäben aufgehen kann. Ich war doch glücklich, einen ganz anderen, nicht durchschnittlichen Mann zu haben. Warum sollte ich denn "mein ganzes Glück zerstören"? In den letzten Tagen hab ich ja gemerkt, wie Du littest und hatte ja solche Angst, daß es einfach zuviel für Dich ist, — und hatte auch Schuldgefühle, deshalb ja meine Verzweiflung. Ich wollte doch nicht "auf Deine Kosten" leben! Warum denn solche Vorwürfe?

5. August, vor
dem 2. Nachtdienst.
Liebe Du,

Verzeih mir den letzten Brief und wirf ihn weg. Ich bin so durcheinander, ich weiß schon nicht mehr, was ich tue. Immer dieses kleine Zimmer, oder wenn ich in die Stadt gehe, kaufe ich nur wie ein Wahnsinniger. Diese Trennung, wann hört sie bloß auf! Ich verstehe mich selbst nicht. Aber vielleicht ist auch die Freude über das Kind zu groß gewesen, daß meine Nerven einfach nicht mitmachten. Dieser Dienstplan ist auch schwierig, der Turn nimmt nie ein Ende. Bitte schicke mir doch irgendwelche Bilder von Dir und den Kinder, ich habe so garnichts von Euch. Hoffentlich kannst Du mir verzeihen.

8. August

Lieber, hoffentlich gefallen Dir die Bilder, Deine Tochter ist groß geworden, was?
Der schlimme Brief hat mich zuerst sehr durcheinander gebracht. Mir war, als müsse die Sonne untergehen, aber bis zum Abend hatte ich mich wieder gefangen. Ich konnte mir nicht vorstellen, daß es Dein letztes Wort war. Deshalb konnte ich Dir dann auch ganz ruhig schreiben, was ich zuerst garnicht vorhatte. Aber die Briefe sind so leicht mißzuverstehen. Ich sage auch: wann hört diese Trennung endlich auf? Vertraue mir wieder, wir werden neu anfangen.

10. August

Dein Brief kam heute Morgen, als ich zum Dienst ging, ich las ihn eben ganz und habe mir die goldigen Bilder angesehen und muß sagen, Du machst schöne Fotos. Also, diese Viola im Kleidchen! Und der Hardy! Ich danke Dir sehr, es ist eine schöne Geburtstagsfreude!

Dies ist einer von meinen angefangenen Briefen.

11. August

Lieber, ich muß Dir schon wieder schreiben, diese Trennung ist furchtbar! Dazu kommt, daß mir wahnsinnig elend ist seit ein paar Tagen. Ich bin doch so allein. Und überhaupt komme ich mir wo Du in M. bist, so ausgestoßen, so auf verlorenem Posten vor. Du kannst ja auch nichts machen, und ich erwarte auch nichts von Dir, aber ich muß es einmal offen sagen: Ich kann auch nicht ununterbrochen Kraft haben und dann bloß die Mutige spielen. Aber Du bist auch schwierig, d.h. es ist auch nicht einfach mit Dir. Ich erfahre nichts Persönlichesvon Dir selbst. Es ist so jede Verbindung abgeschnitten. ich weiß nichts von Dir. Ach, die Zeit wird auch mal zu Ende gehen, was?

13. August

Liebe, Liebe,
obwohl ich soeben aus dem Nachtdienst komme, schreibe ich Dir auf diesen Brief postwendend! Du, auf den Moment, wo Du merkst, daß ich nur von anderen Dingen schreibe, warte ich seit einem Jahr! Und nun ist es so weit, Du hast mich entdeckt. Solange hat das gedauert, bis Du das merkst, und was sollte ich das ganze Jahr machen? Ich mußte die Zähne zusammen beißen und durchhalten. Aber nun ist alles vorbei. So wird dieser Brief auch wieder ein leerer Brief werden.

Nach diesem Brief merkte ich, daß doch wieder recht unerklärliche Gedanken in Walter vor sich gingen und war sehr beunruhigt. Es fand sich eine günstige Gelegenheit, daß eine Nachbarin bereit war, die einjährige Viola für ein paar Tage zu betreuen, und Hardy mit zwei Jahren brachte ich zu meiner Schwiegermutter. Ich selbst bekam ein Auto über die Mitfahrerzentrale, schickte Walter ein Telegramm und schon war ich bei ihm in M. Und wir waren einen Tag und eine Nacht glücklich zusammen.

17. August

Ich war gestern erst um 19.30 Uhr wieder zuhause. Fuhr gleich nach W. weiter, Hardy schlief schon. Habe bei Mutti geschlafen. Heute Morgen gleich Viola samt ihrem Bettchen geholt, sie hat ein bißchen geweint, aber sonst war alles in Ordnung. Der Tag mit Dir war unvergeßlich schön. Und nun müssen wir weiter warten.

21. August

Vor einer Woche saß ich bei Dir! Toll war das Ganze eigentlich! Ich freue mich, daß ich so etwas Aktives wieder einmal fertig gebracht habe! Das hat doch gezeigt, daß ich immer noch die Alte bin und meine Energie noch nicht tot ist. Und es hatte alles so geklappt, wie ich es mir vorher genau überlegt hatte. Nun habe ich doch eine ganz andere Verbindung zu Dir, weil ich alles gesehen habe.

22. August

Lieber, Du bist total durcheinander, und so etwas habe ich mir fast gedacht und schreibe jetzt gleich ganz spontan, nachdem ich Deine Brieffetzen vom Nachtdienst gelesen habe. Was hast Du denn dem Chef wieder gesagt? Glaubst Du, in D. wärst Du glücklicher? Wenn Du da wieder irgendeine Bude kriegst? Du machst Dir alles schwerer als es ist. Ich beschwöre Dich, bleibe jetzt da, wo Du bist und beantrage so schnell wie möglich eine Wohnung für uns und

nimm die erste und schnellste, die Du kriegst. Das sind alles nur Deine Gefühle. Und die kann ich mir vorstellen und ja auch verstehen. Du kannst mich hassen, wie Du schreibst, soviel Du willst, aber ich bin eine Frau mit klarem Verstand und man kann mit mir nicht einfach alles so machen. Ich kriege das dritte Kind, das ist ein bißchen viel. Du darfst nicht kurz vor dem Ziel alles kaputtmachen. Warum bist du so ablehnend gegen die Kollegen und willst nicht mit ihnen zusammen sein? Sie dürfen doch auch leben wie Du und können nichts dafür, daß sie anders sind. — Ich mußte das so schreiben, es ging nicht mehr bei mir. Ich weiß, daß alles schwer ist, aber ich kann Dir Dein Leben auch nicht abnehmen. Ich weiß nur ganz bestimmt, daß jetzt der Endspurt kommt. Es kommt dann aber der Sieg.
Vielleicht war mein Besuch zu viel für Dich, aber das hattest Du Dir auch eingebrockt, weil ich nichts mehr von Dir wußte. Warum hast Du all die Briefe nicht abgeschickt, sondern verbrannt? Warum hast Du kein Vertrauen zu mir? Mir ist jetzt, wo der Brief fertig ist, sehr zum Heulen. Ich kann das bald nicht mehr aushalten. Bitte laß mich jetzt nicht im Ungewissen und in Angst. Schreibe mir bald, was Du dort tust und ob Du mit dem Chef nochmal gesprochen hast. Du in der Ferne bist für mich anstrengender als hier, weil man nie weiß, was Du in Deinen Gefühlen tust.

Es kamen immer konfusere Briefe, immer schlimmere von Walter. Sie enthielten teilweise unzusammenhängende und unvollendete Sätze und Anschuldigungen und Vorwürfe gegen mich. Er konstruierte in ihnen immer mehr ein gespanntes und problematisches Verhältnis zwischen uns. Das hatte er ja in den zwei letzten Jahren schon einige Male gemacht und war mir nicht neu, aber ich war dem völlig ratlos und sehr unglücklich ausgeliefert, weil ich ihn nicht verstand. Ich spürte nur, daß er sich in einem sehr schlimmen Zustand befand und hatte Angst. Die Briefe waren oft in einer bösen und ordinären Sprache abgefasst, so daß ich sie instinktiv vernichtete. Mein letzter Brief vor der Katastrophe:

26. August
Hab nur ruhig die Wut auf mich. Du merkst ja oft garnicht, was ich mittrage. Ich bin jetzt ganz ruhig und gehe mit Dir wie durch ein dunkles Tal in der Nacht. Ich weiß, daß das Tal eine Ende hat und die Nacht auch, und dann wirst Du nicht mehr frieren und Angst haben. Wieso sitze ich Dir "im Nacken"? Es ist ja auch furchtbar mit Deiner Bude, das Wetter ist auch so wie im November. Ich wüßte ja auch nichts anderes als ins Bett kriechen. Und heulen würde ich auch. Das Einzige, was ich Dir vorschlagen könnte, wäre, ein Radio zu leihen.

Wenn es zu viel kostet, schicke ich Dir eben was. Vielleicht bekommt dann Deine Bude ein anderes Gesicht.
Hardy hat gestern auf Viola gedeutet und ganz deutlich "Mäuschen" gesagt. Viola kann schon ganz schön laufen.

Am sechsten September ist Walter dann nicht mehr mit seiner Angst fertig geworden und es passierte, wovon ich anfangs berichtete. Damit war seine Krankheit zum Ausbruch gekommen, mit der wir dann so viele Jahre zu leben gelernt hatten. Ich fuhr also nach M. Im letzten Tageslicht ging ich allein mit meinem Köfferchen über einen weiten Platz zu meinem Bruder. Der erregte sich sehr, wie man so unverantwortlich sein könne und sich das Leben nehmen, wenn die Frau das dritte Kind bekommt. Es ist ja so eine verbreitete Meinung unter vielen Menschen, daß, wer seinen Gefühlen unterliegt und gar Angst vor dem Leben hat, als schwach oder als Versager gilt.

Wir fuhren hinaus zu Walters Vermieterin. Diese liebvolle Frau nahm mich warmherzig und freundlich auf. Das tat mir sehr wohl. Sie schilderte mir alles in einer menschlichen Art, was nachher im Polizeibericht stand. Ich schlief in Walter Zimmer und ging am nächsten Morgen klopfenden Herzens zu seinem Chef hinüber. Dann meldete ich mich beim Arzt in O. an, suchte den nächsten Bus und fuhr hinaus. Unterwegs war mir sehr bange. Wie werde ich Walter vorfinden? Wo ist er untergebracht? Was wird dort mit ihm gemacht? Wie sind die Ärzte? Diese Fragen jagten in meinem Kopf. In meiner Angst kam mir eine Eingebung und ich begann zu beten. Alttestamentliche Worte fielen mir plötzlich ein, von Kindheit an vertraut, bekamen sie jetzt Aktualität:

> *"Der Herr segne dich und behüte dich,*
> *der Herr lasse sein Angesicht leuchten*
> *über dir und sei dir gnädig,*
> *der Herr hebe sein Angesicht über dich*
> *und gebe dir Frieden."*

Immer wieder sprach ich mir diese Worte, in meiner Bus-Ecke hockend, vor. Das war wie eine Existenzfrage, wie eine starke Hand, an der man sich festhalten kann. Rückwirkend bin ich der Meinung, daß diese Worte für mich und Walter damals zur Wirklichkeit wurden: sowas wie ein Segen ging wirklich mit uns durch diese schlimme Zeit.

Es kam der tieferschütternde Augenblick, als ich zum ersten Mal durch das Tor einer psychiatrischen Klinik trat. "Irrenhaus", wie die Leute damals und auch leider oft noch heute sagen. Ich hatte so etwas noch nie gesehen. Walter lag in einer abgeschlossenen Station, an deren Tür ich erst läuten mußte. Alte, düstere Backsteingebäude mit dicken Mauern und Gittern vor den Fenstern. Ich spürte es sofort: wenn einer schon deprimiert hierher kommt, kann ihn diese Umgebung bestimmt nicht wieder froh und gesund machen.
Zuerst sprach ich mit dem Arzt und der nahm zum ersten Mal das Wort "geisteskrank" in den Mund. Es traf mich wie ein Keulenschlag: Walter und geisteskrank! Unvorstellbar! Aber nachher las ich es ja auch noch im Polizeibericht. Ich fand, der Arzt redete unpersönlich und routinemäßig mit mir. Dann führte er mich zu Walter. Er lag mit einem tieftraurigen, ganz fremden Gesichtsausdruck im Bett. Aber schon bei meinem Anblick belebten sich seine Züge. Wir umarmten uns und weinten beide. Der Arzt ließ uns zum Glück allein. Ich streichelte ihn und redete ihm gute Worte zu, er umklammerte meine Hände ganz fest. Ich brachte ihm seine Ersatzbrille mit und das war für ihn schon eine Erlösung. Mir fiel auf, daß er beim Sprechen die Zunge nicht richtig bewegte und merkte allmählich, daß er starke Beruhigungsmittel bekommen hatte.

Sehr niedergedrückt kehrte ich an diesem Abend in sein Zimmer zurück und Verzweiflung und eine große Verlassenheit überfielen mich. Ich hatte das Gefühl, niemand könne mir helfen und nur Gott wüßte eine Rettung. Aber wie ich so erzogen war: mir kam sofort die Befürchtung, ich könne nicht würdig und gut genug sein, die Angst, eine Hilfe nicht verdient zu haben. Unwillkürlich flehte ich verzweifelt, alle meine Fehler und Schwächen mögen Gott nicht abhalten, mir zu helfen. Es war ein verzweifeltes Klammern an diese Liebe Gottes, heute erinnert es mich eher auch an manche neutestamentliche Geschichte von verzweifelten Menschen, denen Jesus half. Es war zum Glück noch genug Vertrauen in mir, das mich nicht so niedergedrückt und resigniert bleiben ließ, eine unbewußte Entscheidung, den Weg weiter in einer Beziehung zu Gott zu gehen, ernst zu machen mit dem, was ich bis dahin so selbstverständlich als "christlichen" Glauben angenommen hatte.
Als ich am nächsten Morgen wieder ins Krankenhaus kam, bestätigte auch der Arzt die Gabe von Beruhigungsmittel, — wo doch Walter ganz ruhig gewesen war, wie ich nachher las. — Er erklärte, Walter müsse eine Insulin-Schockbehandlung bekommen, die mehrere Wochen dauern

würde. Er lehnte die Möglichkeit ab, Walter nach F., wo seine Familie wohnte, zu dieser Behandlung zu überweisen. Heute fällt mir auf, daß ich damals auch garnicht danach gefragt habe, ob nicht der Patient erstmal seine Einwilligung zu so einer Behandlung zu geben habe. Walter hatte inzwischen den Einweisungsbericht und den Polizeibericht bekommen. Ich fuhr damit gleich zum besagten "Verwahrungsgericht" und zu dem zuständigen Richter und fragte nochmals nach, wegen einer Überweisung nach F., was auch dieser ablehnte. Als ich Einspruch gegen diesen "Beschluß" erheben wollte, sagte er mir, das könne nur der Patient selbst, nicht seine Ehefrau.
Nachmittags fuhr ich nochmals zu Walter hinaus, um ihn zu einem Einspruch zu bewegen. Er war aber so matt und apathisch, daß ich es aufgab und sehr verzweifelt Abschied von ihm nahm. Inzwischen hatte ich Walters Zimmer gekündigt, seine Sachen in Koffer verpackt und begab mich schwer beladen auf die Heimfahrt. Unterwegs weinte ich bitterlich. Spät in der Nacht kam ich nach Hause. Als ich meiner Schwiegermutter von der Diagnose des Arztes berichtete, war diese beim Wort "geisteskrank" natürlich auch erschrocken, auch empört, und konnte mich nicht trösten. Sie reagierte wie viele Mütter: "mein Sohn doch nicht". Sie erfasste unsere verzweifelte Situation garnicht. Als sie am nächsten Morgen abfuhr, umarmte ich meine beiden Kleinen und war froh, mich an diese süßen Geschöpfe klammern zu können. Gleich setzte ich mich hin und schrieb Walter liebevolle Briefe, damit er sich nicht isoliert vorkam, und er antwortete mit folgendem Brief:

20. September
Geliebte Frau!
Du hast mir nun schon vier Briefe geschrieben und das Päckchen geschickt und ich danke Dir nun endlich für alles. Du bist eine liebe Frau. Mit der "Kur" ist es wohl am besten so wie Du es arrangiert hast, nämlich daß ich sie hier mache. Bis jetzt bin ich ja laufend in einer Tablettenkur und ich muß sagen, ich merke tatsächlich schon eine Wirkung: ich bin leger geworden. Von einem Pfleger erfuhr ich, daß die Insulinkur gut sei insofern, als sie neben der Heilung auch etwaigen Rückfällen vorbeugt. Ich habe mich inzwischen auch schon eingelebt und finde mich hier zurecht. Man kann den Rhythmus im Tagesablauf übersehen, weiß, wann es was zu essen gibt, wann zu arbeiten, wann man an die Luft kommt, ja, sogar, wann der Friseur kommt und daß es 14tägig Streuselkuchen gibt! Daß Du wieder kommen kannst, da bin ich ja froh, und noch so lange. Zu den Ärzten und Pflegern habe ich jetzt auch Vertrauen und bin dadurch hier et-

was geborgen. Sorge Dich also nicht um mich so sehr. Irgendwann werde ich ja dann vielleicht ganz gesund und hier entlassen werden. Nach Dir sehne ich mich aber am meisten.

Wenn man diesen Brief liest, kann man sich garnicht vorstellen, daß der Schreiber vierzehn Tage vorher als "geisteskrank" eingeliefert worden war. So schnell kann die Störung wieder vorbei sein. Heute wird das eher in die Behandlung psychischer Kranker einbezogen als damals. Dank der Hilfe meiner Schwester, die bereit war, eine Woche für die Kinder zu sorgen, konnte ich drei Wochen später wieder bei Walter sein. Ich fand ihn in einem "besseren" Haus und Station vor und bei einem anderen Arzt. Bevor ich — gleich von der Bahn kommend — zu Walter ging, konnte ich mit diesem Arzt sprechen. Ich konnte ihm verständlich machen, daß uns Klarheit und Gewißheit mehr helfen würde, und so bestätigte er mir den Verdacht auf Geisteskrankheit, genauer gesagt Schizophrenie. Für mich war das alles neu und unerklärlich und der Arzt betonte fairerweise das Wort "Verdacht". Auch erklärte er mir den Zweck einer Insulinkur. Der Patient wird an eine Liege geschnallt und dann wird eine künstliche Bewußtlosigkeit durch eine Insulinspritze hervorgerufen, wobei fast eine Blutleere im Gehirn entsteht. Nach einer vorgeschriebenen Zeit wird der Patient durch eine Traubenzuckergabe wieder zum Bewußtsein gebracht und so das Gehirn "frisch durchblutet", sozusagen aufgefrischt! Die psychische Störung wurde also wie selbstverständlich organisch behandelt. Meine Beschreibung habe ich natürlich absichtlich sehr laienhaft dargestellt, aber so hatte ich es mir damals versucht einzuprägen. Ob es wirklich so ist oder ob man es den Angehörigen nur so harmlos erklärt, konnte ich nicht erkennen. Das Ganze stellte sich nachher nämlich als eine ziemliche Tortur heraus und uns beiden kam das garnicht so harmlos vor. Die "Kur" galt als beendet, wenn eine bestimmte Anzahl von "Tiefschläfen" erreicht war. Manchmal, — wahrscheinlich auch durch inneren Widerstand — erreichte der "Tiefschlaf" bei Walter nicht die erforderliche Tiefe und so verlängerte sich dann die "Kur".

Unsere Wiedersehensfreude war groß. Walter trug auf dieser Station seine eigene Privatkleidung und durfte mit mir draußen spazieren gehen. Auch konnte er in diesem Haus von einem Raum zum anderen, zum Beispiel vom Schlafraum in den Aufenthaltsraum oder in das Besucherzimmer gehen. Nur die Außentür war abgeschlossen.

Nach der Besuchszeit ging ich in das Dorf und mietete mich in einem Gasthof ein. Aber das Zimmer war kalt und ungemütlich und unten in der Gaststube ging es laut her. Nun konnte ich Walter jeden Tag besuchen. Am zweiten Abend war ich wieder bei meinem Bruder und einer Freundin. Anschließend fuhren sie mich mit dem Auto bis zu meiner Unterkunft und ich schaffte es gerade noch, mich von ihnen zu verabschieden. Danach stürzte ich hinter das Haus und mußte mich furchtbar übergeben. Ich werde es nie vergessen, wie elend und unglücklich und verlassen ich mich an diesem Abend dort in der Dunkelheit hinter dem Gasthof fühlte und wie ich weinend und verzweifelt betete, immer wieder im Vertrauen an eine gütige Kraft, die mich tragen würde. Schon am nächsten Tag kam Hilfe. Ich besuchte einen Kollegen Walters und dessen Familie, und als sie hörten, wo ich wohne, luden sie mich ein, bei ihnen zu bleiben und im Wohnzimmer zu schlafen. Die menschliche Wärme dieser Familie tat mir sehr gut. Seelisch gestärkt fuhr ich wieder zu meinen Kindern zurück. Meine Schwester berichtete mir stolz, sie hätten nicht ein einziges Mal geweint.

3. Oktober

Lieber Walter!
Eben hat Mutti uns Drei verlassen. Sie hat mir versprochen, am Mittwoch Abend zu kommen und dann kann ich ab Donnerstag wieder vier Tage bei Dir sein.

Bei meinem zweiten Besuch wohnte ich zwei Tage und Nächte wieder bei der Familie des Kollegen. Ich machte mit Walter schöne, herbstliche Spaziergänge, wir konnten wieder unbeobachtet zärtlich sein, — Glück, nach dem wir uns so viele Wochen gesehnt hatten. Nach vier Tagen war ich wieder zuhause und schloß glücklich die Kinder in meine Arme.

10. Oktober

Liebe Frau!
Morgen habe ich nun drei Wochen hinter mich gebracht. Ich weiß nicht, ob ich komisch bin, ist es romantisch oder altmodisch, von Liebe zu reden? Sieh mal, alles, was gewesen ist, ist mir so vage, gerade jetzt hier. Ich bin ganz doll empfindlich, weißt Du, und ich weiß nicht, ob ich mit Dir darüber reden kann. Ich bin in einer Todeseinsamkeit. Wenn ich mit Dir zusammen sein werde, wird dann vielleicht wieder nichts zu merken sein, oder ich bringe Dich wieder zum Weinen über etwas, was mir selbst noch nicht klar ist. Liebst Du mich? Das ist doch ganz ausschlaggebend. Vier Jahre bin ich jetzt mit Dir verheiratet, aber

mich interessiert jetzt, ob Du mich liebst, ob ich Dich liebe. Ich wäre froh, wenn ich mit Dir überhaupt ins Gespräch kommen könnte. Einen Menschen zu haben, oder keinen, darum geht es doch.

Dieser Brief zeigte, daß Walter begann, neues Vertrauen und neuen Kontakt zu mir aufzubauen und ohne Angst zu reden. Ich behaupte, daß ihm das mehr half als Medikamente. Heute wird dies ja auch von Fachleuten bestätigt. Damit übernahm ich, was mir damals zuerst noch garnicht bewußt war, einen wesentlichen Teil der Therapie, die die Ärzte zu geben nicht in der Lage und bereit waren. Nur bei einer Zuwendung, auf die der Kranke sich verlassen kann, kann ja wohl Sicherheit, Lebensmut und Selbstvertrauen wenigstens in kleinem Maße entstehen.

Mein dritter Besuch, der wiederum dadurch ermöglicht wurde, daß meine zweite Schwester für diesmal sogar zehn Tage bei den Kindern bleiben konnte, brachte uns einige Schritte voran und einige zurück. Diesmal durfte ich Gast bei einer Freundin meiner Schwester sein. Ich schlief in einem kleinen gemütlichen Zimmer, und einen Tag und eine Nacht bekam Walter Urlaub aus der Klinik und konnte dort mit mir zusammen übernachten. An dem Abend waren wir zum Geburtstag meines Bruders eingeladen, der glücklicherweise gleich um die Ecke wohnte. Es waren fröhliche, altvertraute Gäste da. Walter war anfangs guter Dinge, aber dann wurde es ihm zu lang und wir mußten früher als geplant fort, weil ich Angst hatte, daß er schwierig würde. Er war wieder voller komplizierter Gedanken und es gelang ihm nicht, seine Gefühle und miese Stimmung zu erklären. Es schien mir, als sei er eifersüchtig. Ich weinte schließlich wieder. Am nächsten Tag faßten wir aber wieder neues Vertrauen zueinander, genossen die schöne Stadt und das Zusammensein. Abends begleitete ich Walter zum verabredeten Bus, damit er zur vorgeschriebenen Zeit wieder in der Klinik eintraf. Der Abschied war unsagbar schwer. Wir weinten beide, wußten wir doch, daß uns noch mehrere Wochen der Trennung bevorstanden unter so traurigen Bedingungen! Ich fuhr nachts noch nach Hause und weinte im Zug, und auch Walter war tief deprimiert. So viel waren wir uns, daß wir wie am Ertrinken waren, wenn wir voneinander so getrennt wurden.

29. Oktober
*Lieber,
ich war eben bei Deinem Chef, mußte eine halbe Stunde warten, Naja, also Re-*

sultat gleich Null, aber sei nicht traurig. Er sagte, von da ab, wo Du vom Arzt als gesund entlassen wirst, werden sie Dich wieder beschäftigen. Inzwischen würden sie, wenn es nicht mehr so lange dauert bis zu Deiner Entlassung, worüber er, glaube ich, erstaunt war, sehen, wohin Du kämst. Wir könnten aber ziemlich sicher damit rechnen, daß Du hierher kämst. Es kommt also jetzt alles auf Dr. B. an. Ein Entlassungsschein allein genügt nicht. — Heute habe ich ziemliche Kopfschmerzen, aber sonst ist alles in Ordnung. Die Kinder sind lieb und süß.

31. Oktober

Meine Liebe, bis auf den Chef ist ja alles nun in Ordnung. Ich rechne gerade über vier Monate zusammen, daß ich meine Kinder nicht mehr gesehen habe und in dem Alter verändern sie sich doch so schnell. Hinter allem steht natürlich der Wunsch nach Freiheit, nach Gesundheit. Mit der Kur klappt es wunderbar, der Arzt sagt, ich mache Fortschritte. Als Mittel gegen Langeweile habe ich jetzt eines von den Anstaltsbüchern zu lesen angefangen.

4. November

Heute morgen ist Viola gegen Keuchhusten usw. geimpft worden. Sie war ganz empört, daß man sie so unvorbereitet in den Arm stach und hat geweint. Hardy war begeistert von den vielen Babys. Na, der wird sich freuen, wenn wir noch ein Baby haben werden! Heute Nachmittag hat er viele Züge gesehen, noch abends beim Waschen erzählte er davon. Viola ist sehr viel gelaufen. Ich habe heute Kohlen und Versicherung bezahlt: 110,- DM. Wir haben jetzt überhaupt keine Schulden mehr.

12. November

Lieber,

außer einem Schnupfen geht es mir selbst gut. Mein Kreuz spüre ich leider doch wieder, aber ich habe nun das Leben kennen gelernt und bin in der Lage, manches zu ertragen und spüre so eine Fülle dabei. Nun zu Deinem Gehalt: es läuft bis zum 19. Dezember. Wirst Du vorher wieder dienstfähig, läuft es automatisch weiter. Hoffentlich ist die Zeit bald herum und Du kannst wieder nach Hause kommen!

16. November

Ich war gestern auf der Bank: 706,- DM waren als Gehalt da und 62,- DM Trennungsentschädigung. Mutti war mit unserer Wohnung nicht zufrieden, zu flüchtlingsmäßig mit den Betten im Wohnzimmer. Also werde ich alles wieder umstellen und das alte Wohnzimmer wieder einrichten. Ich muß eben auf die Kinder aufpassen. Lieber, heute fängt, mein sechster Monat an! Aber vor allem ist doch die Sehnsucht nach Dir und bestimmt alles.

17. November

Liebe Frau,
Es geht mir eigentlich nicht gut, aber auch nicht richtig schlecht, ein bißchen kalt und dadurch ist der geistige Schwung weg. Du siehst, ich fange zum zweiten Mal an, aber ich bin lasch. Heute Nachmittag werde ich dann wohl ins Kino gehen und den Brief einstecken. Mit der Kur ist es jetzt so, daß sie Experimente mit mir machen. Erst hatte ich zu wenig Insulin bekommen und dann haben sie mir eine größere Menge geteilt, also zwei Spritzen, auf jeder Seite eine, gegeben. — Ach, ich denke jetzt noch an unser Zusammensein! Du bist doch in allem mein Lichtblick und mein Leben. Du bekommst das Kind und bist so wunderbar in allem. Am Sonnabend/Sonntag ist doch alles anders hier, da hat man Zeit zum Nachdenken, ich mache Schluß, ich komme doch nicht aus mir heraus, ich bin gehemmt, eingeschränkt. Ich möchte allmählich zuhause sein. Diese komische Irrenanstalt, die zwar die größte in Deutschland sein soll, reicht mir allmählich doch. Auch eben dies Nicht-schreiben-können, ohne daß es gelesen wird, das ist mir zuviel mit der Zeit. Wieso haben die das Recht, meine Briefe an Dich zu lesen? Sogar jetzt, wo ich schreiben kann, ist mir das Bewußtsein, daß ich diesen Brief also "Herausschmuggele", zu dumm. Ich passe hier gar nicht mehr her.

18. November

Lieber,
heute Morgen kam das Schreiben vom "Verwahrungsgericht", — das ist ja ein furchtbares Wort, als ob Du was verbrochen hast — und eine Bescheinigung über das Gutachten des Amtsarztes für die Dienststelle. Amtlich ist also alles gut gelaufen und wir haben alle Hürden bei den Behörden genommen. Ich habe schon acht Tage kein Lebenszeichen mehr von Dir. Aber ich kann mir das meiste denken. Die Ungewißheit ist schwer zu ertragen, aber bald muß es ja sein.

24. November

Liebe Frau,
das Wichtigste will ich Dir schnell schreiben, nämlich, daß ich am 30. November sicherlich nicht komme, sondern am 7. Dezember schon eher. Aus diesem Grund bin ich in Druck mit dem Geld. Du fragst in Deinem Brief nach einem genauen Termin, wann ich komme. Das ist hier praktisch nicht möglich zu sagen. Es geht

doch nach der Anzahl der Tiefschläfe und nicht nach der Zeit. Sollte ich frühzeitig einen genauen Termin erfahren, um Dir noch zu schreiben, dann tue ich es auf jeden Fall. Es dreht sich jetzt um den Endspurt und der ist nicht leicht, aber zu schaffen. Die Ungewißheit ist für mich auch furchtbar.

27.November
Lieber, Du darfst nur nicht böse sein, — ich habe heute Nachmittag nach ruhigem Überlegen Deinen Arzt angerufen und erfahren, daß er Mittwoch mit Dir ausgemacht hat. Ich wollte nicht, daß die Sache ins Uferlose geht. Ich bin nun froh und werde Dich geduldig erwarten. Hier ist alles in Ordnung, Hardy kann schon viel sprechen, und Viola läuft jetzt schön im Zimmer herum. Mir geht es gut, habe keine Beschwerden und fühle mich wohl.

Meine Besuche und Briefe waren der einzige persönliche Kontakt und Zuwendung, die Walter in dieser Zeit hatte. Die Ärzte verschanzten sich hinter ihrer "Kur" und überließen den Patienten sich selbst, seiner Einsamkeit und seinen Gedanken. Später dachte ich über diese ersten Erfahrungen mit der Psychiatrie, es sei doch unmenschlich und oberflächlich, anzunehmen, daß nach einem seelischen Zusammenbruch eine "Heilung" bewirkt werden könne ohne freundliche Zuwendung und Ansprache. Vielleicht, — ja sogar sicher — wäre Walter von vornherein mit einer psychotherapeutischen Behandlung, die ambulant in der gleichzeitigen Geborgenheit seines Zuhause und seiner Familie möglich gewesen wäre, besser geholfen. Ich war damals zu unwissend und es gab keine Möglichkeit der Beratung. Es war üblich, in solchen Fällen einfach gleich "Schizophrenie" zu diagnostizieren. Ich versuchte als einfache Frau instinktiv und in meiner laienhaften Ahnungslosigkeit, Walter aus der Ferne zur Seite zu sein. Man war damals der Meinung, verrückt ist verrückt, da nützen keine Gespräche. Die "Geisteskrankheit" könne nur mit einer ziemlich rabiaten "Kur" für das Gehirn etwas "gebessert" werden, als sei der Mensch nur eine körperliche Funktion. Die Gedanken der Patienten wurden nicht ernst genommen, und er konnte sie auch nicht aussprechen. Man traute ihm nicht zu, daß er auch als "Geisteskranker" an sich arbeiten könnte.

In den Tagen vor der Entlassung Walters aus der Nervenheilanstalt war ich voller Sorge und Angst, er könne nicht bis zuletzt durchhalten und eines Tages die Nerven verlieren, wie es in der Zeit schon einmal passiert war, weil sich seine Heimkehr immer mehr hinauszog und man ihn in Ungewißheit ließ. Ich quälte mich sehr in unruhigen Tagen und Nächten, bis ich schließlich den Arzt anrief, der gleich den Entlassungstermin parat hatte. Ich hielt ihm vor, daß es doch nicht richtig sei, den Patienten so im Ungewissen zu lassen, anstatt ihm Hoffnung zu geben. Das war für mich ein Zeichen dafür, wie unmündig man Patienten in einem Psychiatrischen Krankenhaus behandelte.

Trotz aller Ängste kam dann wirklich der Tag der Heimkehr und des Wiedersehens! Gerührt und begeistert schloß Walter seine Frau und vor allem seine langentbehrten Kinder in die Arme! Diese glücklichen Momente mußte ich mir später immer wieder vergegenwärtigen, damit nicht die endlosen Schwierigkeiten, die wir von da ab miteinander hatten, so erdrückend wirkten. Mit dieser Heimkehr begannen die schwersten Leidensjahre, in denen sich Walters seelische Erkrankung immer mehr steigerte und uns alle in großer Not brachte. Heute kann ich davon erzählen, wie uns diese Leiden nicht kaputt gemacht, sondern verändert haben; wie sich dieses Wunder zugetragen hat. Ich nenne es bewußt so: "ein Wunder", das uns aber nicht so einfach in den Schoß fiel, wie sich heute viele ein Wunder primitiv vorstellen wollen. Ich war in einem traditionellen, christlichen Glauben erzogen worden, hatte eine kirchliche und theologische Ausbildung erfahren und war sechs Jahre vor meiner Verheiratung nach dem zweiten Weltkrieg hauptamtlich in der evangelischen Jugendarbeit engagiert. Aber eine so nahe, existentielle Wirklichkeit wurde Gott für mich erst in diesen Leidensjahren. Und es kam mir vor, als hätte ich wie eine Blinde immer wieder tastend das richtige Geländer gefunden, an dem es lang ging. Das nenne ich ein Wunder.

Wie die große Angst begann

Eigentlich begannen unsere Leidensjahre schon viel früher. Auch da findet sich ein bestimmter Tag, an dem es deutlich begann. Es war der Tag der Geburt unseres ersten Sohnes, im August 1955. Das Warten auf dieses Ereignis zog sich lange hinaus, und schließlich griff der Arzt ein. Ich ging in eine kleine Privatklinik und erwartete dort nun nach vielen Spritzen die ersten Wehen. Es war das erste Mal, daß wir beide getrennt waren. Walter saß allein mit seinen Ängsten vor diesem Ereignis in der leeren Wohnung, und ich lag in einem tristen Entbindungszimmer. Damals war es eben nicht üblich, daß Mann und Frau diese Stunden gemeinsam erleben konnten. Am nächsten Tag setzten die Wehen dann sehr stark ein, und ich litt so sehr, daß ich, als Walter kam, bat, man möge ihn nicht zu mir hereinlassen. Das hätte ich nicht tun dürfen, das hat ihn sehr beunruhigt. Er fühlte sich natürlich ausgeschlossen, irrte allein auf seinem Motorrad durch die Straßen und erschien am Nachmittag gerade wieder, als unser kleiner Hardy "das Licht der Welt erblickte", aber leider nicht von selbst, - er war eine Zangengeburt. Ich lag in tiefer Narkose. Nur kurz wurde ich wach und sah Walter neben mir sitzen. Das winzige Baby wurde mir in den Arm gelegt. Wir bestaunten den schönen Kopf des Kindes, den die Zange nicht verformt hatte und waren überwältigt von diesem Ereignis. Als ich dann aber wieder in einen tiefen Erschöpfungsschlaf sank, mußte Walter gehen. Später erzählte er mir, wie er damals mit dem Motorrad hinausgefahren sei auf einen Feldweg, dort am Wegrand gestanden habe und versuchte, seine durcheinander wallenden Gefühle zu ordnen. Er habe das Gefühl gehabt, das viele Väter haben, wenn sie vom Geburtsvorgang ausgeschlossen wurden, daß ich nun ein eigenständiges Leben mit dem Kind beginne und er nur eine Nebenfigur geworden sei. Dieses Gefühl muß sich wohl sehr stark in ihm verfestigt haben, denn es beeinträchtige von nun an leider unser Zusammenleben, obwohl Walter das Kind sehr liebte und so begeistert war wie ich.

Meine Heimkehr war ein glücklicher Tag. Wir legten das Kind in den vorbereiteten Kinderwagen und mußten sehr lachen, als sein Stimmchen zum ersten Mal in unserer Wohnung erscholl. Daß nun ein Kind da war, bedeutete naturgemäß eine Umstellung für uns, wie das allen jungen Eltern ergeht. Es kam als Schwierigkeit dazu, daß Hardy wohl durch die Aufregung der Geburt einen Magenpförtnerkrampf hatte, wie sich nach zwei Wochen herausstellte. Das Kind hatte sehr abgenommen und war elend und mußte nach Anweisung einer Kinderärztin sehr sorgfältig und mühsam gefüttert werden. Ich hielt mich strikt daran, und es gelang, das Kind langsam hochzupäppeln, ohne daß es operiert werden mußte. In diese Zeit fiel ein Mißgeschick, das für viele Jahre die Weichen in meinem Verhältnis zu Walters Familie stellte. Am Tag der Taufe — es war ein kalter Septembertag — hatte ich Hardy morgens gestillt und in den Wagen zurückgelegt, um mich anzukleiden. Danach wollte ich das Kind baden und fein machen. In diesem kurzen Augenblick traf die ganze Familie ein, Walter führte sie stolz zum Kinderwagen, aber wie sah der Kleine aus! Er hatte sich und den Wagen "vollgemacht"! Das war natürlich kein schöner erster Anblick. Es half nichts, daß ich ihn fein badete, alles frisch machte, ihn mit Selbstgestricktem ganz niedlich anzog, den Wagen mit Blumen schmückte, - alle waren überzeugt, ich sei eine unfähige und unsaubere Mutter und Hausfrau. Meine Schwiegermutter war sogar der Ansicht, das Kind sei so elend, daß es eiligst getauft werden müsse, ehe es sterbe. Ich erinnerte mich noch lange an dieses Ereignis, weil ich diese Meinung der Verwandten noch viele Jahre nicht los wurde.

Da das Kind lange Zeit einen Teil seiner Nahrung nicht bei sich behielt, war es oft hungrig und schrie anfangs deshalb viel. Da ich mich aber genau an den Rat der Ärztin hielt, beunruhigte ich mich nicht so sehr. Walter aber wurde davon und von meinem ganz natürlich zärtlichen Umgang mit dem Kind sehr verunsichert. Dazu kam, daß er Schicht- und Nachtdienst hatte und so auch oft vormittags da war. Wenn ich nun den Kleinen badete und er kräftig schrie, verfiel Walter in die Behauptung *"er schreit, weil du unsicher bist"*, oder: *"weil du dich mit mir befasst, weil du was von mir willst"* und mehr solcher Ideen. Ich versuchte, ihm zu erklären, daß das ein ganz natürliches Schreien sei, ich bewies es ihm, da das Kind nach dem Trinken ganz zufrieden war. Es half alles nichts. Und nun erlebte ich immer mehr, wie lebensfern Walter dachte. Ich hatte das manchmal schon früher an ihm erlebt, aber noch nie war es so in mein Leben eingreifend gewesen. Ich hatte das mit seiner sehr christlich-strengen und weltfremden Erziehung erklärt, mit der er aufgewachsen war und gedacht, das wirkliche Leben wird ihn schon weiter bringen, wenn er es kennen lernt.

Da das Kind zu schwach zum Trinken war, dauerte das oft sehr lange. Hierfür brachte Walter sehr viel Geduld auf, war zärtlich und heiter mit dem Kind und freute sich unbändig über jedes Lächeln. Wir liebten es beide mit Begeisterung und bewunderten seine Entwicklung. Aber immer wieder schlug diese Furcht vor seiner Rivalität bei Walter durch, so daß ich immer in Angst vor seinem Schreien war. Ich wurde nervös, wenn Walter zuhause war, und war ruhig und heiter, wenn ich mit dem Kind allein war. Eines Morgens, als Walter noch im Bett lag, Hardy schrie, und ich das Bad vorbereitete, verlangte er von mir, ich solle jetzt das schreiende Kind ignorieren und mich ihm widmen. Als ich mich verständnislos weigerte, kam es zu einer schlimmen Auseinandersetzung, nach welcher Walter sich den übrigen Tag schweigend in eine Ecke setzte. Nach einigen Tagen, als sich die gleiche Situation ergab, geschah etwas für mich Unfaßbares: er sprang wütend aus dem Bett und schlug auf mich ein! Für ihn selbst war es auch ein Schock, und er bemühte sich, mich zu trösten. Für mich waren Schläge bis dahin unbekannt gewesen; ich war damit nicht erzogen worden. Schlagen war in meinen Augen ein Verhalten brutaler Menschen, welches ich als Methode im Dritten Reich miterlebt hatte. Später, als ich mehr über Psychologie wußte, sah ich es anders. Es war damals für mich so schlimm, weil ich so ein Verhalten bei Walter mir nie hätte vorstellen können. Er war ein weicher, gefühlvoller Mensch, und als solchen hatte ich ihn ja grade geliebt. Der Typ des "starken Mannes" hatte mich immer schon abgestoßen. Deshalb war das ein furchtbarer Einbruch in mein Leben. Es gelang uns aber, wieder freundlich zueinander zu sein. Und wir meinten es ehrlich. Aber in Walter war eine neue Unruhe, die immer wieder hervor trat. Ich wurde dadurch natürlich auch unruhiger und voller Angst, wenn Hardy zum Beispiel wieder anfing zu schreien, ja, auch nur einen Ton von sich gab, besonders, wenn Walter nach dem Nachtdienst am Tag schlief. Dazu kam, daß es Winter war, wir nicht viel Geld hatten und deshalb nur ein Zimmer heizten. Wir hatten uns da eine gemütliche Ecke eingerichtet. An manchen Tagen waren wir glücklich, wir kauften einen Photoapparat und machten erste Aufnahmen von unserem Kind; Walter entwickelte dafür viel Geschick. Bei Schnee und Kälte wurde das Kind auf den Balkon gestellt, da schlief es friedlich bis zur nächsten Mahlzeit, es war gesund geworden, nahm zu und bekam die ersten Zähnchen.

In dieser Zeit hatten wir ein ganz besonderes Erlebnis: mein Bruder war im Oktober 1955 aus russischer Gefangenschaft heimgekehrt und besuchte uns, — es war ein glückliches Wiedersehen nach elf Jahren! Nachdem er abgereist war, begann ein neuer Gedanke Walters Verhalten zu verändern. Er war der Ansicht, wenn man verheiratet sei gäbe es die Menschen nicht mehr, die man vorher gekannt hatte, ob Verwandte oder Freunde. Dann müsse man sich nur für den Partner entscheiden. Andeutungen in dieser Richtung hatte er schon früher geäußert. Deshalb hatte ich - für mich heute unverständlich - begonnen, Verwandten und meinen vielen guten Bekannten nur noch selten zu schreiben. Aber heimlich litt ich schon lange darunter. Nun verstärkte sich diese Idee bei ihm, dieses "die oder wir", und er verlangte von mir, jegliche Kontakte einzustellen und niemanden mehr einzuladen. Als er wieder eines Abends in dieser Weise auf mich einredete und ich ihn nicht begriff und ihm widersprach, schlug er plötzlich sehr erregt auf mich ein. Diesmal war er selbst nicht so schockiert davon, aber ich brauchte mehrere Tage, um meinen furchtbaren seelischen Schmerz zu überwinden.

Auch in seiner beruflichen Tätigkeit wurde Walters Verhalten schwieriger. Er arbeitete nicht mehr zuverlässig, verließ immer öfter ohne Grund seinen Arbeitsplatz, wodurch seine Kollegen stärker beansprucht wurden. Deswegen entstanden Auseinandersetzungen mit ihnen und den Vorgesetzten. Dieser Auseinandersetzungen wegen wiederum fürchtete sich Walter eines Tages, zur Arbeit zu gehen und blieb drei Tage "krank" im Bett. Ich mußte alle meine Überredungskünste und unendlich viel Geduld aufbringen, um ihm neuen Mut zu machen. Er hatte viele komplizierte Gedanken, mit denen er seine Schwierigkeiten mit den Kollegen und besonders mit seinem Vorgesetzten begründete. Er hatte immer das Gefühl: "die wollen was von mir, aber ich finde nicht heraus, was". Am vierten Tag aber nahm er tapfer die Arbeit wieder auf. Durch die unbeschreiblich vielen Gedanken, die er in der darauffolgenden Zeit entwickelte, entstand ein neues Problem: er konnte nicht mehr ruhig schlafen. Ich war abends rechtschaffen müde, und auch bei ihm gelang das Einschlafen noch relativ gut. Aber er war immer öfter um fünf Uhr morgens schon wach, weckte mich und erklärte, wenn ein Ehepartner nicht mehr schlafen könne, brauche auch der andere keinen Schlaf mehr. Ich war zu der Tageszeit noch in tiefem Schlaf, zumal es ja mit der Zeit gelungen war, für einen ruhigen, satten Nachtschlaf des kleinen Hardy zu sorgen, damit er uns nicht so früh weckte. Als ich nun einige Male von Walter aus meinem tiefen Schlaf geweckt wurde, reagierte ich natürlich ärgerlich, ja empört. Der Ärger über den verlorenen Schlaf nun verstärkte meine Übelkeit noch mehr, denn ich war inzwischen zum zweiten Mal schwanger, und es ging mir nach dem Aufwachen oft nicht gut. Es gelang mir nicht, Walter dies zu erklären. Als ich es ihm wieder eines Morgens klar zu machen versuchte, geriet er in Erregung und schlug mich zum dritten Mal so sehr, daß ich einen aufgeplatzten Arm hatte. Diesmal traf es mich besonders hart, da ich schwanger war. Es war so weit, daß meine Liebe zu ihm einen ersten Riß bekam. Deshalb ging ich, als Walter fort war, zu Nachbarn und bat, telefonieren zu können. Damals konnte man von Telefonhäuschen noch keine Ferngespräche führen. Ich rief meine Schwiegermutter an und bat sie zu kommen, es sei etwas passiert, und ich brauche ihre Hilfe. Die Mutter kam am gleichen Nachmittag, und ich sprach zum ersten Mal mit einem anderen Menschen darüber, daß Walter mich geschlagen hatte. Ich dachte, der nächste Mensch sei die Mutter, die mir helfen könnte. Aber es geschah etwas für mich Unerwartetes: Walters Mutter hörte mir zu, stellte dann aber gleich die Frage, ob ich ihn nicht zu so einer Reaktion provoziert hätte. Es sei nicht gut, wenn eine Frau ihrem Manne widerspreche! Wenn ich das täte, müsse ich mich nicht wundern, wenn der Mann zornig würde. Danach sagte sie mir, sie hätte schon seit geraumer Zeit beobachtet - obwohl sie selten bei uns war -, daß Walter sich verändert hätte, daran wäre sicher mein Einfluß schuld, und nun räche sich das. Sie erwähnte auch einen Gedanken wie "Bestrafung" durch Gott. Solche Gespräche hatte es schon früher gegeben. Meine Hoffnung, bei ihr Hilfe zu finden, wurde tief enttäuscht, denn sie gehörte zu der Generation von Frauen, die dazu erzogen worden war, den Mann bestimmen zu lassen und immer nur bei uns Frauen die Ursache zu suchen, wenn was schief ging.

Unser Leben wurde nun ein Wechsel von Tagen, an denen alles heiter und unkompliziert ging, und anderen Tagen, an denen Walter immer unwirklichere Gedanken äußerte, denen ich kaum zu folgen imstande war. Schließlich erklärte er auch direkt, er sei ein Mensch wie eine Wolke, wie ein Nebel, wie Luft. Und weil ich ihn immer zu wirklich nähme, käme ich nicht klar mit ihm. Und weil ich immer "etwas von ihm wolle", sei auch das Kind schwierig. Er hängte dem Kind immer an, schwierig zu sein, obwohl es mir gar nicht so vorkam; es war ein lebhaftes Kind, das viel lachte und immerzu etwas unternehmen wollte und über das ich glücklich war. Und wenn das Kind und ich allein waren, scherzten und lachten wir, und ich war unbefangen und unbeschwert. Walters Gegenwart nun machte mich oft verkrampft. Ich versuchte sehr, auf ihn einzugehen, ließ mir geduldig anhand von Horoskopen und Planetenkonstellationen seine und meine Wesensart erklären oder die der Mutter,

Geschwister, Kollegen, obwohl ich dem meistens nicht zustimmen konnte und mir das Ganze sehr an den Haaren herbeigezogen vorkam. Schon damals hatte ich deutlich das Gefühl, daß Walter sich da eine Phantasiewelt aufbaute.

Auch unsere sexuellen Kontakte wurden immer komplizierter. Ihm lag nur an seinem Befriedigt-Sein, und ich wurde immer unglücklicher und ratloser. Ich dachte zunächst, es sei nur eine Krise, die auch mit seinen Schwierigkeiten im Beruf zusammenhing. Dabei ging es uns äußerlich besser. Ich vertrug die zweite Schwangerschaft gut, obwohl ich sehr schmal geworden war. Walter verdiente etwas mehr Geld als am Anfang. Wir konnten für das zweite Kind schön vorsorgen und waren froh darüber. Eines Tages kam Walter mit Plänen nach Hause, sich beruflich zu verändern. Er hatte von einer Möglichkeit der Weiterbildung erfahren, durch die er zu einer interessanteren, besseren Tätigkeit kommen könne und eben dadurch auch von diesem bisherigen "Verein" wegkäme. Das war wohl sein Hauptmotiv, da er mit den Kollegen nicht gut auskam, was er aber ihnen zuschob. Ich konnte das nicht beurteilen, dachte aber, wenn er neue Aufgaben und Anforderungen hätte, würde er vielleicht wieder ein besseres Verhältnis zur Wirklichkeit bekommen, er hätte dann ein Erfolgserlebnis und das Gefühl, etwas mehr zu können als bisher. Das war (natürlich) ein großer Irrtum, wie ich heute weiß. So stand ich dem damals nicht entgegen, redete ihm sogar zu. Als er sich für diese Weiterbildung meldete, erfuhr er, daß er dazu in eine andere Stadt versetzt werden müsse. Damit hatten wir allerdings nicht gerechnet, nun aber gab es kein Zurück mehr. Walter war auch ganz erfüllt von dem Neuen und zu allem entschlossen.

In dieser Zeit passierte es nun, daß wir wieder wegen des gestörten Schlafes stritten. Dabei schlug Walter erneut auf mich ein. Da war es mit meiner Fassung vorbei, und ich ging morgens um sieben Uhr weinend ins Pfarrhaus, weil ich nicht mehr mit dieser Not allein fertig wurde. Ich kannte den Pfarrer schon aus meiner früheren Mitarbeit in der Kirche. Er hörte meine Klagen an und versprach, am Nachmittag zu kommen, um mit uns beiden zu reden. Er versuchte, Walter deutlich zu machen, daß eine Frau schlagen keine Lösung sei und mit ihm zusammen herauszufinden, warum es dazu gekommen sei. Aber Walter war sehr unzugänglich, gab ein paar unklare Bemerkungen von sich und ging auf kein Gespräch ein. Er konnte einem fremden Menschen nicht vertrauen. Danach machte der Pfarrer mich darauf aufmerksam, daß es möglicherweise nötig werden würde, ihn in eine ärztliche Behandlung zu vermitteln. Er befände sich offensichtlich in einer Krise. Als ich dies, während wir abends wieder allein waren, vorschlug, wurde Walter böse und war unansprechbar. Er hatte natürlich von seiner Sicht her das Gefühl, es hätte sich jemand in unser Leben hineingedrängt, und er wähnte sich auf der Anklagebank. Die Funktion eines Seelsorgers war ihm unbekannt, und damals gab es keine Ehe- und Familienberatungsstellen. Kurze Zeit darauf kam Walters Versetzung nach D. Eine kleine Erleichterung war für mich der Gedanke, daß vielleicht eine zeitweilige Trennung alles bessern würde. Die folgenden Briefe erzählen nun aber von einer sonderbaren Entwicklung in Walters Wesen: er bekam immer mehr Angst vor der Umwelt und ihren Anforderungen.

18. Juli 1956
Liebe Frau,
die Anfahrt war sehr gut, das heißt, ein bißchen "innere" Kälte, Trennungskälte von Dir und kurz vor D. - so wie damals - fing es an zu regnen. Jetzt lag für mich folgendes an: Melden auf dem Flughafen. Ach, ist ja egal, ich komme mit meiner Schilderung doch nicht zu Ende. Also, der erste Tag war furchtbar und endete im Bahnhofskabinenhotel unter der Erde. Ich war nervös. In dem Bunkerhotel die beiden ersten Nächte waren genauso wie bei uns die Spannungsnächte, wo das Herz jagt. Naja, gehetzt wie ein Tier habe ich dann bei dem ersten richtigen Zimmerangebot zugegriffen, und das war hier. Mit drei Mann in einem Gang sozusagen, aber trotzdem 45 DM. Ich nehme jetzt aber alles mit Humor und sitze in der Küche und es sind nette Leute. Im Dienst habe ich auch den ersten Überblick bekommen. Ich bin müde! Dienst von 10.30 Uhr bis 19 Uhr, außer Sonntag.

Zu diesem Brief sei folgendes erläutert: damals bestand in der Bundesrepublik große Wohnungsnot. Man konnte nur schwer ein möbliertes Zimmer bekommen, eine leere Wohnung nur unter besonderen Bedingungen. Deshalb mußten in eine andere Stadt versetzte Ehemänner oft mit anderen zusammen ein Zimmer nehmen, auch der Kosten wegen. Hotels waren sehr teuer und rar. So wurden für wenig Geld die ehemaligen Luftschutzbunker aus dem Krieg über oder unter der Erde mit Kabinen unterteilt und für ein paar Nächte vermietet. Dieser ausdrucksreiche Brief schildert, wie schwer es Walter fiel, sich in seiner Umgebung sicher zu fühlen.

20. Juli

*Lieber,
daß der erste Tag furchtbar war, hatte ich geahnt. Auch mir saß den ganzen Tag nach Deiner Abfahrt das Weinen im Hals. Die Wohnung ist manchmal so tot und leer, besonders abends, wenn Hardy schläft. Allein-sein ist das Schwerste für mich. - Aber was heißt: drei Mann auf einen "Gang"? Kannst Du gar nicht in einem Zimmer für Dich allein sein? - Bis Weihnachten ist es ja furchtbar lang, ich will gar nicht daran denken!*

21. Juli

Liebe, im Dienst stürzen Berge auf mich ein, was ich alles lernen muß. Mit dem Geld stehe ich jetzt ganz gut da, habe noch 30,- Dm, was ich noch am 1. bekommen werde, bleibt abzuwarten. Es ist jetzt 22 Uhr und ich komme soeben aus dem Kino. Das war so ein bißchen eine Flucht vor allem gewesen. Bei der Sachlage kann man ja nicht von "Zimmer" sprechen. Das Klo hat keine Tür, was soll man da noch sagen, - ich mache alles mit. Am Sonntag bin ich wieder zu meinem Onkel, - ohne Anmeldung - und habe es wieder bereut.

28. Juli

Wieder ist Samstag und ich war wieder im Kino. Ach, Du deckst mir so schön den Rücken! Gerade jetzt, wo man so ins Wasser gestoßen wird, obwohl man nicht schwimmen kann, und entsprechende Briefe schreibt, merke ich das. Mit mir ist es ja nun so, daß ich auf alles geworfen werde und nie kann ich mich wehren. Mir gefällt alles Mögliche nicht, daß das Klo ohne Tür ist, daß ich kein Zimmer habe, sondern mit zweien zusammen wohnen muß, daß ich in der Küche essen muß, ich dadurch ja mit den Leuten auch reden muß und so weiter. Trotzdem kann ich nicht ausziehen, weil es vielleicht gute Zimmer gibt, die aber achtzig Mark kosten. Kein, nein, heute merke ich ganz deutlich, daß mich das Schicksal wie mit einem eisernen Magneten genau hierher haben wollte, es hilft alles nichts. Man sitzt im Teufelskreis ohne Ende. Man kämpft mit Vorstellungen und sollte vielleicht einmal einsehen, wie die Wirklichkeit ist und sie ertragen. Aber nein, das will man umgehen und flieht vor sich selbst. Das nenne ich das Böse. Im Zuge dieser Misere und in dem komischen Hotel unter der Erde war ich dann bald so weit, daß ich bereit war, in dieses Zimmer einzuwilligen. Ich meine aber, daß nun im Zuge des Abstiegs in die Erniedrigung und der Komplexe der tiefste Punkt erreicht ist. Ein Neptun-Mensch ist hierher verbannt. Deswegen bin ich hier auch so ausgeliefert. Ich muß alles machen, was die wollen. Ich muß immer sagen können, was ich jetzt will. Und sie alle schlagen mich mit ihrem Entgegenkommen tot. Empfindlichkeit zum Beispiel gibt es nicht, sagten sie mir heute.

In diesem Brief machte Walter deutlich, wie er sich von seiner Umwelt bedroht, sich dem Umgang mit anderen Menschen nicht gewachsen, sich überfordert fühlte. Er fürchtete sich vor Entscheidungen im Alltag, und als ich das alles las, fiel mir ein, daß er schon am Anfang, als wir uns kennen gelernt hatten, mir immer die Entscheidungen überließ mit den Worten: *"Du weißt schon"*. Er hätte leicht ein besseres Zimmer nehmen können, da er eine Trennungsentschädigung bekam. Vor allem aber tauchte die Angst vor den Kollegen wieder auf, die schon vorher da war. Da er sich mit Astrologie befaßte und immer mehr begann, seine Mitmenschen danach zu beurteilen, drückte er sich auch in dieser Weise aus.

4. August

Liebe, es ist alles nischt. Das Leben ist hart und die Wirklichkeit rauh. So sieht es gleich aus, wenn man versetzt wird. Ein Zimmer muß man sich suchen und dazu bin ich zu flaschig, weil ich mit den Menschen nicht umgehen kann. Die Menschen sind alle zu wirklich für mich und ich kann so viel Wirklichkeit nicht ertragen und lande dann in der Niedrigkeit. Verzeih, Dir vertraue ich mich ja einfach an. Ich liebe Dich deswegen. Du mußt dies alles mitmachen. Außer Dir habe ich ja nichts, gar nichts!

13. August

Meine Liebe,
Ich schreibe Dir in dem Fahrwasser des Bei-Dir-gewesen-seins! Und nehme an, daß mich dann die Welt hier wieder erfassen wird. Auf der Fahrt habe ich gefroren, diesmal war es aber überhaupt nicht seelisch. Im Dienst hat man mir gesagt, es hätten sich alle über mich beschwert. Man weiß nicht, was man in die Beurteilung schreiben soll. Keiner kommt mit mir klar, ich bin in allem widerspenstig und so weiter. Du kennst mich ja und würdest das ja selbst auch gesagt haben, wenn Du nicht meine Frau wärst und das alles hinter Dir hättest. Ich verstehe nicht, daß auf einmal fünf Leute über meine Seele verfügen können, daß ich ihnen und nicht nur Dir ausgeliefert bin.

Nach einiger Zeit kam Walter zum zweiten Mal für ein paar Tage und es war immer eine große Freude für uns. Die Zeit war meist ausgefüllt mit Reden. Er redete auf mich ein und sein ganzes Nicht-zurecht-kommen brach aus ihm heraus und ich versuchte, so gut es ging, ihm wieder Mut zu machen, weil ich auch nichts besseres wußte. Inzwischen bereitet ich mich auf die Geburt meines zweiten Kindes vor:

28. August

Lieber,
Ingrid hat mir das Buch geschickt "Schmerzlose Geburt" und ich bin begeistert! Ganz neue Perspektiven eröffnen sich. Jetzt tritt für uns Frauen Aktivität an die Stelle hinnehmenden Leidens unserer Mütter. Nur einige Sätze: "... Schmerz entsteht durch Spannung und Spannung durch Angst ... Alle Geburtshelfer wissen, was ein verkrampfter Gebärmutterhals bedeutet, nämlich Schmerzen und Widerstände und die unzähligen Komplikationen einer über Gebühr verlängerten Geburt mit der Wahrscheinlichkeit eines operativen Eingriffs am Ende. "Es wurde mir klar, das der erste Schlag der Ursache der Verkrampfung gelten mußte. Das war nach meiner Ansicht die Furcht ..." Und nun führt wer aus, wovor einem Angst gemacht wird. Er sagt, Leiden und Schmerzen sind nicht notwendig. Ich bin wie befreit! Ob nun jetzt die letzte Zeit und die Geburt besser gehen wird als das erste Mal? Voriges Jahr war alles falsch, ich wurde ganz durcheinander gebracht.

3. September

Lieber Walter!
Gerda (meine Schwester) ist da und macht alles schön. Hardy läßt sich auch widerstandslos von ihr versorgen und ist lieb. Eben läuft er wieder mit dem Stühlchen im Zimmer herum und würde Dir sicher auf die Nerven gehen. Er reagiert übrigens auf Musik.
Mit mir ist alles wie im vorigen Jahr: Ich warte jeden Tag und denke nur an die Geburt, kann schlecht schlafen und habe alles über. In punkto Buch bin ich durch den 2. Teil durch. Theoretisch ist alles richtig. Man wird ja nur verrückt gemacht durch mittelalterliche Vorstellungen und kann die Furcht ja wirklich beheben durch Aufklärung, wenn man weiß, wie alles funktioniert. Aber nun fordert es täglich Entspannungsübungen , ohne die der Erfolg nicht möglich ist. und zu den Menschen, die das jeden Tag richtig machen, gehöre ich leider nicht.

6. September

Liebe Frau, ich liebe Dich und Du machst alles so schön. Auch alles, was Du schreibst, ist richtig. Es ist immer noch so, Du kannst schreiben was Du willst, es ist immer völlig lebendig und ich verstehe es sofort. — Wie ich so durchs

Leben komme? Das weiß ich selbst nicht. Ich bemühe mich krampfhaft, es in die Hand zu bekommen, es ist aber vergeblich. Morgen soll es endlich Geld geben.

Es dauerte nur noch eine Woche, bis die kleine Tochter zur Welt kam. Eines Abends spürte ich die Wehen immer regelmäßiger und war glücklich und erlöst und genoß es eine Weile für mich allein, die Vorfreude auf das Kind, ehe ich es meiner Schwester sagte. Es war ja alles vorbereitet und wir fuhren im Taxi ins Krankenhaus. Alles geschah ohne Nervosität, — und da lag ich nun und spürte die Wehen in schöner Regelmäßigkeit. Man ließ mich zum Glück allein, ich hatte Ruhe, mich ganz zu entspannen, so daß ich tatsächlich beim Ein- und Ausatmen mit den Wehen, so wie ich es geübt hatte, keine Schmerzen spürte. Die Hebamme am Morgen wunderte sich, daß der Geburtsvorgang so weit fortgeschritten war und ich noch "so ruhig". Ich erklärte es ihr, aber sie hatte kein Verständnis für sowas "Neumodisches". Ihrer Meinung nach hielt ich nur den Betrieb auf, sie wollte nicht länger warten und gab mir Spritzen, wie das so üblich war. Ich ärgerte mich sehr und vorbei war es mit der Entspannung und so hatte ich doch Schmerzen. Aber es ging ganz schnell und um neun Uhr an einem kühlen Herbstmorgen war die Viola da! Das Fenster war auf und ich hatte das Gefühl, daß eine kalte Welt das Kind empfängt. Deshalb war ich froh, als ich das kleine Menschlein in meinen warmen Arm nehmen konnte, aber viel zu kurz, da ging es alles nach System. Meine Schwester schickte Walter ein Telegramm, und am nächsten Nachmittag stand er freudestrahlend im Zimmer. Man zeigte ihm seine kleine Tochter durch eine Glasscheibe, was ja eine unpersönliche Angelegenheit war, und der Vater war wieder von allem ausgeschlossen. Auch als die Kinder ihren Müttern gebracht wurden, war keine Besuchszeit, so daß der Vater sein Kind mal hätte anfassen können. — Zuhause fotografierte er den kleinen Hardy, wie er seine ersten Schritte machte und ich wurde bei meiner Heimkehr damit überrascht.

Ich fuhr diesmal ganz allein nach Hause, das Baby im Kissen im Arm. Als ich es in den Wagen gelegt hatte, holte ich den "großen" Bruder und mit gespanntem Interesse lugte er vorsichtig über den Rand und war fasziniert vom Anblick des Geschwisterchens. Ich machte ein Foto von diesem glücklichen Augenblick. Fortan waren die Geschwister nicht mehr voneinander zu trennen. Das Schwesterchen war ein freundliches, ruhiges unproblematisches Baby, schrie fast nie, lag zufrieden mit den Händchen spielend im Wagen.

23. September

Liebe,
es kamen nun die Tage mit dem neuen Chef. Also, erstens, ich komme schon am 15. Oktober nach Hause, zweitens ist dann ja meine Prüfung fällig. Wie dem auch sei, ich komme mit dem Ganzen hier nicht klar. Es ist alles durcheinander, das Leben, ich komme mit keinem Menschen klar. Ich weiß gar nichts. — Aber dann werde ich nochmals zehn Tage richtig bei Dir leben. Wie wirst Du nun mit den allersüßesten Kinderchen fertig? Ach, man hat keinen Menschen und dann tauchst Du dann doch auf. E i n e n Menschen habe ich ja dann doch, also lohnt es sich doch, weiterzumachen.

30. September

Lieber Walter,
jetzt im Herbst werde ich ganz tiefsinnig, besonders abends. Manchmal habe ich richtige Lebensangst. Ich denke dann an die Zukunft, an uns beide, was noch alles für Kämpfe und Auseinandersetzungen kommen werden ... Wenn man liest und hört, was noch alles passieren kann, kann man verrückt werden. (Es war gerade der Ungarn-Aufstand gewesen) ... Ich darf mich einfach auch nicht durch Dein Reden durcheinanderbringen lassen, weil ich schon das Richtige weiß, was zu tun ist. In so vielem habe ich mich von Dir einschränken lassen. Ich muß einfach sicherer werden, das weiß ich jetzt.

7. Oktober

Liebe, es ist Sonntag acht Uhr und ich liege im Bett beim Onkel und komme nun dazu, Dir zu schreiben, was passiert ist. Ich war am Freitag im Kino, und als ich zurück kam, war diesmal die Küchentür nicht auf und alle hatten mich nicht kommen gehört, ich aber auf die Weise gehört, was sie reden, wenn ich weg bin. In diesen Minuten fasste ich den Entschluß, abzuhauen und in wenigen weiteren Minuten war ich mit Sack und Pack durch das Fenster im ersten Stock entwichen und zum Motorrad. Am nächsten Morgen ist Herr K. auf der Dienststelle erschienen und drohte mit der Polizei, er habe die Fußspuren abgedeckt, wenn ich nicht bis zum Abend alles regele. Das habe ich dann alles gemacht. Kurz bevor der Hauswirt kam, habe ich das Telegramm an Dich abgeschickt, ich hatte Angst, daß Du schreibst und die haben dann auch Briefe von mir in den Händen.

Die Flucht Walters aus dem Fenster im ersten Stock seines gemieteten Zimmers geschah ein Jahr vor der anfangs geschilderten Katastrophe. Wenn die Zeit in D. noch länger gewesen wäre, wäre Walter damals schon vielleicht nicht mehr den Anforderungen seiner Umwelt gewachsen gewesen. Aber was waren das auch für Anforderungen für einen ängstlichen, sensiblen, von seinen Gefühlen stark bestimmten Menschen: Neues im Beruf erlernen, eine abschließende Prüfung vor Augen, neuer Arbeitsplatz, neue Kollegen, kein eigenes Zimmer. Wer würde eine Fortbildung unter diesen Umständen heute in Kauf nehmen? Dazu eine recht unklare finanzielle Situation, und weit entfernt den liebsten Menschen, die ein Kind erwartet. Menschen, die immer alles stark und eiskalt durchstehen, haben oft ihre Gefühle verschüttet oder unterdrückt. Sie sind selbstbeherrscht und können solch eine Reaktion wie die Flucht aus dem Fenster nicht verstehen und bezeichnen so jemand als "durchgedreht" oder als zu überempfindlich.

Walter kam dann nach Hause und es waren schöne, gemeinsame Tage, die er mit uns verbringen konnte bis zum 30. Oktober. Er fütterte und fotografierte begeistert seine kleinen Kinder und spielte liebevoll mit ihnen und sie waren wiedermal jung und glücklich. Natürlich redete und redete er bis tief in die Nacht, was ja schon von Anfang an zu uns gehörte. Er redete sich alle Gedanken und Gefühle vom Herzen und ich hörte ihm damals zum ersten Male geduldig zu, denn ich spürte, daß das sehr wichtig für ihn war, wenn ich auch vieles nicht begriff. Ein Außenstehender, der zugehört hätte, hätte sicher sagen können, das sind doch alles lebensfremde, künstliche Gedankenkonstruktionen, Ängste vor der Realität und den Mitmenschen, — aber waren sie so falsch? Sind viele Menschen nicht so, daß man vor ihnen Angst haben kann? Oder die Strukturen unserer Arbeitswelt, die Hierarchie und der Leistungsdruck, der damals um sich zu greifen begann, erzeugt das nicht bei vielen Angst? Ist es nicht so, daß heute ein Mensch, wenn er sich behaupten will, keine Gefühle haben darf? Wer ist menschlicher. Der, der sich nicht fürchtet oder der, der "abgebrüht" ist? Und wer hat das Recht, darüber zu urteilen?

Am ersten November mußte Walter nach M. in das Ausbildungszentrum, um einen Kurs mitzumachen, der bis zum 22. Dezember dauern sollte. In der letzten Nacht hatten wir eine heftige Diskussion miteinander wegen unwichtiger Dinge und schliefen fast nicht. Es war deshalb ein schlimmer Abschied.

1. November 1956
Es ist alles ein riesiger Zirkus hier! Das Durcheinander ist noch gesteigerter als in D. Ich bin mit Vieren auf einer Bude. Die Fahrt war scheußlich, da ich dau-

ernd die höllische Diskussion mit Dir in Gedanken fortsetzte, bis kurz vor M. mir einfiel, daß die Sonne 5 ^{00} erreicht haben muß und es diesmal ja also Opposition Mars war, so lag alles an mir. Wenn ich schon was will! Ich war schwierig. — Heute war der Überprüfungstest, den ich meiner Meinung nach gut gemacht haben muß. Aber frage nicht, wie der verlief. Ich habe die Regie gehabt! Ich habe sie alle durcheinander gebracht! Sie stellten mir ganz falsche Fragen!

3. November

Am liebsten will ich Dir schreiben, daß ich nicht schreiben will. Ich möchte, irgendwie nett zu Dir sein, kann das aber nicht. Ich bin nicht ein Mensch wie alle anderen. Wenn ich das wäre, könnte ich schreiben, es geht mir gut, der Unterricht ist schwer usw. Bei mir ist das anders, es geht mir stundenweise gut und plötzlich ganz schlecht. Ich werde im höchsten Maße aufgesogen von den Erscheinungen des Lebens. Den Lehrgangsleiter zum Beispiel empfinde ich als leibhaftigen Selbstbetrug, er gibt nichts, lehrt erst gar nicht, prüft gleich, ist blaß und kränklich und sagt immer "wir wollen". Mir stinkt das, denn ich kann mit "wir" nichts anfangen. Dahinter kann er sich wunderbar verstecken. Naja, die anderen haben solche Gedanken natürlich nicht. — Am 15. werde ich wohl Geld brauchen, da ich ja hier nichts kriege.

7. November

... und zwar habe ich so viele Gedanken. Ich bin in Druck. Es ist das Problem, das ich immer erlebe: "Du denkst an mich". Hier ist nämlich jetzt derselbe Druck vorhanden wie bei Dir. Ich komme auf die Formel: andere denken an mich, sind unklar und deshalb werde ich aufs Schärfste gefordert. Wenn wir nachmittags frei haben, ist das Unheimliche sofort im Gange. Ein einziger Gedanke und ein kurzes Streifenlassen des Schweinwerfers auf mich und der kalte Krieg ist plötzlich da und hört nicht auf. Ich schreibe Dir direkt darüber, weil das doch der Streit zwischen uns war und noch auch sein wird. Man weiß schon, es kommt, dieses seelische Morden, heimliche Hassen und wartet schon auf das Ende. — Nun habe ich mich wieder bei Dir ausgemistet und der Druck ist aus dem Zimmer gewichen. — Du hast es sicher auch schwer allein mit den zwei Kindern, wenn bloß dieser Lehrgang bald geschafft ist. Wenn ich dann in die Stadt fliehe, habe ich Angst wenn ich abends nach Hause komme, daß ich gewissermaßen mit den anderen gebrochen habe und dann nachts sie mich ja doch zu fassen kriegen und der Schlaf ist dann vorbei. Auch setzt die Angst, wenn das Geld ausgeht.

7. November

Liebe Frau,
... gedacht ist es ja so, daß man nachmittags lernt, aber Lernen, was ist das? Jeder passt natürlich auf den anderen auf, ab er lernt und das ist die Spannung. Wenn man allein wäre, könnte man sich konzentrieren, aber das ist der finstere Punkt.

Mein Leben sah inzwischen so aus:

Lieber Walter,
mein Vorschlag: versuche am 1., wenn Du das Geld bekommst, die 43,-- DM Miete zu zahlen und für das Geld, daß Du am Schluß bekommst zahlst Du die Rückreise. Ich habe hier noch 20,-- DM für die Kohlen und 24,-- DM für die Kartoffeln bezahlt, damit haben wir keine Schulden mehr. Jetzt muß ich Viola füttern, sie schreit. Ich habe das Gefühl. ich komme überhaupt nicht mehr zur Sammlung und zu mir selbst. Muß zweimal in der Woche zu Bestrahlung für das Bein, zur Zahnärztin, Frau F. ist krank und ich kaufe für sie ein, die letzte Nacht war Hardy so unruhig, vielleicht weil ich so unruhig bin, da habe ich geweint.

Und Dein Erleiden, — da kann ich Dir gar nicht helfen, das kann man durch nichts verhindern, da kann ich Dir nichts ersparen, Du mußtest eben nach M. und D. kommen und handeln, sonst kommst Du zu nichts und bliebst ein Nichts. Deshalb kann man ja auch nichts mit Dir besprechen, weil man nie weiß, was für Gefühle Du Morgen oder in einem Jahr haben wirst. Du hast keine festen Ziele, aber so bist Du eben. Das muß ich mir alles klar machen, mit wem ich verheiratet bin. Da ist die Frage für mich, soll ich feste Vorstellungen aufgeben, weil ich Dich liebe? Aber einfach ist das nicht.

10. November
Lieber,
wiedermal weine ich in der Nacht. Ich bin so enttäuscht, auch was die Finanzen angehen, aber morgen sehe ich vielleicht nicht mehr so schwarz. Jedenfalls habe ich auch die Wut auf Dich, Du willst immer nur kaufen und vergißt, daß wir erstens zwei Kinder haben und dann unser Schlafzimmer aussieht wie bei Flüchtlingen! —Es ist richtiger Skorpion-Monat, die Russen versetzen alle Welt in Angst und Schrecken, die Liebe ist weg und überall werden Vergnügungen abgesagt, die Leute sind alle schwierig und wir sind getrennt. Nur Hardy ist fidel und unbeschwert und rennt wie doll herum.

14. November

Liebe ...
ich sehe Dich ja durch die Briefe hindurch und erlebe Dich dann so echt. Es ist Deine ganze Art, die mich so anzieht, dich ich so dringend brauche, ohne Dich wird es Nacht! — Heute habe ich so ein bißchen den Anschluß an den Lehrgang gefunden und vielleicht wird tatsächlich noch alles gut.

27. November
... Es ist Morgen der eine Test nach der Eingangsprüfung, und da ist hier eine ziemliche Spannung. Danach wird entschieden, wohin jeder kommt. Ich mußte tatsächlich mal lernen. P. war auf Draht und hat erwirkt, daß unser Zimmer aufgelöst wird und in zwei-Mann-Zimmer umgewandelt. ...

1. Dezember
... und wir sind nun in den Zeitabschnitt eingetreten, wo die Zeit von der Finsternis des Todes bestimmt wird. Unsere Jugend ist vorbei und meine Jugend war das Segelfliegen! Kein anderer würde das verstehen, was ich Dir schreibe! — Ich habe die Prüfung, die so entscheidend sein soll, mit 88% bestanden, die Schlechtesten, P. und ich, sind die Besten, alles steht Kopf. Man fühlt, daß da was nicht stimmt, ... die Wahrheit ist gestorben.

5. Dezember
... Als wir vier waren auf dem Zimmer, da konnte ich noch einigermaßen untertauchen, aber zu zweit, da werde ich gefordert, ... und wenn ich Briefe schreibe, so ist das ein direktes Stehlen von Freiheit für meine Person. Mein Leben wird einfach auf Eis gelegt, dieses Zusammenleben ist furchtbar, Ich passe mich an, aber merke doch, daß ich nicht kann. Ich will den Lehrgang hinter mich bringen, aber das Lernen klappt nicht. Was man lernt, muß man sich erstehlen, man duldet hier nicht, wenn sich einer konzentriert. Liebe Frau, ich schreibe Dir heute wie durch einen Schleier.

15. Dezember
... Man wird hier völlig verrückt gemacht, unsicher und schwach soll man sein, seelisch zermatscht. Außerdem ist hier was los: eine Luftbrücke ist errichtet worden für die Ungarnflüchtlinge. Da haben wir nun ständig Motorenlärm vor den Fenstern.

... Ich bin jetzt nicht mit Dir, sondern mit dem Lehrgang und mit der Prüfung verheiratet. Zweitens bin ich mit dem P. verheiratet, der ist jetzt mein Partner und mit ihm sind es die selben Spannungen wie mit Dir. Also kannst Du Dir

vorstellen, in welcher Lage ich bin. Ein Wahnsinn! Mit einem Ekzem im Rücken bin ich dann auch noch zum Arzt gegangen. Ich habe Bescheid, daß ich erst am 28.12. in F. Dienst habe, also Weihnachten frei! Du willst wieder, je mehr ich entweiche, immer mehr von mir, ich Armer! Ich habe mein ganzes Selbstbewußtsein verloren.

Glücklich und erlöst von allem Leistungsdruck kehrte Walter dann doch zwei Tage vor Weihnachten spät in der Nacht zur Familie heim. Die Vorbereitungen für ein frohes Weihnachtsfest und die Taufe der kleinen Viola ließ uns in fröhliche Stimmung geraten, und es wurde sogar ein kleines Fest mit Mutter und allen Geschwistern möglich.

Nach Neujahr trat Walter die neue Stelle an und zunächst ging alles seinen ruhigen Gang. Wir bewohnten eine Zwei-Zimmer-Wohnung. Es war damals in der Nachkriegszeit sehr schwierig, eine Wohnung zu bekommen, es ging nur über die Dienststelle. Wir konnten uns erstmal nur notdürftig einrichten. Es war die Zeit des Beginns des deutschen "Wirtschaftswunders" und das Anschaffungsfieber verbreitet sich um uns her. Die meisten Leute machten Abzahlungsschulden, auch wir, wir blieben dabei aber sehr bescheiden. Wir galten bei Kollegen und Geschwistern als nicht ehrgeizig genug. Es war, wie gesagt, wie ein Fieber, die Menschen begannen, sich gegenseitig nach ihren Wohnzimmereinrichtungen einzuschätzen. Die berühmte deutsche Tüchtigkeit wurde wie seit alters her am Eigentum gemessen. "Haste was, dann biste was", dieses böse Wort erfasste viele und steigerte sich dann in immer neuen Statussymbolen hinein: nach der Wohnungseinrichtung kam der Kühlschrank, die Waschmaschine, der unvermeidliche Fernseher und gipfelte vor allem im Auto. Wir entzogen uns dem mehr unbewußt, spürten aber sehr bald, daß wir dadurch zu Außenseitern wurden. Ich hatte genug Selbstbewußtsein, um davon nicht immer verunsichert zu werden. Außerdem war es mir wichtiger, die so lebensfrohen Kinder als großes Glück zu erleben. Ich war in privilegierten Verhältnissen aufgewachsen und so erzogen, daß zum Beispiel Bildung vor materiellen Werten kam. Walter hatte eine pietistisch-christliche Erziehung gehabt, aber zu materiellen Gütern haben viele Pietisten ein zwiespältiges Verhältnis. So stimmten auch Mutter und Geschwister in die Kritik an uns ein in der Meinung, es sei zum Beispiel Unfähigkeit, daß wir keinen Teppich hatten. Bei Walter wurden dadurch ohnehin vorhandene Minderwertigkeitsgefühle noch verstärkt und es war auch für mich nicht einfach, ihn in unserem eigenen Lebensstil zu bestärken. Wir hatten ja nicht viel Geld und lebten tatsächlich unvorstellbar bescheiden. Wir sparten die Straßenbahn und gingen zu Fuß, genossen es, durch die Abendluft zu schlendern. Ein Restaurantbesuch wurde gar nicht erst erwogen, ein Schaschlik im Stehen machte auch Spaß.

Da wir aber bei aller Genügsamkeit trotzdem noch gewissenhaft mit dem Geld umgehen mußten, kam die Überlegung zur Sprache, ob wir nun noch weitere Kinder haben sollten und wollten. Besonders ich in meiner realistischen Einschätzung der Dinge sah die Unausweichlichkeit dieser Frage und versuchte wiederholt, mit Walter darüber zu sprechen. Walter war aber in seiner zunehmenden Realitätsferne auch in diesem Punkt unansprechbar. Einerseits war er seinen sexuellen Bedürfnissen sehr ausgeliefert, andererseits war er in der typischen Vorstellung aufgewachsen, Gott mache die Kinder, und Eltern haben diese als Schicksal auf sich zu nehmen, er hatte sieben Geschwister, — ich auch! Ein verantwortliches Handeln mit den Mitteln der Vernunft, eine Geburtenregelung war damals noch in weiten christlichen und anderen Kreisen ein tabuisiertes Thema. Dazu kam, daß die Frauen sich noch als die Sich-Fügenden verhielten, auch und besonders in der sexuellen Beziehung. Wenn ich auf dieses Thema zu sprechen kam, gab er mir zu verstehen, daß das nicht meine Sache sei! Ja, er wurde wieder böse gegen mich, als ich (in meinem Selbstbewußtsein) nicht nachließ, darüber zu sprechen. Ich war sehr unglücklich, mir waren die Geburten nicht leichtgefallen und ich war fest entschlossen, daß es mit dem Kinderkriegen nicht so einfach weiter gehen sollte. Ich hatte keineswegs nur die beschränkten Verhältnisse im Auge, sondern auch die Vorstellung von der Kraft und Sorge, die Kinder über viele Jahre hinweg kosten. Da ich sechs Jahre lang hauptamtlich in der Jugendarbeit gewesen war, wußte ich, wieviel zum Heranwachsen von Kindern gehört.

Bald erkannte ich, daß ich da auf mich allein gestellt war und bat eine Ärztin um Rat und erhielt ihn zum Glück. Es gab zu der Zeit noch keine Anti-Baby-Pille, sondern sehr umständliche und unzuverlässige Dinge. Außerdem gehörten wir beide noch zu einer Generation, die im Umgang mit der Sexualität gehemmt, unterentwickelt und hilflos war. Ich begann nun mit der Temperaturmethode, die mir natürlich erschien und die sich Walter, wenn auch mit Zurückhaltung, erklären ließ. Hin und wieder gelang es ihm, mir zu vertrauen.

In diese Zeit fiel ein Mißgeschick, das mich hart traf: ich bekam immer mehr Rückenschmerzen. Ich konnte mich nur unter Schmerzen bewegen und so stand ich ratlos da, hatte ein Baby, das gebadet und gewindelt werden mußte, ein Kleinkind, das lebhaft war. Ich machte nun eine bittere Erfahrung: natürlich bat ich Walter um Mithilfe, wimmerte dabei manchmal wirklich vor Schmerzen, er tat wohl dies und jenes, aber er kannte keine Hilfsbereitschaft, er hatte so etwas von sich aus noch nie praktiziert. Als ich mich mal hinlegte und vor Schmerzen nicht mehr konnte, fühlte er sich überfordert. Dies sprach er aber nicht etwa aus, sondern saß steif im Sessel, sah bösen Blickes vor sich hin und gab mir nach einer Weile zu verstehen, er glaube mir nicht, daß ich nicht könne. Ich war verzweifelt und tat unter Tränen das Notwendigste. Ich hatte bittere Gedanken und Worte gegen ihn und ich sah in meiner Enttäuschung Mangel an Liebe anstatt zu erkennen, daß er gar nicht begriff, warum was von ihm erwartet wurde. Als ich morgens schmerzverzerrt meine Kinder versorgte, dachte ich: "soviel kann also ein Mensch ertragen!" Nach einer Weile bekam ich Hilfe durch ein junges Mädchen aus dem Jugendkreis der Gemeinde, die lachte und spielte mit den Kindern und ich konnte zum Arzt gehen, bekam Bestrahlungen, und langsam ging es mir besser. Walter ignorierte weiter meine Rückenschmerzen. In diesen Wochen kam zum zweitenmal seine Versetzung nach D. und danach nach M., wo später die anfangs geschilderte Katastrophe passierte. Es ging nun wieder für ihn los mit Zimmersuchen und der Auseinandersetzung mit den Kollegen und der Umwelt.

23. Mai 1957
Liebe Frau,
dadurch, daß ich gleich ein Zimmer hatte, war alles harmlos. Mit dem Geld befasse ich mich noch nicht im Einzelnen, die Kollegen machen alle so, als bliebe ich immer hier. Das wäre vielleicht auch das Beste.

25. Mai
... Schließlich fuhr ich in mein Zimmer und hatte das Radio laufen und las einen Artikel aus der Zeitung, der mich zur Umstimmung brachte. Da wird das ausgesprochen, was mich belastet: Angst vor meinem eigenen Versagen und Angst vor den anderen Menschen. Ich weiß nun, es muß anderen auch so gehen, wenn das jemand schreibt und damit bin ich nicht so furchtbar allein. Diese ganzen Kältezustände sind doch nichts weiter als eben diese Angst, auch Angst vor dir, und vor den Kollegen. Seit einem Jahr hatte ich gebrochen mit dir, ich

war dir böse wegen dem Pfarrer, so sehr war das in meinem Kopf und ein unüberwindliches Hindernis. Nun aber kann ich dir nicht mehr böse sein, über nichts mehr, denn es ist alles normale Entwicklung und weiter nichts. Was habe ich immer gegen dich gewütet innerlich und dich doch nicht getroffen, weil es nie ging.

27. Mai

Dein Päckchen mit Brief waren ein solcher Balsam für mein wundes Herz! Damit ist der Bann der Fremde gebrochen. ... Es ging mir ganz furchtbar. Ich meinte, ich halte es nicht mehr aus. Meine Seele ist fertig. Der tiefste Grund ist natürlich die Trennung von dir, d.h. ich bin restlos von allem Schönen im Leben abgeschnitten. Durch dich lebe ich doch. ... mit anderen Menschen kann ich ja auch schon ganz gut, aber wenn du weg bist, ist das kein Ersatz. Ich muß obendrein noch überall schön tun. ...

Mit den Kollegen ging es zunächst zufriedenstellend, indem ich anerkannt wurde und ich merkte, wie in dem Moment ich auch gut arbeiten kann, ... mit diesem für mich neuen Beruf klarkomme. Gestern wurde mir übler und übler und ich fror, so daß ich ins Bett ging. In der Nacht sechsmal aufs Klo, Durchfall, und meine Gedanken gingen höllisch, morgens schlief ich endlich ermattet ein und heute hat sich alles ausgetobt. Was sind das alles nun für Zustände?

28. Mai

Lieber, mir ging es am Sonntag auch ziemlich schlecht. Schließlich wußte ich nichts mehr, um die traurige Einsamkeit nicht die Überhand gewinnen zu lassen, und dann saß ich da und heulte. ... und Hardy machte mich verrückt mit seiner Wildheit und es kam ja bloß, weil ich mit den Kindern nicht hinaus konnte, da es ja so kalt ist. Am Sonntag hatte ich dann eine Idee: ich habe unsere Betten ins Wohnzimmer herüber geholt und im Schlafzimmer ein Kinderzimmer eingerichtet. Da hat er dann mehr Platz zum Spielen. — Viola steht dauernd stolz auf den Knien und strahlt mich an.

... Ich habe ja auch gegen dich gewütet, nicht nur innerlich. Du weißt ja und hast es ja gesehen, wie verzweifelt ich war. Ich glaube, Angst haben ist kein Versagen. Glaubst du, die anderen haben, nicht auch Angst? Es gibt heute bestimmt keinen, der nicht Angst hat. Sie geben es nur nicht zu und können es überspielen.
Hast du Pfingsten frei und hast du überhaupt die Absicht zu kommen? Ich frage, weil Mutti heute angeboten hat zu kommen und mir die Kinder abzuneh-

men, damit ich mal ausspannen kann. Da würde ich gern nach W. und in den Westerwald fahren, nur um mal was anderes zu sehen. Du wirst natürlich wieder sagen "Illusionen".

31. Mai
Dein Brief ist wieder wie aufgehende Sonnenstrahlen! Ich habe Pfingsten frei und wollte dich gern mit dem Motorrad nach W. fahren. Nimmst du mich noch einmal als deinen Fahrer an? Das Motorrad ist ja wieder wie neu, ich kann mit ihm wieder umgehen wie mit einem sensiblen Rennpferd!

5. Juni
Meine Bewilligung ist gestern gekommen. Jedenfalls weiß ich nun, daß ich Geld bekomme und wieviel, das ist immer die erste Klippe. Am Dienstag bin ich also bei dir und habe alle Tage frei. Der neue Chef ist heute wieder nicht gekommen, immer dieses Gelüge überall, alles, alles stimmt nicht, was die Menschen sagen, es ist zum Verrücktwerden.

Die freien Tage, die Walter wieder bei uns verbrachte, waren trotz guten Willens und ehrlicher Liebe höchst kompliziert und schwierig. Walters Mutter kam und versorgte die Kinder, wir fuhren bei strahlendem Sonnenschein los, ich war glücklich und unbeschwert und wir wurden in W. herzlich empfangen. Ich zeigte unbefangen meine Freude, Siegels und das alte Pfarrhaus wiederzusehen. Aber plötzlich merkte ich, wie Walter schweigsamer wurde und sich immer mehr zurückzog. In der Mittagszeit sollten wir, schön mit Decken versorgt, auf der Veranda ruhen, aber daraus wurde nichts. Walter fing an, in unerklärlicher Weise zu schimpfen auf die lieben Menschen und ihre Freundlichkeit als besitzergreifend auszulegen. — Er war eifersüchtig, könnte man vordergründig sagen, es war seine Angst, ich entferne mich durch den herzlichen Kontakt zu anderen von ihm und er könnte mich verlieren. Er reagierte aber auch auf Freundlichkeit und Nähe anderer oft abweisend. Ich hatte mich so auf ein paar schöne Tage gefreut. Aber als ich merkte, daß er wieder seinen unfreundlichen, abweisenden Gesichtsausdruck bekam willigte ich ein, daß wir wieder nach Hause fuhren. Ich war sehr enttäuscht und betroffen darüber, wie schwierig der Umgang mit Walter wiedermal war. Unterwegs, als wir am Wegesrand uns ein wenig ins Gras setzten, schimpfte er auf alle Menschen und ich weinte , — nach einem Tag schon!

Schweigen, Aggression und Tränen

Nachdem ich nun erzählt habe, wie es begann, daß Walter zunehmend mehr Schwierigkeiten mit dem Leben bekam und es auch für mich immer schwerer wurde, mit meinem Mann umzugehen, kehre ich zum Anfang zurück.

Wir begannen also, Walter und ich und unsere beiden kleinen Kinder, nach diesem ersten Auftreten einer psychischen Erkrankung Walters in M., der wir gar nicht so ernsthaft Glauben schenkten, miteinander weiter zu leben. Die Voraussetzungen waren gut; Walter wurde gemäß seiner Fortbildung am selben Wohnort eingesetzt und entsprechend gut bezahlt. Er mußte endlich nicht mehr von seiner Familie getrennt leben. Wir konnten uns ruhig auf die Geburt unseres dritten Kindes vorbereiten und hatten die Möglichkeit eine größere Wohnung zu beantragen. Am Arbeitsplatz fand sich Walter zwar vorsichtig, aber ruhig und scheinbar gern hinein. Er wurde nur tagsüber und nicht mehr im Nachtdienst eingesetzt, was auch wesentlich zu seiner Beruhigung beitrug. Es ging uns finanziell besser und wir machten Pläne für eine neue Wohnung. Wie nun Walter aber war, beunruhigte ihn alles, was auf ihn zukam. Er spürte bald, daß er wieder von den Ereignissen des Lebens gefordert wurde und wollte allem ausweichen. Besonders unentschlossen war er im Beantragen einer größeren Wohnung und weigerte sich schließlich ganz, dafür etwas zu unternehmen. Wenn ich davon zu sprechen begann, wurde er verschlossen, saß finster da und starrte in eine Ecke des Zimmers, und als ich einmal ungeduldig wurde, ging er böse auf mich los und schlug auf mich ein. So sah ich neue Schwierigkeiten auf mich zukommen und auch ich fühlte mich überfordert. Wir mußten zu viert mit der Aussicht auf ein weiteres Kind in der kleinen Eineinhalb-Zimmer-Wohnung auskommen und die Geburt planen. Dabei überlegte ich mir, wie schwierig Walter zu werden begann und wie unerfreulich die beiden ersten Geburten im Krankenhaus gewesen waren. Deshalb erkundigte ich mich nach einer Möglichkeit, das Kind zu Hause zur Welt zu bringen. Ich fand eine Hebamme in der Nähe, die sogar fortschrittlichere Ansichten hinsichtlich der Geburt hatte und mir viel guten Rat geben konnte. Ich bereitete nun alles gewissenhaft vor. Leider gab es einen kleinen Dämpfer, als ich Walters Mutter um Unterstützung bat. Wir hatten fest damit gerechnet, daß sie kommen und während der Zeit nach der Geburt uns helfen würde. Aber sie war nicht damit einverstanden, daß das Kind zu Hause geboren werden sollte. Meine Gründe hinsichtlich der seelischen Verfassung Walters ließ sie nicht gelten und sagte ihre Hilfe ab. Sie dachte mich damit umzustimmen, aber ich kannte inzwischen meinen Mann und sah in der häuslichen Geburt das kleinere Risiko. Auch wünschte ich selbst nach den vorigen Erfahrungen, mit Walter zusammen die Geburt zu erleben, wie es für heutige Paare vielfach schon selbstverständlich ist. Es war, wie ich es später noch unzählige Male erleben sollte, ein Wagnis. Es war für mich wieder so weit, daß ich mich besann, woher mir Kräfte kommen könnten und begann, flehentlich zu beten, wirklich darauf vertrauend, daß ein liebevoller Gott bei mir sein würde auf dieser gefährlichen Gratwanderung, denn so kam mir das Ganze schon vor. All diese Entscheidungen hatte ich mit Angst und Zittern getroffen. So bat ich meine 72jährige Tante zu kommen, die zusagte, und meine Schwester war bereit, den fast dreijährigen Hardy für etliche Wochen zu sich zu holen, wenn es so weit war. So hatte ich alles — ziemlich allein — geregelt und siehe da, die Wehen setzten auch richtig ein. Walter hatte Urlaub beantragt und kam nach Hause, — das Kind konnte kommen! Aber es ließ sich drei Tage Zeit, die Hebamme war gegen Spritzen, und so mußten wir alle ein bißchen Geduld lernen. Walter war das nicht klar, er wurde unsicher, und als dann am dritten Abend die Wehen stark einsetzten, wartete wieder eine schlimme Erfahrung auf mich. Ich bat Walter, die Hebamme vom Telefonhäuschen aus anzurufen, wie es abgemacht war, aber Walter meinte, ich irrte mich, ich hätte ja die ganzen Tage keine Wehen gehabt und sollte endlich mit diesem Theater aufhören. Er machte wieder sein finsteres Gesicht und wurde unansprechbar. Verzweifelt versuchte ich auf ihn einzureden, die Wehen wurden immer stärker und häufiger, Schweißperlen standen mir auf der Stirn und zitternd vor Zorn und Verzweiflung begann ich mich anzukleiden, um ans Telefon zu gehen, — und draußen lag tiefer Schnee! — Als ich nach dem Mantel griff und noch einmal Walter flehentlich bat, zu gehen, erhob er sich schließlich langsam und ging. Tränenüberströmt sank ich auf das Bett, faßte mich allmählich wieder, unter starken Schmerzen entkleidete ich mich und kroch ins Bett. Die Hebamme kam und es ging mächtig los. Nach einiger Anstrengung erscholl der Schrei eines rosigen kleinen Jungen, und die Hebamme brach in eine Begeisterung aus, als sei es ihr Kind! Das sah aber auch vom ersten Augenblick an so schön aus. So wurde es in einer Atmosphäre von Freude und Liebe empfangen und alle vorige Not war vergessen. Am nächsten Morgen führte Walter Hardy an den Wagen, nahm Viola auf den Arm und fasziniert bestaunten beide ihr

Brüderchen, das kräftig zu schreien begann. Walter lernte seinen Sohn wickeln und säubern und machte das mit Zartheit und leisem Lachen, und alle schauten zu. Er wusch auch die Windeln mit hochgekrempelten Ärmeln, und ich war glücklich. Meine Schwester kam, Hardy abzuholen. Bevor Walter ging, um die Tante abzuholen, brachte er mir einen riesigen Blumenstrauß, wie ich ihn noch nie von ihm bekommen hatte.

Aber als die Tante, die sich liebevoll um alles kümmerte, ein paar Tage da war, wurde Walter leider wieder schwieriger, und es gab merkwürdige Gedanken bei ihm und Auseinandersetzungen. Ihn störte ein anderer Mensch im Haushalt. So bat ich meine Tante, früher als vorgesehen wieder abzureisen und nahm alles selbst in die Hand. Es blieb mir nichts anderes übrig und es fiel mir schwer, zumal sich die Rückenschmerzen wieder meldeten. Aber doch dankte ich Gott erleichtert und fühlte mich erhört und bestärkt, weil alles so gut gelungen war. Für mich war es nach aller Angst kein selbstverständlicher Gang der Dinge, für mich waren diese Tage und besonders das Kind Geschenk und Gnade.

Die Frage nach einer größeren Wohnung wurde nun immer dringlicher. Walter war in dieser Hinsicht taub oder voller Unsicherheit, bis ich selbst mich schließlich bei dem betreffenden Beamten seiner Dienststelle anmeldete und ihm die "Sachlage" erklärte. Zum Glück war es ein früherer Kollege, der nun von sich aus auf Walter zuging und ihm half, einen Antrag zu stellen. Obwohl Walter etwas erleichtert war, war er mir gegenüber meist verschlossen und unfreundlich, und ich litt sehr darunter. Gab es mal einen Tag mit freundlicherer, fröhlicherer Stimmung, war ich glücklich. Walters Bruder kam und ich bat ihn um seinen guten Einfluß, worum er sich auch bemühte. Mit dem Besuch des Bruders trat aber ein neues Leiden in unser Leben: er kam mit einem eigenen Auto! Walter fühlte sich sofort benachteiligt und kam Zeit seines Lebens nie darüber hinweg, daß er "es nicht zu einem Auto gebracht hatte". Es wurde für ihn zum Symbol seines Versagens. Das machte sein Gesicht in den Tagen danach noch finsterer. Ich erinnere mich an Abende in dieser Zeit, an denen ich dem kleinen Säugling die letzte Mahlzeit gab und dabei weinte, während Walter schlief und eine angstvolle Einsamkeit mich umfing. Als ich einmal sehr unglücklich war, schrieb ich an meine besten Freunde, die Pfarrersleute, und Frau Siegel kam und sah besorgt Walters Verschlossenheit. Ihre Gegenwart tröstete mich, aber abends, nachdem sie wieder fort war, wurde Walter sehr böse mit mir, weil ich wieder jemanden in unsere Probleme eingeweiht hätte. Er kannte es nicht, daß es Freunde und deren Hilfe gibt.

In dieser Zeit erkrankte Walters Mutter schwer, und alle Geschwister besuchten sie im Krankenhaus in dem Gedanken, es könne zum Sterben kommen. Auch das schien Walter zu bedrücken, er fuhr aber erst nach langem Zureden hin zu ihr und ich spürte eine Kälte bei ihm.

Eines Tages wurde uns mitgeteilt, ein älterer Kollege, der eine große Wohnung habe und dessen Kinder erwachsen geworden seien, suche nach einer kleineren Wohnung. So kam es zum Tausch zwischen uns: ein Umzugstermin wurde ausgemacht und nun wurde geplant und gepackt. Richtige Schlafzimmermöbel wurden bestellt und Kinderstühlchen für ein neues Kinderzimmer brachte Walter eines Tages nach Hause zur Begeisterung der Kinder. Wir fühlten uns wie erlöst aus der Ungewißheit. Zwei Tage vor dem Umzug kam die Nachricht, daß Walters Mutter nach schwerem Leiden gestorben sei. Mir war es unheimlich, wie ungerührt Walter diese Nachricht zunächst aufnahm und so gar keine innere Bewegung zeigte. Was wohl hinter diesem Ungerührtsein steckte?

Und dann war es so weit, daß ein von beiden Familien gemietetes Auto vor der Tür stand. Beim Packen waren Walter und ich richtige "Kumpel", die zügig und übersichtlich Hand in Hand arbeiteten. Als letzter Gegenstand wurde der Stubenwagen ins Auto gestellt. Walter saß zwischen allen Sachen, die beiden Kinder auf dem Arm, und ich stieg mit dem Kleinsten vorne ein. Als der Wagen sich in Bewegung setzte, schrie der dreijährige Hardy auf einmal herzzerreißend los, als spüre er ein Verlassen seiner bisherigen Geborgenheit. Dieser Tag war es auch, an dem er plötzlich abends laut und vernehmlich *"ich"* sagte. Viola und Hardy waren sehr aufgeregt, und ich setzte sie auf die Fensterbank, von wo aus sie alles genau beobachten konnten. Bis zum Abend standen alle Möbel schon so ungefähr an Ort und Stelle, bis dahin hatte sich Walter auch sehr mit eingesetzt, aber nun kam wohl seine Kraft durch ein Mißgeschick an ihre Grenze: er wollte einen Haken im Flur einschlagen, dabei brach ein Stück der Wand heraus, daraufhin schlug er vor Wut noch mehr zu und das Loch wurde nur noch größer, bis es zornig aus ihm herausbrach, ich sei es ja gewesen, die unbedingt diese Wohnung gewollt habe und *"nun hast du es, nun ist sie kaputt."* Nur mit Mühe und weinend konnte ich ihn beruhigen, so begann die erste Nacht in der neuen Wohnung bereits wieder mit Tränen. Am Tag danach fuhr Walter zur Beerdigung seiner Mutter.

In den ersten Tagen ging ich in den nahegelegenen Kindergarten, um Hardy dort anzumelden. Zum Glück konnte er gleich aufgenommen werden, das war schon eine kleine Entlastung für mich. Ich bekam nun viel Arbeit mit Aufräumen und Einrichten. Wir hatten eine Vier-Zimmer-Wohnung im Erdgeschoß eines großen Mietshauses bezogen, welches an einer großen Hauptstraße lag; bis spät in der Nacht brausten Autos und Straßenbahnen vorbei. Hinter dem Haus gab es Grünanlagen und einen Spielplatz. Wir saßen auf unserer Terrasse mitten im Grünen, und die Kinder konnten hinaus und hinein laufen. Leider waren wir als kinderreiche Familie nicht allen Nachbarn genehm und bekamen es schon in der ersten Zeit zu spüren. Man achtete mit Argusaugen darauf, daß keines der Kinder den Rasen betrat, sonst hagelte es gleich Beschwerden. Ein anderer Nachbar wollte seine Wäsche nicht neben Windeln aufhängen und terrorisierte mich noch über viele Jahre mit frechen Zetteln an "arme Leute". Es war eben eine Zeit (1958), in der man in der bundesdeutschen Gesellschaft nur nach seinem Konsumniveau bewertet wurde. Das Bett des kleinen Andreas kam in das helle Gartenzimmer, mehr stand nicht drin. Ich nähte alle Gardinen mit der Hand, bis ich eine alte Nähmaschine aus der Gemeinde geschenkt bekam. Wir hatten immer noch keine Teppiche! Die Kinder schliefen auf den bisherigen Stahlrohrbetten der Eltern und waren stolz auf ihre "Erwachsenenbetten"; dem alten Schreibtisch wurden die Beine kürzer gemacht und er wurde ein Kindertisch. Ein alter Teppich von Verwandten diente den Kindern zum Spielen. Ich erzähle das alles, weil man sich sonst die Genügsamkeit, in der wir damals lebten, heute vielleicht kaum noch vorstellen kann. Wir waren weiterhin eisern entschlossen, keine Ratenkäufe zu machen, vor allem ich, da ich ja nicht wußte, wie es mit Walter weitergehen würde. So wirkte unsere Wohnung, wenn auch manche hübschen Dinge da waren, vor dem damaligen, sich ständig steigernden Wohlstandsdenken recht kärglich.

Dagegen wurden die Kinder von Tag zu Tag niedlicher und die Leute sahen sich auf der Straße nach ihnen um. Sie waren voll ansteckender Fröhlichkeit, und ihr Lachen war für mich oft der einzige Trost. Ich konnte mit ihnen lachen, förderte sie, so viel ich konnte. So kaufte ich z.B. ein großes Stück schwarzes Papier, klebte es an die Wand, holte bunte

Kreide dazu, — und Hardy war begeistert! Heute ist das selbstverständlich, damals war es "ungehörig", Kinder an die Wand malen zu lassen. Schon von Anfang an hatte ich auch begonnen, viel mit den Kindern zu singen.

Walter wurde kurz nach dem Umzug weg vom Flughafen in die Zentrale versetzt; überall tat er sich schwer mit den Kollegen. Meist kam er mit mürrischem Gesicht heim und ließ sich auch von den lustigen Kindern nicht aufmuntern. Er konnte nur noch sehr selten liebevoll sein, und unsere Beziehung gestaltete sich meist nur zu seiner sexuellen Befriedigung. Ich war tagsüber heiter und tat gern alle Arbeit. Heute frage ich mich natürlich, woher diese mir damals so selbstverständliche Bereitschaft eigentlich kam. Wenn Walter mit so bösem Gesicht nach Hause kam, legte es sich wie ein Mühlstein auf mein Herz. Immer hatte ich das Gefühl, er sei böse, wußte aber nicht, warum. Fast jeden Tag fragte ich ihn und versuchte herauszubekommen, was er gegen mich haben könnte, doch er schwieg und starrte finster in die Ecke. Es war typisch für mich, die Schuld erst einmal bei mir zu suchen. Ich war so unglücklich, daß ich allabendlich, während ich die Kinder versorgte und zu Bett brachte, weinte, was die Kinder sehr irritierte. Ich tröstete mich an ihrer Liebe, und es gab täglich Momente von Zärtlichkeit. Heute kann ich mit meinen Kindern darüber sprechen, wie meine Not damals auch bei ihnen Angst und Unsicherheit ausgelöst hat. Nur selten kam es zu einem guten Gespräch zwischen Walter und mir, und ich fühlte mich immer einsamer und isolierter. Oft weinte ich auch nachts, und Walter war allenfalls beleidigt, daß er im Schlaf gestört wurde und nicht in der Lage, nach meinem Kummer zu fragen. So war ich natürlich oft sehr müde, wurde meist von Andreas schon um vier Uhr morgens geweckt, und so kam es, daß ich manchmal schon früh weinte, wenn ich dem Kind die Flasche gab. Meine Kräfte waren sehr verbraucht und meine Nerven fast schon zerrüttet, ich wurde schmäler und schmäler. Ich versuchte immer und immer wieder, gut zu Walter zu sein, zumal ich spürte, daß auch er litt. Eines Tages war er aber auch bereit, das Wohnzimmer zu renovieren, als er ein paar Tage Urlaub hatte. Bei solchen Arbeiten war er sehr geschickt, obwohl er andererseits dann wieder einfach alles hinschmiss und erst nach Tagen weitermachte. Ich mußte da unerbittlich Geduld lernen. Ich spürte, daß ich nicht mehr konnte und versuchte, mit Walter darüber zu sprechen, doch er war nicht in der Lage, das Ergehen eines anderen Menschen zu erfühlen. Dies empfand ich in meiner Unerfahrenheit wiederum als lieblos und machte ihm Vorwürfe, womit ich alles nur verschlimmerte. Walter schlug mich eines Abends sogar wieder. Es gab viele neue Tränen, und schließlich schrieb ich meiner Schwester, ich sei völlig am Ende. Sie war Lehrerin, hatte Ferien und kam, damit ich zwei Wochen zu meinen Tanten in den Westerwald fahren konnte, um mich dort zu erholen. Den kleinen Andreas nahm ich im Kissen auf dem Arm mit. Er war inzwischen vier Monate alt, ein liebes, freundliches Kind, das die alten Tanten sehr entzückte. Sie versorgten ihn mit Begeisterung, er lag im Garten und krähte vergnüglich, ich konnte mich ausschlafen und zur Ruhe kommen. Die Tanten redeten mit mir natürlich über die Möglichkeit einer Scheidung, sahen aber die enormen Schwierigkeiten angesichts dreier kleiner Kinder ein. Ich schrieb an Walter:

"... Hier ist es unwahrscheinlich still, und ich sehe über weite, grüne Hügel. Ich bin froh, daß ich hier bin. ... Ich mache keine Pläne gegen Dich, wie sollten sie wohl auch aussehen. ... Aber ich war fix und fertig mit dir, es war zuviel, ich kapierte es überhaupt nicht mehr und wollte nur fort von dem Bann um dich. Das ist nämlich wie ein Bann, wenn du so finster aussiehst und nicht sprichst. Zum ersten Mal war ich rücksichtslos und fuhr ab. Es war ja nicht möglich, mit dir darüber zu sprechen. Und zum ersten Mal bitte ich Dich nicht um Verzeihung, denn ich habe mich nicht schuldig gemacht. ..."

Ich genoß die Ruhe und Schönheit der Natur, war ich doch lange Zeit nicht mehr aus der Großstadt herausgekommen. Bei meiner Rückkehr begrüßte meine Schwester mich sehr besorgt, denn Walter hatte sich noch mehr abgekapselt, zurückgezogen und reagierte kaum auf sie und die Kinder. Als ich wieder mit ihm allein war, taute er etwas auf und war sichtlich erleichtert, daß er mich wiederhatte. Er brachte das auch sogar mit etwas Zärtlichkeit zum Ausdruck. Das Glück dauerte aber nur kurze Zeit, danach war er wieder so unzugänglich wie zuvor. Ich erfuhr, daß er auch im Dienst schwierig war und die Kollegen nicht klug aus ihm wurden.

Die folgenden Wochen wurden für mich unbeschreiblich bedrückend. Obwohl ich doch so gern lachte und eigentlich ein heiterer Mensch bin, war mir dies völlig vergangen. Die Verzweiflung ergriff mich oft. Und doch wurde ich auf geheimnisvolle Weise bestimmt von dem Wissen, daß auch in der Hölle der Auswegslosigkeit sich ein Sinn, ein Ziel herausstellen würde, daß ein Gott hinter allem sei. Ich spürte auch, daß

Walter litt. Immer wieder fragte ich ihn, was ihn quäle, immer wieder bat ich ihn, doch mit mir zu sprechen. Tagsüber war ich fröhlich mit den Kindern, so gut ich konnte, und wurde manchmal von ihrer Lebenslust angesteckt. Aber nachts neben Walter legte sich die Not doppelt beklemmend auf meine Seele, ich weinte dann und kam mir sehr verlassen vor. Wenn Walter mit mir doch sprach, kamen immer wieder solche Sätze wie: *"du bist unklar, du weißt nicht, was du willst, du willst immer nur was von mir."* Auch beschrieb er neuerdings Seiten von Papier voll mit seinen Gedanken, auf denen aber nur Wortfetzen oder halbe Sätze standen. ich klammerte mich daran, daß Gott eher als die Menschen eine Zuflucht sei und hielt daran fest, daß seine gütige Kraft mir Geduld und neuen Mut und einen Ausweg geben würde und konnte dadurch beides aufbringen. Da ich aber auch ein temperamentvoller Mensch bin, konnte es passieren, daß ich sogar zornig wurde, Walter anschrie und beschimpfte, wodurch er sich natürlich in noch tiefere Verschlossenheit zurückzog.

Eines Sonntags, nach einer schlechten Nacht, war ich am Ende meiner Kraft, und während eines Spaziergangs mit den Kindern erwog ich zum ersten Mal in meinem Gedanken ernsthaft die Möglichkeit einer Scheidung. Nach dem Mittagessen, als die Kinder zur Ruhe gelegt waren, sprach ich Walter darauf an und erklärte ihm, ich hielte so ein Leben nicht mehr aus, er wolle scheinbar nichts mehr von mir wissen und ich könne so bedrückt einfach nicht mehr leben. Ich würde versuchen, wieder eine Stelle als Gemeindehelferin zu bekommen und die Kinder müßten dann eben irgendwo mitversorgt werden. Er sah mich böse an, merkte wohl, daß es mir ernst war, sagte aber nichts. Darauf rief ich verzweifelt: *"sag doch was, warum sagst du nichts, sag doch endlich was zu mir!"* Da stand er langsam auf, ich stand an der Tür zum Flur, er ging auf mich zu und schlug blitzschnell und sehr kräftig auf mich ein und sagte böse: *"Jetzt werde ich dir deine Unklarheiten endlich austreiben!"* Ich fiel hin und blutete aus der Nase. Plötzlich sauste der dreijährige Hardy aus dem Kinderzimmer, sah mich am Boden liegen und schrie laut los! Da hielt Walter ein, ich stand schnell auf und nahm das Kind in meine Arme. Ich erkannte: dies war ein Grenzpunkt in unserer Situation, ich mußte handeln. Die Kinder sollten nicht unter dem allen leiden. Auch die anderen beiden waren wach geworden. Hardy war nur mit Mühe zu beruhigen. Ich nahm ihn an die Hand, setzte die zwei anderen in den Wagen und ging den weiten Weg zur nächsten Polizeistation. Zu Walter schaute ich nicht mehr hin, ich war fertig mit ihm. Ich mußte mir einfach Rat holen, fragen, was ich tun könne, ehe Schlimmeres passiert und etwa den Kindern etwas zustößt. Aber der Rat lief darauf hinaus, daß eben doch erst etwas passieren müsse, bevor etwas unternommen werden könne. Doch es gebe eine Eheberatungsstelle im Gesundheitsamt, an die solle ich mich wenden. Solche Beratungsstellen gab es damals noch sehr selten.

Am nächsten Morgen also fand ich mich mit zwei Kindern an der Hand dort ein und begegnete einer sehr verständnisvollen Ärztin. Endlich jemand, der mir zuhörte! Nachdem sie von meinen Nöten erfahren hatte, führte sie mich gleich eine Tür weiter zu einer erst kürzlich eingerichteten "Fürsorgestelle für Gemüts- und Nervenkranke"; dort sollte ich einem Sozialarbeiter nochmals alles schildern. Ich erfuhr, daß in Walters Verhalten offensichtlich Symptome einer Schizophrenie erkennbar seien und daß er wohl wieder in eine Klinik eingeliefert werden müsse. Außerdem teilte mir der Sozialarbeiter mit, daß Walter in diesen Tagen vorgesehen gewesen sei zu einer Unterredung mit dem Amtsarzt wegen eines Gutachtens, das die Dienststelle über ihn angefordert hätte. Es wäre sowieso zu einer Vorladung in das Gesundheitsamt gekommen. Mit dieser wenig ermutigenden Auskunft ging ich nach Hause. Ein paar Tage später wurde Walter zum Amtsarzt bestellt. Aus Angst sagte ich ihm nicht, daß ich schon dort gewesen war. Ich hatte nun eine Bestätigung meiner leisen Ahnung erhalten, daß eine Krankheit hinter allem stecken könnte. Fast war ich froh, daß ich auf diese Weise eine erklärende Entschuldigung für sein Verhalten hatte, und mit dem daraus entstehenden Mitleid lebte auch ein Gefühl für ihn in mir wieder auf. Er war so niedergeschlagen, daß ich ihn begleitete.

So saßen wir eines Morgens einem lebhaften, älteren Arzt gegenüber, der gleich sah, in welch schlechter Verfassung sich Walter befand. Auch er bekam nichts aus ihm heraus, so sehr er sich — in meiner Abwesenheit — bemühte. Er versuchte ihm dann, deutlich zu machen, daß er wieder in einer Klinik untergebracht werden müsse, es sei denn, er begebe sich freiwillig dorthin zu einer "vorübergehenden Behandlung". Ich begriff sofort die Situation; auch die Dienststelle hatte Einwände über sein Verhalten vorgebracht. Walter schwieg, was sollte er auch sagen, wenn der Arzt sowieso über ihn entschieden hatte. So gingen wir wieder, aber unten vor der Tür versuchte ich, ihm klar zu machen, daß es doch besser sei, "freiwillig" für ein paar Wochen in die Nervenklinik zu gehen als zwangsweise eingewiesen zu werden, wie in M.. Als ich sagte: *"dann kannst du doch immer mal Wochenendurlaub bekommen"*, begriff er und willigte ein, so lief ich nochmals zum Amtsarzt hinauf, um ihn zu bitten, innerhalb der nächsten Woche noch nichts zu unternehmen. Nun galt es, einen Arzt zu finden, der ein Einweisungsformular in die Nervenklinik ausstellte. Das war gar nicht so einfach, denn auch das war damals nicht üblich; die einen lehnten es ab, die anderen waren im Urlaub. Schließlich fand ich eine Nervenärztin, die bereit war und mich die Einweisung abholen ließ, nachdem ich ihr alles geschildert hatte. Als sie aber mich zu Gesicht bekam, rief sie aus: "Kindchen, sie sind ja selbst krank, sie haben ja ein geschwollenes Gesicht, Schilddrüsenüberfunktion, sie sind ja ganz fertig." Da brach ich in Tränen aus, — nun war ich in guten Händen und wurde in der nächsten Zeit selbst behandelt.

Einige Tage später fuhren wir in die Nervenklinik. Unterwegs kauften wir noch gemeinsam, — man stelle sich das vor! — einen hübschen Teppich für unser Wohnzimmer. In der Universitätsnervenklinik war Walter zwar als "Freiwilliger" ein Sonderfall, kam aber doch auf eine geschlossene Station — ein großer Saal mit mindestens 30 Betten, dahinter ein wenig einladender Aufenthaltsraum mit rohen, zerkratzten Tischen, Holzbänken und Stühlen, er sah aus wie ein Wartesaal dritter Klasse gleich nach Kriegsende! Als ich mich von Walter verabschiedet hatte, konnte ich nur mit Mühe die Tränen unterdrücken. Es überkam mich so ein tiefes Verlassenheitsgefühl, daß ich in ein Telefonhäuschen ging, um mich auszuweinen. Ich mußte aber schnell nach Hause, denn ich hatte die Kinder bei einer Nachbarin gelassen. Tags darauf kam Walters Bruder, er und seine Frau hatten schon lange versprochen, die kleine Viola für zwei Wochen zu sich zu nehmen. Ich versuchte nun, zur Ruhe zu kommen. Hardy war im Kindergarten und der Kleinste spielte friedlich in seinem Bettchen. In der Klinik war zweimal in der Woche Besuchszeit. Als ich in den nächsten Tagen hinkam, lag Walter im Bett und redete sehr wirr auf mich ein, sehr obszön und laut, *"um alle anderen hier zu stellen"*, erklärte er mir. Da brach ich in Tränen aus und verließ schnell den Krankensaal. Ein Pfleger bemerkte es, ging mir nach, tröstete mich und führte mich zum Arzt. Dort beruhigte ich mich langsam und konnte mit dem Arzt über Walter sprechen, über seine Entwicklung, seine Kriegserlebnisse, unser Zusammenleben. Er versprach mir, sich intensiver um ihn zu kümmern.

Am kommenden Sonntag, als ich mit Hardy an der Hand zur Besuchszeit kam, warteten vor der Klinik Walters beide Brüder, die Schwägerin mit Viola, und zwei seiner Tanten. Alle teilten mir mit, sie wollten nachher zu Hause mit mir sprechen. Walter freute sich über so viel Besuch und hielt vor allem die ganze Zeit seine Kinder auf dem Schoß.

Zu Hause angekommen, machte ich erstmal das Fläschchen für Andreas fertig, aber schon während das Kind trank, begannen die Brüder mir die schlimmsten Vorwürfe zu machen: meine Lieblosigkeit, Walter nun das zweitemal in eine Nervenklinik gebracht zu haben, ich sei wohl vielmehr die Ursache, daß er sich so verändert hätte, ich solle bei Gott die Hilfe suchen und nicht bei den Ärzten oder im Gesundheitsamt. Im übrigen sei ich auch als Hausfrau und Mutter unfähig, das hätten sie an Viola gemerkt, die sei ja ganz abgemagert, Tbc-gefährdet, so daß sie sie mit ihrem Husten zu einer Ärztin gebracht hätten. Ich war diesen unvermuteten Vorwürfen nicht gewachsen, weinte und zitterte so, daß ich das trinkende Kind fast nicht halten konnte. Deshalb ging ich in das Nebenzimmer und faßte mich dort langsam. Der kleine Hardy kam, schmiegte sich liebevoll an meine Knie und sagte mit einem bezaubernden Ausdruck im Gesicht: *"Mami, wein doch nicht, die gehen ja alle wieder weg."* Da drückte ich den Jungen an mich und wußte auf einmal: Gott steht an meiner Seite und ich werde kämpfen, um meiner und um Walters Willen. Gefaßt bat ich die Verwandten, mir doch Viola da zu lassen, ich hätte eine gute Kinderärztin. Die Brüder teilten mir nun mit, sie würden in drei Tagen in die Sprechstunde des Arztes gehen und Walters umgehende Entlassung aus der Klinik fordern. Ich hatte keine Kraft mehr zu einer Erwiderung oder Auseinandersetzung und war erleichtert, als alle gegangen waren. Nachts aber war ich verzweifelt, denn die Vorwürfe hatten mich sehr verwundet. Ich litt ja selbst darunter, daß Walter in der Klinik war, daß es keinen anderen Weg gegeben hatte, sah ihn aber durchaus nicht als Lösung an. Die Klinik war ein Massenbetrieb, auch wurde er wieder nur mit Tabletten vollgestopft. Doch zu Hause war es einfach nicht mehr weitergegangen, denn auch Walter hatte sich mit seinen Gedanken gequält und gelitten. Daß es seelische Qualen gibt, das hatte ich nun erlebt. Meine Gebete in dieser Nacht waren ein unzusammenhängendes, angstvolles Stammeln.

In dieser Not rief ich bei den mir so vertrauten Pfarrersleuten an und bat sie, mir den Brüdern gegenüber zu helfen; ich brauchte jetzt so etwas wie

Vater und Mutter zur Seite. Sie begriffen sofort und kamen am nächsten Tag, ließen sich alles genau schildern und Pfarrer Siegel rief in der Nervenklinik an, sprach mit dem Oberarzt und dem Stationsarzt, erklärte ihnen meine Sorge und bereitete sie auf die Forderung der Brüder vor. Allein das Sich-Aussprechen-können und Verstandenwerden war für mich schon eine Quelle neuer Kraft. In der Klinik erfuhr ich bei meinem nächsten Besuch, daß die Brüder da gewesen seien und als erstes betont hätten, er, der Arzt, sei ja kein Christ, er verstehe nicht, daß Gott die Menschen gesund mache und nicht Medikamente. Er habe ihnen erklärt, Walter könne jederzeit die Klinik verlassen, da er freiwillig gekommen wäre, es wäre aber besser, daß die Eheleute das unter sich allein ausmachten und nicht unter Druck von außen. Auch seien drei kleine Kinder im Haushalt, und für deren Sicherheit angesichts der Unberechenbarkeit des Vaters könne wohl keiner garantieren.

Zu Hause angekommen wurde ich schon von Schwager und Schwägerin erwartet, die mir erneut Vorwürfe wegen der kleinen Viola machten und mir Anweisungen geben wollten, wie sie zu ernähren und zu behandeln sei. Am Tag danach ging ich zu meiner Kinderärztin, die in diesen schlimmen Jahren schon fast eine Freundin geworden war. Sie bestätigte mir, daß alles in Ordnung sei. Ich erinnerte mich, wie schon der abgemagerte Hardy — mit seinem Magenpförtnerkrampf kurz nach der Geburt — von der ganzen Familie kritisiert worden war und spürte, daß sie mir nun erst recht nichts mehr zutrauten. Das war alles für mich noch zusätzlich belastend zu allem Schmerz.

Wenn ich Walter besuchte, bedrückte es mich sehr, wie trist das Leben auf so einer geschlossenen, psychiatrischen Station für die Patienten war. Sie liefen in Schlafanzügen herum, saßen tatenlos im ungemütlichen Aufenthaltsraum herum, kaum einer, der mal Lust hatte zu einem Spiel. Walter versuchte sich am Radio, um Musik zu hören, was aber von anderen laut abgelehnt wurde. So verkroch er sich in eine Ecke und lebte erst auf, wenn ich kam. Die Besuchszeiten einzuhalten war für mich ein großes Problem, ich war auf die Hilfe von Nachbarn angewiesen, die abwechselnd die Kinder zu sich nahmen. Ich litt sehr, und es kam vor, daß ich auf der Heimfahrt in der Straßenbahn kaum die Tränen vor den anderen Leuten verbergen konnte. Nach einiger Zeit kam ich mit Walter überein, er solle wieder nach Hause kommen. Wir sprachen beide mit dem Arzt, der Oberarzt ließ mich ein Papier unterschreiben, daß mein

Mann auf eigenen Wunsch die Klinik verließ, und sagte: *"Warum lassen sie ihn nicht länger hier? Soll das immer so weiter gehen, sollen auch noch die Kinder dran kommen?"* Darauf gab ich zu verstehen, daß ich mir von der Behandlung in der Klinik mehr erhofft hätte, und bezeichnete das Leben, das Walter dort geführt hätte, als krankmachend. Es war eine unsäglich schwere Entscheidung für mich und ich fürchtete mich vor der Zukunft, vor der Verantwortung, und ich bekam weder von Ärzten noch von den Verwandten eine Unterstützung, war sehr allein mit allem. Wenn ich es auch unklar empfand, aber da war so eine Ahnung in mir, daß alles einen Sinn hat, daß da ein Prozess oder so etwas im Entstehen war. So wandte ich mich in vielen Augenblicken nachts und tags hilfesuchend an Gott, wie es mir von Kindheit an zwar vertraut war, diesmal aber mit einem noch nie gekannten inneren Wissen, daß da eine Kraft war, die mich das Richtige würde tun lassen.

Walter war überglücklich, als er die Wohnung betrat und die Kinder begrüßte. Er lachte und scherzte und wir umarmten uns mehrere Male! Sechs Wochen war er weg gewesen. Seine Dienststelle hatte ihm nicht gekündigt, und er konnte gleich wieder an seinen bisherigen Arbeitsplatz zurückkehren. Es war Herbst, und wir begannen, die Erde um unsere Terrasse umzugraben und Rosenstöcke zu pflanzen, und mir kam das Pflanzen wie ein Symbol für einen neuen Anfang vor. Gerade als wir alles fein säuberlich geharkt hatten, stand auf einmal Walters Schwester vor uns und lachte. Sie war gekommen, um Walter zu einem Besuch bei den Tanten am Rhein, wo sich alle Geschwister verabredet hatten, mitzunehmen. Ich redete ihm arglos zu, und er fuhr mit. Spät in der Nacht kehrte er sehr niedergeschlagen zurück, schüttelte den Kopf und stöhnte vor sich hin. Erst am nächsten Tag erfuhr ich nur mit Mühe von ihm, daß er eine von den Tanten geschlagen habe. Ich war sehr erschrocken! Erst allmählich erzählte er, sie seien im Garten gewesen, und die Geschwister hätten viel auf ihn eingeredet und gemeint, er müsse mehr Selbstbewußtsein haben. Da sei er einfach hinaufgegangen und habe die Tante geschlagen und gesagt; *"so, jetzt habt ihr mein Selbstbewußtsein."* Die Tante hatte ein angegriffenes Herz und das war für sie natürlich eine sehr schlimme Erfahrung, die ihr noch jahrelang zu schaffen machte. Sie hatte noch lange Angst vor Walter. Ich dachte aber insgeheim, daß es gut war, daß auch die Geschwister Walter einmal so erlebt hatten.

Obwohl wir nun wieder auf's Neue versuchten, freundlich miteinander zu leben, versank Walter doch immer wieder in unverständliche Gedanken, deren Inhalt er mir manchmal zu erklären versuchte. Es waren mühsame Gespräche; ich verlor immer wieder die Geduld und hatte sie auch oft über. Es gab nun auch nächtliche Auseinandersetzungen. Er zog sich dann in sich zurück, und ich weinte viel.

Schon nach kurzer Zeit warteten drei neue Aufregungen auf mich. Wir hatten ein wenig Geld gespart und beabsichtigten, einige Möbel für das Wohnzimmer zu kaufen. In diesen Dingen ergriff ich meist die Initiative. Walter war der Ansicht, *"man könne auch auf Kisten leben."* Eines Nachmittags, als ich im Schlafzimmer in einem leichten Schlaf dahindämmerte, wurde ich durch Hammerschläge im Wohnzimmer geweckt. Als ich hinüberging, sah ich, wie Walter einen dicken Haken in die Wand schlug und ein großes Ölgemälde aufhing. Stolz wies er darauf hin: *"das habe ich gekauft für uns."* Ich war sprachlos. Es war ein sehr schönes Bild von der Nordsee, ich erkannte gleich die Dünen von Rantum auf Sylt, Walter fügte etwas zaghafter hinzu: *"das haben wir uns doch immer gewünscht, die Dünen und das Meer."* Das stimmte, wir hatten beide schon als Kinder das Meer geliebt. Aber als ich vorsichtig nach dem Preis fragte, traf mich der Schlag: er hatte alle Ersparnisse dafür ausgegeben. Zuerst reagierte ich mit meinem ganzen Temperament und schimpfte fürchterlich los, dann aber setzte ich mich vor das Bild, versuchte mich an seiner Schönheit zu beruhigen und meine stürmischen Gedanken zu sammeln. Und auf einmal rührte mich Walters Verhalten: er hatte gar nicht mehr an die Möbel gedacht, er hatte etwas Schönes im Wohnzimmer aufhängen wollen, egal, wie das Zimmer sonst eingerichtet war, ein schönes Bild war sein Wunsch gewesen. Ich spürte ein wenig, daß in ihm etwas lebte und war allmählich versöhnt.

Kurze Zeit danach erkrankte Hardy plötzlich, am nächsten Morgen war er rot gepunktet, — die Ärztin kam, es waren die Masern! So stand ich bald mit drei kranken Kindern da, es gab unruhige Nächte und nervenaufreibende Tage, aber nichts half mir. Ich hatte wieder etwas Mut, die Adventszeit kam und ich plante ein schönes Weihnachtsfest zusammen mit Andreas' Taufe. Er war nun neun Monate alt, Viola zwei und Hardy drei Jahre alt.

Zwei Wochen vor Weihnachten fand Walter viel Geld auf seinem Konto vor: eine Steuerrückzahlung. *"Davon wird ein Fernseher gekauft"*, entschied er. Ich regte mich sehr darüber auf und weinte drei Tage. Ich war so unglücklich darüber, weil mir das Fernsehen damals nur als Störenfried der Familie vorkam. Ich empfand es geradezu als Bedrohung angesichts dreier kleiner Kinder. Auch wurde es dann schon wieder nichts mit den Möbeln! Walter hatte aber auch triftige Gründe: jeden Tag unterhielten sich die Kollegen ausführlich über das Fernsehprogramm, welches damals stürmischen Einzug in die Haushalte hielt. Er fühlte sich dabei ausgeschlossen. Der Apparat wurde gekauft und mit ihm kam etwas Neues in unser Leben. Gleich die erste Sendung war ein Tierfilm mit Rehen und Hirschen, Hardy saß wie gebannt davor. Danach besprachen wir, welche Sendungen die Kinder sehen durften und waren uns da schnell einig. Durch Sendungen, die mich begeisterten, war auch ich bald mit dieser Entscheidung Walters versöhnt.

Alles ist so unheimlich

Am zweiten Weihnachtsfeiertag des Jahres 1958 wurde Andreas in einer stillen Feier in der kleinen Kirche nebenan getauft. Nur wir Eltern und zwei von Walters Schwestern waren anwesend, Hardy und Viola saßen brav in der Bank und schauten zu.

Es schien, als verliefe nun unser Leben etwas ruhiger. Langsam entwickelte sich ein sehr geregelter Ablauf meiner Arbeit. Andreas war nicht mehr so klein und spielte oft schön für sich. Auch Viola war ein unkompliziertes Kind, und wenn der lebhafte Hardy morgens in den Kindergarten gebracht war, kam für mich eine gemütliche Frühstücksstunde. Dabei begann ich nun täglich zu lesen. Ich besorgte mir meine alte Fachliteratur und begann, mich theologisch weiterzubilden, um wieder einen Anschluß zu bekommen; ich war inzwischen fünf Jahre verheiratet. Gerade damals gab es die Auseinandersetzung um die "moderne Theologie". Ich wollte nicht zu den Hausfrauen gehören, die von der anliegenden Hausarbeit beunruhigt werden, und teilte mir alles gut ein. So hatte ich Zeit für mich und heute weiß ich, daß das damals zu meinem Überleben beitrug. Ich fand auch Zeit, mich mit den Kindern zu beschäftigen und war oft beglückt über ihre unbeschwerte Lebensfreude, die für mich nicht selbstverständlich war. Sie kosteten mich zwar viel Kraft und Anstrengung, aber diese waren sinnerfüllt und von großer Hoffnung getragen. Jeden Tag erzählte Hardy, der schon am besten sprechen konnte, sprudelnd wie ein Wasserfall, was sich alles im Kindergarten zugetragen hatte und sang mir jedes Lied vor. Auch die anderen beiden waren wach und es entging ihnen nichts.

Walter fiel das Dasein weiterhin schwer. Er setzte sich mit allem, was der Chef oder die Kollegen sagten und taten, quälend auseinander und legte mehr hinein als war. Er fühlte sich von allen immer mehr beobachtet, beurteilt, *"unter die Lupe genommen"*, sie *"stellten ihm Fallen"*, wie er meinte, — er fühlt sich zunehmend von allen bedroht. Dadurch, daß er seine Ängste auf die Kollegen übertrug, hatte er nun ein besseres Verhältnis zu mir; er konnte stundenlang auf mich einreden im Versuch, mir seine Gefühle zu erklären. Sie waren für mich schwer zu begreifen. Andere Tage wirkte er sehr deprimiert und verschlossen. Zum Glück waren die Kinder noch zu klein, um dies alles stärker zu bemerken. Es gab Abende, an denen sich Walter angstvoll den Kopf zerbrach, wie er es anstellen solle, die Kollegen am nächsten Morgen *"richtig"* zu begrüßen. Er fürchtete sich davor, daß sie ihn nach seinen Kinder, seiner Frau, nach dem Urlaub und was auch immer fragen könnten. Ich versuchte, ihm gut zuzureden, und es gab oft Gespräche bis tief in die Nacht. Es gab manchmal auch wieder bei mir Tränen, und ich fühlte mich überfordert und schalt ihn wegen seiner *"Einbildungen"*. Das nahm er natürlich übel, es gab Streit, — und die Nachbarn klopften von oben.

Eines Tages war Walter so deprimiert und voller Angst, daß er nicht zu seiner Arbeit gehen wollte. Er lag im Bett, schrieb Seiten voll von ungeordneten Gedanken; zerriß sie wieder und war ablehnend gegenüber allem Zureden. Auch am nächsten und übernächsten Tag weigerte er sich aufzustehen und sein Gesichtsausdruck wurde immer böser, er sah mich gar nicht mehr an, sondern nur immer in eine Ecke des Zimmers und schwieg vor sich hin. Mir wurde es unheimlich und ich besann mich, daß meine Ärztin mir einen Nervenarzt genannt hatte. Den rief ich an, schilderte ihm Walters Zustand, und er sagte einen Hausbesuch zu. Am Spätnachmittag war er da und ich war erleichtert über seine freundliche, natürliche Art. Er versuchte, sich eine ganze Weile mit Walter zu unterhalten, ging auf seine Ängste ein und auch auf seine Beschäftigung mit der Astrologie. Er erklärte ihm, daß er ihm ein Medikament gebe, er nach einer Weile schon wieder in Ordnung komme und dann in seine Sprechstunde kommen könne. In der Küche erklärte er mir, er wolle versuchen, zu ihm Kontakt aufzubauen um ihn so zu behandeln, daß er nicht in die Klinik müßte. Voraussetzung sei natürlich, daß er mitmache. Ich solle ihm nicht widersprechen, damit würde ich ihn nur unnötig provozieren. Ich war froh, an einen Arzt geraten zu sein, der nicht gleich mit Einweisung kam und mich zum ersten Mal richtig beriet.

Aber Walter reagierte leider sehr empfindlich darauf, daß ich einen Arzt geholt hatte und ich bemühte mich, ihm zu erklären, daß es die Möglichkeit einer ambulanten Behandlung gebe. Am Abend und am nächsten Morgen nahm Walter das Medikament, aber nur, wenn ich es ihm gab. Mittags und abends aber fuhr er mich wütend an, war finster, in sich gekehrt und unansprechbar. Auch war er nicht dazu zu bewegen, aus dem Bett aufzustehen. Ich setzte mich in das Wohnzimmer, die Kinder schliefen. Bevor ich ins Bett ging, wollte ich nochmals versuchen, ihm das Medikament zu geben. Ich kam freundlich zuredend mit der Flasche an sein

Bett, ich kann mich genau erinnern: ganz leise sprach ich zu ihm. Plötzlich sprang er auf, schlug mir die Flasche aus der Hand, warf mich auf das Bett und würgte mich. Ich wehrte und befreite mich, rief laut um Hilfe in meiner Angst, da drückte er mir das Kissen auf das Gesicht, — wieder konnte ich mich wehren und rief noch lauter um Hilfe. Der Bettrahmen unter mir brach, plötzlich läutete es an unserer Wohnungstür. Das Läuten riß Walter wohl aus seiner Erregung, und er setzte sich auf die Bettkante. Ich hatte Würgespuren und Kratzer am Hals und im Gesicht und zitterte am ganzen Körper. Die Angst ließ mich nicht zögern. Ich muß sagen, daß ich vorher nicht gewußt hatte, was Angst ist. *"Jetzt"*, dachte ich, *"ist genug passiert."* Ich ergriff die Hausschlüssel und lief zu den Nachbarn hinauf und bat diese, da sie ein Telefon hatten, die Polizei zu rufen. Andere Nachbarn standen an den Türen. Während der Mann vergeblich im Telefonbuch suchte, machte die Frau mir lauter Vorwürfe, daß ich meinen Mann nicht in der Klinik gelassen hatte. Darauf antwortete ich sehr gefaßt:*" So schnell gibt man einen Menschen nicht auf."* Schnell begriff ich, daß ich keine Hilfe von den Nachbarn bekam und rannte hinüber in eine kleine Querstraße zu Bekannten, wo die Frau allein zuhause war. In ihrer lieben Art beruhigte sie mich. Ich war zu aufgeregt, um zu wählen, deshalb tat sie das für mich, und die Polizisten versprachen zu kommen. Voller Sorge um die Kinder rannte ich wieder zurück, — es war alles still — ich getraute mich nicht allein in die Wohnung zu gehen. Nach wenigen Augenblicken kamen sie. Die Kinder schliefen friedlich, Walter saß völlig zusammengesunken auf einem Stuhl und bot ein Bild des Jammers. Darauf sagte ein Polizist: *"Jetzt ist er doch wieder ganz ruhig."* Ich zeigte ihm die Spuren des Angriffs und führte auch die Nachbarn als Zeugen an. Aber die sagten auf die Fragen der Polizisten, sie hätten nichts gehört und bemerkt! Solch bittere Erfahrung ließ mich in Tränen ausbrechen, ich zeigte den Polizisten den ersten Einweisungsbescheid, sagte , daß Walter in ärztlicher Behandlung sei, und ich mit den Kindern die Wohnung verlassen müsse, weil ich zu große Angst hätte, die Nacht über allein mit Walter zu bleiben. Ich hatte damals unklare Vorstellungen von der Gefährlichkeit gestörter Menschen, wie sie ja vor allem durch Filme verbreitet werden. Die Polizisten merkten allmählich, in wie schlechter Verfassung sich Walter befand, nahmen ihn mit und riefen beim behandelnden Arzt an, der eine Einweisung in die Nervenklinik befürwortete.

Als ich allein war, fing ich haltlos zu weinen an und stammelte nur noch verzweifelt Gottes Namen. Nach einer Weile läutete es an der Tür, und davor stand der Arzt. Ich war so überrascht, daß ich zu weinen aufhörte. Er hatte sich Sorgen um mich gemacht, — jemand hatte sich Sorgen um mich gemacht! — und wollte nun genau wissen, was geschehen war. Zum ersten Mal erklärte mir jemand etwas über Schizophrenie, insbesondere, daß sie in "Schüben" verlaufe, die immer schneller aufeinander folgen. Ich war so beruhigt durch dieses nächtliche Gespräch.

Am nächsten Morgen fuhr ich in die Nervenklinik, erreichte den Oberarzt, der gleich triumphierend sagte: *"Ich habe es ja gesagt, daß es so weitergehen wird, lassen Sie sich mal ansehen."* Als ich meinen Mann sprechen und ihm einige Sachen geben wollte, teilte man mir eiskalt mit, er sei schon mit einem Transport unterwegs und werde nach A. "überstellt". Ich fragte, ob er darin eingewilligt hätte, darauf hieß es, danach könnten sie leider nicht gehen, da sie zu viele Patienten hätten und diese in Landeskrankenhäuser verteilen müßten. Ich erfuhr, daß ein Amtsrichter mit ihm sprechen würde und danach wegen eines Einweisungsbeschlusses vom Amtsgericht entschieden würde, ob und für welche Zeit Walter dort bleiben müsse. Zwei Tage danach fuhr ich nach A. Ich mußte ja erst die Kinder bei einer Freundin unterbringen. Ich hatte eine halbe Stunde Bahnfahrt und einen Fußweg von 20 Minuten. Wegen der sehr ungünstig liegenden Sprechzeiten der Ärzte mußte ich eine Stunde später zurückfahren und saß im Zug wie auf heißen Kohlen. Walter traf ich sehr deprimiert an, in einem blau-weiß gestreiften Schlafanzug, der wie Sträflingskleidung wirkte. Er sprach aber wieder mit mir, sagte, er könne sein Verhalten nicht erklären, grübele dauernd darüber nach und übergab mir einen Brief, den er schon am Abend vorher an mich geschrieben habe:

25. März 1959

Du bist ja völlig unschuldig, und ich habe dich so oft geschlagen und nun gar so, daß du die Polizei holen mußtest. Wer macht das bloß, all diese schlimmen Sachen? Wer ist es denn? Ich denke immer, einer muß doch die Schuld haben, der solche fremdartigen Dinge unter uns geschehen läßt. Aber egal, ich bin es ja gewesen und deswegen bin ich hier. Man steht diesem Geschehen nur so ohnmächtig gegenüber. Wenn ich dich geschlagen habe, so wollte ich nur in Wirklichkeit mein Schicksal schlagen, ändern und als zu schwer abschütteln, etwas dagegen unternehmen. Liebe, ich will mich entschuldigen, ich liebe dich mehr als mein Leben.

Er war sehr matt, wieder von Medikamenten. Ein Amtsrichter hatte sich schon mit dem Arzt in Verbindung gesetzt und Walter nur kurz gesprochen, ihn einfach brutal gefragt, warum er seine Frau geschlagen hätte, wofür Walter ihm keine Erklärung gab und schwieg. Mir sagte er nachher, er hätte geschwiegen, weil sie ein Tonband dabei gehabt hätten, da hätte er nicht sprechen können. Der Arzt erklärte mir, er habe einen Patienten da, der seine Mutter totgeschlagen und auch nicht gewußt habe, warum. Der müsse nun für immer dableiben. Das schockierte mich sehr, da ich Walters Brief noch nicht gelesen hatte, der ja sehr wohl eine Erklärung enthielt: Aufbegehren gegen das Schicksal, das er als zu schwer empfand: — was die Ärzte leicht hätten herausfinden können, wären sie sorgfältiger mit ihm umgegangen. Wie sollte er sich vor einem fremden Richter äußern, der ihn, den Kranken, wie einen Angeklagten zur Rede stellte. Ich fühlte zum ersten Mal eine tiefen Schmerz bei dem Gedanken, daß sich ein Amtsgericht einschaltet, wie ein Mensch nach einer solchen Katastrophe für ihn selbst wie ein gefährlicher Verbrecher "bestraft" wurde.

"Nach der richterlichen Anhörung leidet ... an einer geistigen Erkrankung im Sinne des § ... und zwar an einer Schizophrenie, wegen der er schon mehrere Male in einer Nervenklinik behandelt werden mußte, mit Verfolgungswahn. Er ist ängstlich, ratlos und niedergedrückt und hat schon früher einen Suizidversuch unternommen. In dieser geistigen Verfassung bedeutet er zur Zeit im freien Leben eine erhebliche Gefahr für sich selbst und für seine Mitmenschen. Dieser Gefahr kann nur begegnet werden, wenn ... bis zur Besserung seines Geisteszustandes zur Behandlung in Verwahrung in einem Psychiatrischen Krankenhaus bleibt."

So lautete die Begründung des Amtsgerichtes. Da war wenig Bemühen um Helfen und Heilen, nur seine "Gefährlichkeit", die gar nicht erwiesen, auch nicht überprüft war, spielte eine Rolle. Auch der Arzt hatte ihn mit lauter Stimme und vorwurfsvoll ausgefragt nach seinen Motiven, und wie üblich kam auch wieder die Frage: *"Hören sie Stimmen?"* Im Übrigen wurde er nur wieder mit einer hohen Dosis blauer Tabletten behandelt. Ich war unglücklich, daß ich die Polizei geholt hatte, anderseits wachte ich nachts mit Angstschweiß auf, hatte das Gefühl, gewürgt zu werden und rang nach Luft. Mit der Erinnerung an die Angst rechtfertigte ich mein Handeln, war hin- und hergerissen, sehr verzweifelt. Ich weinte viel und konnte oft vor Herzklopfen nicht schlafen. Meine Nerven waren in einem schlimmen Zustand, so sehr ich mich auch bemühte, ruhig mit den Kindern umzugehen. In einer verzweifelten Morgenstunde rief ich den Arzt an und er kam auch tatsächlich. Er war der Meinung, es müsse irgendein Weg gefunden werden, daß ich mich einmal erholen könne ohne die Kinder. Am gleichen Abend war ich so verzweifelt, daß ich noch um 23 Uhr beim Pfarrer klingelte und ihm sagte, ich könne nicht mehr weiter. Er fragte nach lauter äußeren Dingen, meinte, ich solle nun Walter eine längere Zeit der "Heilanstalt" überlassen und er würde überlegen, wie man mir helfen könnte. Kein Wort des tröstenden Zuspruchs, so daß ich so verzweifelt, wie ich gekommen war, wieder nach Hause ging. Der Pfarrer kam am nächsten Morgen und sagte, er hätte das Sozialamt angerufen, ich solle hingehen, dort könne man mir helfen, die Sprechstunden seien dann und dann und ich sei schon angemeldet. Mir wurde fast schwindlig, so stieg der Zorn in mir hoch und ich bemühte mich, ruhig zu bleiben. Um mich aussprechen zu können war ich zu einem Pfarrer gegangen, nicht um auf das Sozialamt geschickt zu werden! Er konnte sich offenbar nicht vorstellen, daß solche Wege mich nur wieder neue Anspannung und Kraft kosteten, die mir ja gerade fehlten. Eine Nachbarin bot an, zum Sozialamt mitzugehen, und zum ersten Mal erlebte ich, wie tröstlich es ist, wenn jemand mit einem geht. Ich konnte vor lauter Tränen bei der Sozialarbeiterin gar nicht für mich reden. Es stellte sich heraus, daß ich einen Zuschuß bekommen könnte, wenn der Arzt ein Attest ausschreibe, daß ich dringend der Erholung bedürfe und die Kinder in einem Heim unterbringen müßte. Mit diesem Gedanken wollte ich mich aber zunächst nicht befassen. Inzwischen aber hatte der Nervenarzt über den Paritätischen Wohlfahrtsverband eine Sozialarbeiterin zu mir geschickt. Als jene von meinen guten Freunden in W. erfuhr, in deren Pfarrhaus ich mich am liebsten erholen würde, wußte sie dort ein gutes Kinderheim am gleichen Ort, und erledigte alle Formalitäten — ich war erleichtert. Die Bahnhofsmission half mir mit den drei kleinen Kindern in den Zug und holte mich in W. ab, wo Frau Siegel schon mit dem Taxi wartete. Ich kann es kaum beschreiben, welch ein befreites Gefühl ich hatte, nachdem ich mich im Heim von den Kindern verabschiedete, sie in guten Händen wissend. Endlich frei! Endlich ohne Verantwortung! Schlafen, in der Sonne sitzen, mich bei lieben Menschen aussprechen zu können. Und auch ausweinen still für mich. Ich war davon überzeugt, daß es keine Zufälle gibt, fühlte meine Ahnung bestätigt, daß hinter allem Schweren ein Sinn ist. Ich würde ihn noch finden.

Aus meinem Urlaub schrieb ich:

5. Mai
Lieber, ... dann kann es doch nicht mehr so schlimm sein in den Augen der Ärzte, wenn sie dir Urlaub zu deinem Schulfreund in die Stadt geben. Wegen des Pfingsturlaubs werde ich von hier aus noch einmal den Dr. ... anrufen und ihm auch sagen, er möchte dir das alles selbst auch richtig sagen. Jetzt habe ich noch fünf Tage hier, dann werde ich alle meine Kinder in die Arme nehmen und dann bald auch dich.

9. Mai
... Gestern habe ich bei Euch angerufen, das war nicht so teuer wie hinfahren. Ich mußte doch wissen, wann du zu Pfingsten kommst. Du weißt ja, jede Anstalt hat da ihre Gesetze. Hier ist es z.B. so, daß sie ihre Patienten abgeholt und wiedergebracht haben wollen, "weil es für die Patienten doch schöner wäre". Dafür kannst du vier Tage bleiben. Ich freue mich auf dich, auch auf die Kinder. Ich habe wieder neue Kräfte.

Als ich die Kinder, dreieinhalb, zweieinhalb und ein Jahr alt, aus dem Kinderheim abholte, hatte ich das Gefühl, daß jedenfalls der Jüngste mich gar nicht mehr erkannte. Hardy und Viola lächelten zwar, sagten aber, auch im Zug, kein Wort. Erst als sie wieder in der vertrauten Wohnung waren, wurden sie gesprächig: die Trennung von mir und der Aufenthalt in einem Kinderheim war doch sehr hart für so kleine Kinder und der Gedanke an diese Zeit erschreckt mich heute noch, daß ich das mit ihnen gemacht habe. Nachdem ich wieder zu Hause war, bereitete ich alles vor, um Walter zu einem Pfingsturlaub nach Hause zu holen. Walter war freundlich und friedlich verbrachten wir diese Tage.

Am 21. Mai schickte ich Walter folgende Information:

Erst heute hat es mit dem Gesundheitsamt geklappt, dann aber sehr gut. ... Dr. M. mußte gerade weg ... und schickte mich gleich zum Obermedizinalrat, der hat deine Sache persönlich übernommen. So ging ich hinunter, Viola immer an der Hand, die Sekretärin wußte schon Bescheid. Ein dicker, älterer, freundlicher Herr holte gleich deine Akte. Die Bundesbehörde hat geschrieben, aber gut für dich, von allen Seiten lagen gute Zeugnisse über dich vor. Er gab es mir selbst zu lesen. Ich habe das dann auch noch unterbaut. Er hat sich ein Bild von dir

ehrlich zu machen versucht. Er fragte, wie es zu Pfingsten war und als ich sagte, du würdest dich selbst etwas klarer sehen, meinte er, das wäre ein entscheidendes Merkmal der Besserung. Ich soll dir sagen, du solltest vor allem nicht von dir denken, du wärst ein schlechter Charakter. Was deine Entlassung betrifft, muß es leider noch etwas länger als vierzehn Tage dauern. Er hat auch darüber mit der Anstalt gesprochen. Er wird alles tun, damit du deinen Arbeitsplatz behälst. Er nahm dann Viola auf den Arm und sagte: "so ein sonniges Kind!"
Ich will nun folgendes tun: ich komme am Dienstag um 15 Uhr zu dir und anschließend versuche ich einen der Ärzte zu sprechen und fahre dann eben später zurück. Deine Schwester nimmt mir am Zug den Hardy ab, und Viola bringe ich zu Nachbarn. Und dann verhandle ich nochmals wegen der Entlassung. Ich glaube, es wird alles wieder gut und du kannst erleichtert sein.

Danach, am 26. Mai
Also, das Ablaufen deines Gehaltes war ausschlaggebend bei Dr. L., vierzehn Tage noch und dann vierzehn Tage zu Hause krankgeschrieben und dann arbeiten. Er würde den Tag sagen, wann ich dich abholen kann. Er hat deine "Arbeitsunlust" bemängelt und daß du deshalb nicht mehr in den Park dürftest, aber ich habe dann ziemlich energisch gesagt, daß das weder "Faulheit" oder "Lethargie" sei, zu Hause und im Dienst willst du ja arbeiten. Ich habe auch gesagt, das sei doch Arbeiten, wenn du Italienisch lernst. Aber es hat nicht viel Sinn zu reden, doch war er etwas betreten und gab zu, daß jede Anstalt ihre "altüberlieferten Regeln" hätte und einzelnen gegenüber zu starr sei. Versuche nun, noch diese Zeit auszuhalten und still zu sein. Zu Hause kannst du dann alles erzählen und Musik hören. Die Tabletten sollst du dann noch eine Weile bekommen. — Ich bin froh, daß es so weit ist. Hardy hat neulich wieder eine Stunde nicht gesprochen, als ich ihn abgeholt hatte. Er hat es auch satt, immer von mir verlassen zu werden.

29. Mai
Heute war das Geld da, Herr V. hat es gedreht, und ich konnte noch in die Stadt fahren. Ich hatte nur noch 4.50 DM und traute nicht zu kaufen, um über Sonntag noch was zu haben. Auch mit der Miete ist alles in Ordnung. Alle drei Kinder haben Mumps! Morgens sind sie fast ohne Fieber, aber abends steigt es beträchtlich. Hardy hatte gestern seinen schlimmsten Tag, Viola heute, gezittert und das Herzchen gejagt! Andreas wird wohl morgen drankommen. Es sind schöne Kinder, wie du ja auf den Fotos sehen kannst. Da ich Geld hatte, konnte ich auch den Film nun abholen.

7. Juni

Dein Brief gestern war schon sehnlich von mir erwartet, und ich habe vor Freude den Hardy umarmt! Sage, daß sie alles fertig machen sollen, daß ich am Dienstag nicht viel Zeit habe und dich nur abholen möchte.

Hardy hat seit Freitag Windpocken! Die anderen werden es ja jetzt auch wieder kriegen, aber dann haben wir alles, was es so gibt, durch! — Ich habe eine nicht geringe Überraschung für dich!.

Walter hatte in diesen Wochen wohl noch viel mehr gelitten als ich. Diese Psychiatrische Klinik schien eher wie ein Gefängnis, in dem die Kranken mit Tabletten und Reglements eingeschüchtert wurden. Er muß dort Unbeschreibliches, Erniedrigendes und viel Unfreundlichkeit ertragen haben, wie ich es aus seinen Reden erriet. Meine Briefe waren sein einziger Halt. Daß die Liebe uns beiden erhalten geblieben war trotz allem Schlimmen, ließ ihn die Schuldgefühle etwas überwinden. Meine Überraschung war: ich hatte bis zur Heimkehr etwas Geld gespart und damit endlich das Wohnzimmer neu und schöner eingerichtet.

Walter suchte gleich nach seiner Entlassung aus A. seine Dienststelle auf und erfuhr, daß er am bisherigen Arbeitsplatz seine Arbeit sofort wieder aufnehmen könne. So nahm er seinen Beruf wieder auf, obwohl das mit viel Angst und Unsicherheit für ihn verbunden war. Inzwischen hatte sein Selbstbewußtsein erheblich gelitten, und in ihm wuchs immer stärker das Gefühl, ein Versager zu sein; er fühlte sich abgestempelt als einer, der nun schon dreimal in der Nervenklinik war. Das machte ihn noch zurückhaltender und auch seine Gefühle, beobachtet zu werden, ja verfolgt zu werden, verstärkten sich. Aber er sprach nun wenigstens mit mir darüber, unser Verhältnis gestaltete sich wieder liebevoller und ich lernte langsam mehr Einfühlung in ihn.

Deshalb trafen mich erneute Vorwürfe von Seiten seiner jüngeren Schwester sehr hart. Sie besuchte mich, fuhr mit der Hand über das Bücherregal und sagte: "*Na ja, Staub ist ja hier gewischt.*" Aber dies traf mich weniger als die weiteren Vorwürfe, ich wolle Walter los sein und finge an, ihn in Heilanstalten abzuschieben, wo er erst recht krank gemacht würde. Ich liebe ihn nicht genug und glaube nicht an Gott, der jeden Kranken gesund machen könne. Letzteres wies ich zurück mit dem Hinweis, es könne ja auch schlimme Erfahrungen geben, an denen wir reifen sollen.

Gegen die anderen Vorwürfe war ich recht hilf- und wehrlos. Die Behandlung in den Kliniken, worüber ich selbst sehr unglücklich war, kam mir ja auch fragwürdig vor. Ich konnte nur auf Walters Erregungszustände hinweisen und versuchen ihr deutlich zu machen, daß Angst ein schlechter Berater ist, und sie mir kaum zum Vorwurf machen könne. Ich sagte genau: *"Wieweit ich schuldig bin, ist eine Sache ganz allein zwischen mir und Gott."* Während meiner Ausbildung in jungen Jahren hatte ich schon die Möglichkeit, über Schuld und Vergebung nachzudenken. Ich hatte in meinem Innern längst erahnt, daß ich Walters Erregungen durch falsches Verhalten ihm gegenüber zum Teil selbst heraufbeschworen hatte, weshalb ich ja nun auch erneut versuchte, sorgfältiger mit ihm umzugehen. Die Vorwürfe meiner Schwägerin trugen mir aber nun viele traurigen Stunden und Nächte ein und hatten Wunden geschlagen, die zusätzlich schmerzten.

Geduld ist eine schwer zu lernende Fähigkeit, die man sich wohl nie ein für allemal aneignen kann. Immer wieder, bei jeder Schwierigkeit spürte ich da meine Grenzen. Immer öfter kam es bei mir zu flehentlichen Beten, selbst beim Geschirrspülen. Mir fielen Lieder ein, die ich früher mit Jugendlichen oft in ihren Gruppen gesungen hatte und nahm ganz neu die alten Texte des Trostes wahr. Eines dieser Lieder, das ich besonders liebte, hieß:

> *"Allein zu dir, mein Jesus Christ,*
> *mein Hoffnung steht auf Erden.*
> *Ich weiß, daß du mein Tröster bist,*
> *kein Trost kann mir sonst werden ...*
> *ich rufe dich an,*
> *zu dem ich mein Vertrauen han."*

Ein Lied aus zurückliegenden Jahrhunderten, das nun allein für mich neue Gültigkeit bekam.

Schon seit einiger Zeit hatte ich begonnen, auch mit den Kindern zu beten, nicht nur abends im Bett, wie das viele Eltern damals noch — solange die Kinder klein waren — als rührende Szene kannten. Mir ging es nicht um eine rührende Szene, sondern darum, die Kinder an der Quelle, aus der für mich der Sinn des Lebens kam, teilhaben zu lassen. Gott kann man nicht nur predigen, das spürte ich, ich **erlebte** ihn. Ich wußte, daß wir Menschen nur in menschlichen Bildern von Gott sprechen können als einer Person, daß Gott aber ja viel mehr ist als Person. Ich hatte mich zuvor mit der damals so bezeichneten "modernen" Theologie befaßt und viel über alles nachgedacht. Ich übernahm nicht unkritisch und kindlich, was mir als Glaube anerzogen worden war, sondern es war ein suchendes, sich entwickelndes Tasten und Erkennen, daß Gott der Ursprung des Lebens ist und deshalb auch behütet, rettet, hilft, eine Kraft, die mich nicht verlassen, sondern meine eigenen Kräfte mobilisieren würde. Heute könnte ich das, was ich damals empfand, als eine Art Urvertrauen bezeichnen. Wie mir erst später deutlich wurde, war ich in meiner Kindheit nicht so sehr von einem drohenden, strafenden, allenfalls patriarchalen Gott bedrückt worden.

Unsere Wohnung strahlte vielleicht gerade wegen der bescheidenen Einrichtung nach meinem Gefühl Wärme und Gemütlichkeit aus, — und eine geistige Atmosphäre, wie Walter meinte. Eine Weile ging das Leben für uns fünf in einigermaßen ruhigen Bahnen weiter. Ich atmete auf und fand so ein Gefühl von Geborgenheit, wenn alles seine Regelmäßigkeit hatte, was ja durch die Kinder vorgegeben war. Die Kinder erschienen mir außerordentlich ausgeglichen und konzentrationsfähig, ich war immer wieder erstaunt, welche Ausdauer sie bei ihrem Spiel entwickelten und später auch bei ihren Interessen und Beschäftigungen. Immer noch waren wir ungeheuer anspruchslos, mußten es ja auch sein. Die einzige Freude, die ich mir leistete, war, daß ich hin und wieder einen Abend lang zu einer Freundin ging. Dazu sorgte ich mit langen Spaziergängen vor, damit die Kinder an solchen Tagen früher einschliefen. Mit Walter zusammen unternahm ich gern einmal einen Gang ins Kino. Wenn wir Eltern nach Hause kamen, voller Sorge, die Kinder könnten weinen, waren wir oft gerührt von dem Frieden in den schlafenden Gesichtchen. Nur selten fuhren wir mit den Kindern in den Wald, denn das war leider kostspielig.

Im Herbst begann Walter wieder mehr in Grübeleien zu verfallen. Er litt unter dem vermeintlichen Abgestempeltsein unter den Kollegen, obwohl ihn alle gern mochten, aber er konnte es nicht glauben. Es schien eine ungeheure Auseinandersetzung mit seinem Leben und sich selbst in ihm zu wühlen. Er beschrieb Seite um Seite, zerriß und schrieb wieder. Vieles an aufgeschriebenen Gedanken richtete sich an mich, etwa so:

"Wenn ich mich bewege, hast du Angst vor mir. Angst hast du dir angewöhnt, weil ich dich geschlagen habe. Ich habe dich aber geschlagen, weil du unsicher warst, weil ich meinte, dich dadurch wieder zu einem gläubigen Menschen zu machen, der du vorher warst."

"Egal wie, ich brauche mich nicht mehr mit ihr zu befassen, sondern mit mir, wie es mir mit meiner Schwester ging. Ich kam aus dem praktischen Leben, aus der Kriegsgefangenschaft, — suchte Liebe, einen Menschen, dem ich die Seele anvertrauen konnte. Überall in der Welt verkauft man sich in dem Moment, wo man das tut, nämlich Liebe suchen. Also logische Folgerung: Heimat, Zuhause, nur die Familie kann das geben, was ich suche. Sie (die Schwester) war die Verbindung mit der Familie. Es hatte aber nicht geklappt, ich wollte nämlich auch angeben mit dem, was ich geleistet hatte. Ich hatte Groll gegen mich und alle, ich fühlte mich entwertet, es war alles durcheinander, Triebe, Ängste, Versetzungen, alles durcheinander. So fing ich an zu hassen, haßte meine eigene Schwester ohne Grund, einfach, weil sie Zeuge meiner Auseinandersetzungen geworden war und sie nun alles falsch auslegte, daraus ein Geschäft machte. Sie wollte mir helfen, aber war da und verfolgte alles."

"Ich war gestellt! Eindeutig! Sie war unschuldig, ich konnte aber auf die Dauer mit ihrer Unschuld nicht leben. — Ich floh — Wußte, ich kann nicht fliehen, weil fliehen nichts nützt, es muß was geschehen solange ... nein, es half nichts. Es gibt keine Flucht. Und die gibt es bis heute nicht."

"Sie (die Schwester) hatte von Gott den Auftrag, den Familiengeist rein zu halten und mir zu übermitteln. Ich sträubte mich aber dagegen, weil zu schwer, groß zu sein. Ich versuchte mich zu drücken, — mit der Astrologie, dich ich gegen sie anwandte. Nun werde ich bestraft, muß büßen, in dem sie (ich) an ihrer Stelle nun ist."

Erst viele Jahre später erschlossen sich mir die Aufzeichnungen Walters, als ich schon mehr über die möglichen Hintergründe einer "Schizophrenie" gelesen hatte und kannte. Damals aber stand ich solchen Gedanken völlig ratlos gegenüber und war manchmal schon versucht, von "spinnen" zu sprechen, obwohl ich ihn eigentlich ernst nehmen wollte. Er redete und redete, dann wieder schwieg er verbissen, saß da und starrte in eine Ecke, während man ihm ansah, wie es in ihm arbeitete. Ich konnte es manchmal nicht mehr hören und sehen, sehnte mich an manchen Tagen nach der Gesellschaft unkomplizierter, "normaler"

Menschen und wäre am liebsten ausgebrochen aus diesem Zusammenleben mit ihm. Auch kam es zu ehelichen Konflikten zwischen uns, die Walter aufzuschreiben versuchte: *"Dich muß man wie ein Hure behandeln, du kannst das alles vertragen. Du willst gar keine Liebe, weil du mich schwach haben willst. Du mußt mich hassen, damit du endlich schwach wirst und ich muß dich lieben, damit ich endlich stark werde. Es liegt ein viertes Kind in der Luft, und dann müssen wir richtig heiraten."* — An jenem Abend als ich das las, weinte ich verzweifelt und war völlig ratlos. An einem anderen Abend: *"Ich habe in meinem ganzen Leben nie etwas gewollt, ich hatte angefangen zu schweigen, eigentlich dir gegenüber, ich wollte dich stellen. Aber es griff über auf das ganze Leben. Und nun schweige ich nach außen und da wurde ich schuldig. Warum hat sie mich aber auch im Stich gelassen? Sie hat mir nicht die Stange gehalten, das heißt, ich hatte mich ihr verschworen und nicht Gott, Gott stellt einen und da ist das Verderbnis. Jetzt habe ich keinen Menschen mehr. Ich bin aus dem Leben herausgefallen, herausgeglitten, seit Hardy geboren wurde."* — Mich machte das alles sehr ratlos, und ich wußte niemanden, mit dem ich darüber hätte sprechen können.

Diese wenigen Aufzeichnungen sind nur ein winziger Teil der Gedanken, die in ihm brodelten, sie ließen ihn nicht zur Ruhe kommen. Da der Einweisungsbeschluß des Amtsgerichtes vom Frühjahr noch nicht aufgehoben war, wurde er in diesen Wochen zum Amtsarzt bestellt, von dessen Bericht die Aufhebung abhing. Walter hatte große Angst hinzugehen, wußte er doch, um was es ging. Ich redete ihm gut zu und ging diesmal nicht mit, war es für mich doch immer schwierig, die Kinder bei jemanden unterzubringen. Als ich ihm morgens nachschaute, schien es mir fast, als ginge er ganz gebeugt. Lange kam er nicht wieder. Schließlich erschien ein Angestellter des Gesundheitsamtes und teilte mir mit, daß mein Mann in die Nervenklinik gebracht werden mußte, weil er nicht in Ordnung gewesen sei. Ich regte mich sehr auf. *"Einfach so in die Nervenklinik!"* rief ich und stellte mir vor, wie verzweifelt er nun sein mußte. Gleich am selben Nachmittag fuhr ich hin, ehe er etwa wieder in ein Landeskrankenhaus verlegt werden würde, konnte aber keinen Arzt sprechen, da keine Sprechstunde war. Also mußte ich am nächsten Tag wieder die Nachbarn bitten wegen der Kinder, die dadurch gleich erfuhren, daß Walter wieder in der Klinik war. Dafür geriet ich aber an einen sehr verständnisvollen Arzt als Urlaubsvertreter, der mir offen sagte, er verstünde eigentlich gar nicht, warum ihn der Amtsarzt wieder eingewiesen habe. Ich bat ihn inständig, Walter so bald wie möglich zu entlassen, damit sein erneutes Kranksein in der Dienststelle nicht so auffiele. Diesmal tat ich noch ein Übriges: ich ging zu Walters Personalrat, einer Frau. Diese Frau sprach sehr gut von Walter und versicherte mir, daß alle ihn mochten, auch wenn sie ihn eigenartig fänden. Auch habe er ja in seinem Aufgabenbereich keine Fehler gemacht. Schon nach zwei Wochen kam Walter wieder nach Hause.

Es wurde wieder Weihnachten. Wir waren nun sechs Jahre verheiratet. Immer wieder versuchte ich ein freundliches, ruhiges Leben aufrecht zu erhalten, weil ich gar nicht anders hätte existieren können. Aber Walter war sehr schwierig, hatte viele abwegige Gedanken und quälte mich damit. Es kam vor, daß ich keine Liebe zu ihm verspürte, so daß ich begann, mich ihm zu entziehen, dabei aber fürchtend, ihn zu provozieren. Schließlich fühlte ich mich von ihm in zunehmendem Maße abgestoßen. Manchmal wußte ich nicht, wie es weitergehen sollte, und oft in der Nacht kam die Angst vor der Zukunft. Morgens war ich dann todmüde, weinte und hatte keine Kraft, den Haushalt zu besorgen. Ich lag völlig kraftlos im Kinderzimmer, konnte kaum den Arm heben. Mir fielen Bruchstücke aus Psalmen der Bibel ein:

> *"Gott, du bist unsere Zuflucht..."*
> *"Gott ist unsere Zuversicht und Stärke,*
> *eine Hilfe in den großen Nöten, die*
> *uns getroffen haben..."*

Wie eine Ertrinkende klammerte ich mich daran, gleichsam meditierend flüsterte ich sie vor mich hin — immer und immer wieder in der Sehnsucht, solchen Worten vertrauen zu können, bis die große Schwäche und Angst vorüberging.

In diesen Tagen fand ich wieder Zettel, von Walter beschrieben, und er gab sie mir auch zum Lesen:

"Echt und unecht gibt es nicht mehr. Es wird auf die Seele Rücksicht genommen, nicht auf das Wollen. Wir vertragen uns beide bestens, weil wir beide fromm sind und damit mit der Welt nie was haben. Wir sind doch beide immer außerweltlich. Ich bin für alles andere erzogen worden, nur nicht für die Welt ... daß ich nicht will wie andere, nie klar w i l l ... die irdische Substanz fehlt, Keine Verbindung zur Welt und Menschen. Ich wußte nie, was ich werden sollte,

schon als kleiner Junge war ich so wie ich jetzt bin, eine feindliche Einstellung zum Leben, unsicher, Angst. Mich gibt es gar nicht, — bin eben fünf Jahre alt geworden und muß bald zur Schule kommen, ohne daß ich weiß, was ich will. Ich bin nie jung gewesen, jugendlich, aber auch nicht reif und alt, ohne Anschluß an das Leben und die anderen, — ist ja alles sinnlos."
"Sie hatte Angst vor mir, ich wurde ihr unheimlich. Ich wollte nett sein, ernstlich, mal wirklich zuhören, was sie will und sagt und da hatte sie Angst, fing sie an Angst zu haben und ich merkte es und wollte retten, was zu retten war,... und da schlug ich. Von da an fing ich an mich nach ihr zu richten, ... zu schweigen und dann kam sie wieder und war wieder nett und so ging es immer. Und so bin ich ein wortkarger Mensch geworden." ... *Bislang stand immer im Vordergrund, daß ich ein Indiskutabler bin, aber durch irgend etwas wurde ich wie ein Normaler behandelt, ernst genommen, Auf's Korn genommen, abgeschätzt, ins Auge gefasst, — das Paradies ist da und nun los! Mein Leiden ist aber anderer Art, nämlich erblich, nämlich als Gast auf die Welt gekommen, Angst vor der Welt, das Leben verachten, wie sie sagt."*

Anfang Februar kam wieder eine Einladung in das Gesundheitsamt, weil seine Dienststelle ein neues Gutachten angefordert hat, um ihm eine leichtere Arbeit zu geben, für die er allerdings auch weniger bezahlt werden sollte. Das war für ihn wieder ein neuer Grund zur Beunruhigung. Ich versuchte, ihm zu erklären, warum das nötig wäre und daß ich mitkäme. Aber dann ging alles sehr gut, wir waren beim Obermedizinalrat, der sich freundlich um Walter bemühte. Auf dem Heimweg sagte ich ganz heiter: *"nun ist alles in Ordnung, nun kannst du ohne Sorgen arbeiten."* Auf einem Mal versteinerte sich sein Gesicht, und er grübelte seitdem von Tag zu Tag mehr, sprach immer weniger mit mir und aß nicht mehr richtig, beachtete die Kinder nicht mehr, alles wie gehabt. Ich versuchte immer noch, unbefangen und heiter zu sein, obwohl er mir nichts antwortete, wurde aber allmählich immer bedrückter. Zwischendurch gab er schlimme Gedanken von sich, es ging manchmal so bis in die Nacht. Er sagte, von da ab, wo ich gesagt hätte, es sei alles in Ordnung, sei es genau das nicht mehr. Alle irrten sich. *"Es müßte mich nicht geben."* *"Alle richten sich nach mir, — du sollst mich hassen, du sollst jetzt Angst haben, weil die Existenz jetzt nicht mehr in Ordnung ist."* Schließlich sagte er, er höre Stimmen und behauptete, wir bekämen ein weiteres Kind. Eines Abends sagte er plötzlich: *"Ich komme morgen in die Klinik, Stimmen haben es mir gesagt."* Er zog sich am nächsten Morgen alte Sachen an, war nach der schlaflosen Nacht aber so müde, daß er schließlich erst gegen zehn Uhr ging. Als ich nachher merkte, daß er auch ohne Brille, Tasche und Schlüssel gegangen war, rief ich in der Dienststelle an, wo er noch nicht erschienen war. Erst viel später ist er dort angekommen, hatte eine alte Brille eingesteckt und dann still gearbeitet. Am nächsten Morgen plötzlich verbrannte er eine ganz neue Bluse von mir im Ofen, ich bemerkte es zu spät, er sagte, wir hätten davon gesprochen.

Alle Ärzte hatten mir gesagt, wenn er Stimmen hört, wird es gefährlich; sollte ich nun was darauf geben? Was sollte ich tun? Ich sagte mir immer wieder: ich warte noch bis morgen, vielleicht beruhigt er sich. Eines Abends hatte ich solche Angst, daß ich das Schlafzimmer abschloß, als er im Wohnzimmer so unruhig war. Dann tat er mir auch wieder leid, denn es mußte ja schrecklich sein, von Stimmen verfolgt zu werden, wenn es wirklich so war.

Ich lebte in einer furchtbaren Auseinandersetzung. Meine Kraft war bis zum Äußersten gefordert. Nicht immer gelang es mir, mit den Kindern und auch mit Walter geduldig umzugehen: oft verlor ich die Geduld und eines Tages schrie ich nicht nur die Kinder, sondern auch Walter an. Gleich darauf fiel mir dann ein, wie gefährlich so ein Verhalten sein könnte. Ich ahnte, daß alles so schlimm war, daß es sich wiederholen würde. Es wiederholte sich auch, und auch den Nachbarn blieben solche Szenen nicht verborgen. Ich war dem allen nicht mehr gewachsen und entschloß mich, etwas zu unternehmen. Ich ging eines Morgens zum Sozialarbeiter im Gesundheitsamt, er hörte sich alles an und meinte, Walter sei vielleicht wieder in einem "akuten Schub" und jeder Tag sei wichtig, ehe was passiert. Er schickte mich hinüber zum Ordnungsamt, um eine Einweisung zu beantragen und sehen, daß er nach H. käme, das sei das beste Psychiatrische Krankenhaus im Land. Dort hätten die Patienten mehr Freiheit und es sei auch nicht so groß. Ich ging hin — und erfuhr, daß er am nächsten Tag abgeholt würde.

Als ich diesen schweren Weg gemacht hatte und nach Hause kam, setzte ich mich ganz still an den Tisch und schloß die Augen. *"Nun, lieber Gott, läuft alles,"* sagte ich leise vor mich hin.
Es war ein wichtiger Augenblick, in dem eine entscheidende Weiche für mein ganzes weiteres Leben mit Walter gestellt wurde. Ich begann in diesen Minuten, mich nicht mehr innerlich dagegen aufzulehnen, daß er psychisch krank war. Ich versuchte es zu akzeptieren, es nicht mehr weg-

zuschieben. Immer wieder dachte ich später an diesen Morgen, und es war keine Einbildung: ich hatte, wie ich so am Tisch saß, ein Licht verspürt, das über mir leuchtete und das ganze Zimmer erhellte.

In den nächsten vierundzwanzig Stunden verschlechterte sich Walters Zustand sehr, es war eine schlimme Nacht. Ich hatte ständig Herzklopfen. Er hatte regelrechte Bewußtseinsstörungen und redete unverständliche Dinge. Morgens um sechs verbrannte er dann auch noch plötzlich unsere Bibel, warum, begriff ich nicht. Dann ging er unbekleidet auf die Straße, kam aber gleich wieder, es war zum Glück noch dunkel. Als er dann zu den Kindern hinein wollte, habe ich diese geweckt und mich mit ihnen im Kinderzimmer eingeschlossen und sie später in den Kindergarten gebracht. Walter ging dann doch ins Büro, ich ließ ihn gehen, weil ich ganz ratlos war. Er kam am Abend nicht nach Hause, ich wartete voller Sorge, ging dann schließlich um 23 Uhr zur Polizei und rief von dort die Dienststelle an, um beim Nachtdienst zu erfragen, ob er wirklich weggegangen war. Aber die wußten es nicht. Morgens kam dann ein Kollege, um mir mitzuteilen, sie hätten Walter plötzlich um sechs Uhr in einem der hinteren Büros bemerkt. Er sollte erst mit dem Dienstwagen nach Hause gefahren werden, sei aber so apathisch gewesen, daß der Chef im Gesundheitsamt angerufen habe, so daß er gleich von dort abgeholt und nach H. gebracht worden sei. — Ich weinte, H. war recht weit weg.

Berufsunfähig? Warum und wie wird mein Mann Frührentner?

Walter war zum fünften Mal in einer psychiatrischen Anstalt! Ich hoffte diesmal erneut, die Ärzte könnten eine Behandlung durchführen, die seinen Zustand bessern würde. Aber es zeigte sich auch hier bald, daß außer Tabletten-geben und einer allmorgendlichen "Visite" sich kein Arzt intensiver mit ihm befasste. Die Patienten wurden wie anderswo verwahrt und diszipliniert. Waren sie "brav", d.h. fügsam, bekamen sie mehr Ausgang und ein kleines Zimmer, was bei Walter ganz schief ging. Zeigten sie wieder Lust zu "arbeiten", war zu erwarten, daß sie der Gesellschaft wieder nützlich sein könnten, konnte von Entlassung geredet werden. Es wurde mit ihnen nichts aufgearbeitet, denn nach der Ansicht der Ärzte sei ein "Schizophrener" nicht einsichtig und zu einer Veränderung fähig. Seine Briefe aber zeigten, daß das nicht der Fall war. Das helfende Gespräch mit ihm blieb allein mir überlassen. Wehe dem, der keine Frau, Mutter, Mann, keinen Menschen hatte, dem er sich anvertrauen konnte, der oder die sich für ihn einsetzte und auf ihn und sie wartete. Der und die war der "Heilanstalt" allein ausgesetzt und kam oft viele Jahre nicht mehr heraus. Hier Auszüge aus Briefen eines schweren Frühjahrs und Sommers:

3. März 1960

Lieber Walter,
nun bist du 24 Stunden weg und hoffentlich geht es dir etwas besser. Hast du sehr gelitten die letzte Nacht? I c h hatte veranlaßt, daß du nach H. kommst, sie meinten, das sei die beste Anstalt. Ich sage es dir ehrlich, denn ich liebe dich und möchte, daß dir geholfen wird. Ich behalte dich lieb, egal, wie lange es dauern wird, und auch die Kinder behalten dich lieb. Schreibe mir doch, wenn du das Paket bekommen hast und beantworte mir folgende Fragen: Wie heißt die Station? Und wie ist sie? Habt ihr einen guten Tagesraum? Kannst du aufstehen? Ißt du wieder was? Brauchst du etwas? Und wann sind die Besuchszeiten? Kannst du da eigene Kleidung haben?

27. März

Lieber,
die Zeit ist furchtbar lang, bis wir uns wiedersehen, aber ich kann ja nicht so oft kommen, weil es zu weit ist und zu teuer. Wahrscheinlich wird es die nächste Woche sein. Hardy denkt treu an dich und sagt, so schön wie der Papa kann keiner malen. Geschichten muß ich jetzt immer erzählen, manchmal viermal die selbe.

28. März

Du Liebe,
nun bin ich schon vier Wochen hier. Ich habe dein Hiersein gar nicht richtig erfasst und jetzt bist du auf jeden Fall 89 km mit den Kindern von mir entfernt. Wie lange warst du gefahren? Wo hattest du die Kinder unterbringen können? Das ging alles so schnell und ich lag noch im Bett. Es hieß: "... Besuch!" und ich dachte, ich träume und du tratst in den Krankensaal. Wir haben den Kuchen zusammen gegessen, es ging alles so schnell. Mir geht es eigentlich gut, bloß die Angst, daß auch alles in Ordnung ist, kommt wieder. Schicke mir bitte 20,-- bis 30,-- DM, wenn es länger dauert jeden Monat, wenn du kannst. ... Für die Bilder danke ich dir. Ich liebe dich! Ich profitiere immer, was du in die Hand nimmst und du hältst es immer wieder mit mir aus. Ohne dich bin ich tot. Ich schreibe dir in Gedanken von morgen bis abends laufend Briefe.

10. April
Ich bin gut, aber todmüde neulich nach Hause gekommen. Es war schön, daß ich mit dir gesprochen habe und deine Hände gespürt. Sei tapfer, so gut du kannst, und habe Vertrauen zu mir. Die Kinder waren gut versorgt worden und gerade eingeschlafen, als ich kam. Wir haben doch eigentlich immer irgend welche Menschen, die uns helfen.

Bei meinem zweiten Besuch kam mir Walter strahlend jung und braungebrannt in eigener Kleidung am Tor entgegen. Wir gingen durch den Park in einen angrenzenden Wald, konnten weit über das Land sehen und genossen die Sonne. Er durfte Tag für Tag bis zum Abend so frei herumwandern. Auch sonst klang alles ganz gut, es gab Bücher, Spiele, Fernsehen, und er half beim Essen-holen. Im Park blühten Hunderte von Hyazinthen. Am Nachmittag sprach ich die Ärztin. Sie sagte mir, ein paar Monate müsse er bestimmt noch bleiben, dann könne man weiter sehen. Seine Persönlichkeit würde sich vielleicht sehr verändern, und er würde voraussichtlich "berufsunfähig" werden. Ich solle mir über unsere Zukunft doch genauer Gedanken machen. — Der Abschied fiel uns sehr schwer.

Einige Tage danach bekam ich eine Aufforderung vom Sozialamt und ging hin. Es waren neue Verordnungen herausgekommen, daß die Krankenkassen bei "Geisteskranken" nicht mehr zahlen brauchten. Als nun aber die Angehörigen alles zahlen sollten, bis das Gehalt abgelaufen war, erhoben sie Einspruch und waren bereit, die Hälfte zu zahlen. Die andere Hälfte sollte das Sozialamt übernehmen. Walters Gehalt lief bis zum 23. Mai, von da ab sollte ich Sozialhilfe bekommen für mich und die Kinder. Der Sozialarbeiter schlug mir dann aber vor, Walters Rente zu beantragen. Selbst wenn er nur vorübergehend berufsunfähig werde, bekäme er eine Rente so um 500,-- DM. Davon könnten wir leben, ohne daß ich arbeiten gehen müsse. Walter solle mir eine Vollmacht geben für einen Rentenantrag. Ich hatte das Gefühl, als ginge unser Leben hart an der Katastrophe vorbei; in den Nächten machte ich mir viele Sorgen und Ängste, Walter weihte ich in Briefen vorsichtig in diese Situation ein und bereitete ihn auch auf die Vollmacht vor, die er mir für die Rente geben sollte.

Mein nächster Besuch war sehr niederdrückend. Die Ärztin hatte nur 10 Minuten Zeit. Ich solle die Rente unbedingt beantragen, denn Walter sei auf unabsehbare Zeit arbeitsunfähig. Er arbeitete seit einer Woche in der Bibliothek mit einem anderen Patienten zusammen und machte sich schon die unmöglichsten Gedanken über ihn. Er redete wie ein Wasserfall, sehr unverständlich über sein Leben, seinen Beruf, seine Mitmenschen. Ich fand ihn genauso unruhig wie vor neun Wochen. Die Vollmacht von ihm zu erhalten, war schwerer als ich dachte. Zuerst wollte er wissen, was ein Sozialamt ist und eine Rente, und ich versuchte ihm alles zu erklären. Als er schon am Schreiben war, sagte er, es sei bestimmt jemand dahinter, der was von ihm wolle. Da bat ich ihn einfach um sein Vertrauen. Als er sah, daß mir dabei die Tränen kamen, sagte er: *"Ja, ich weiß auch nicht, was mit mir ist,"* und unterschrieb. Es fiel mir sehr schwer, ihm zu sagen, daß er vorläufig nicht würde arbeiten können. Eigentlich, fand ich, wäre das ja auch die Aufgabe der Ärzte gewesen. Ganz leer saß ich nachher im Zug und fühlte mich vollkommen erschöpft.

8. Mai
Liebe, es ist Muttertag und ich habe mich an die Schokolade von dir gemacht. Heute Vormittag war ich in der Stadt und schließlich in der Kirche zum Gottesdienst. Und da dachte ich an dich. Ich habe nun offiziell Stadtausgang, ich kann jederzeit ganz heraus aus der Anstalt. So war ich links den Pfad ins Grüne gegangen, wo schöne Wiesen und Wälder sind. Ich habe mir die Fachwerkhäuser, die schmalen Gassen, die Burg und das Rathaus angesehen. Nun werde ich mir den Spielfilm im Fernsehen ansehen und dann Schach spielen, entweder mit einem Pfleger oder einem Patienten. Ich habe ein Buch "Freude am Schach" ausgeliehen. Ich habe ja nun 4000 Bücher zum Aussuchen. Mit der Arbeit hat sich das ganz gut angelassen, viel zu arbeiten ist ja nicht, mehr gearbeitet habe ich an der Apothekenkartei. Ich sitze jetzt draußen an der frischen Luft im Garten. Es geht mir ja doch ganz gut, wenn das Ganze nun nicht hier, sondern bei dir und den Kindern wäre, wäre alles gut. Du und die Kinder, da ist das Eigentliche. Vor den Kindern hatte ich immer ein bißchen Angst, weil ich tausend Ideen haben müßte, um bestehen zu können. Die Begegnung mit den Kindern ist für

mich eine Forderung, Vorbild zu sein und schon kriege ich es mit mir selbst zu tun. Du bist eine Heldin für mich, wenn ich an all die Fragen allein denke vom Hardy, die du bis heute immer beantwortet hast.

10. Mai
Die Kinder haben sich sehr über deine Zeichnungen gefreut und Hardy hat sie gleich bunt angemalt. Das könntest du wirklich hin und wieder machen, etwas zeichnen, was sie dann anmalen können, das wäre doch eine persönliche Verbindung zu dir. Hardy war noch wach, als ich kam und fragte, warum die Welt so weit sei, warum ich so lange fahren müßte.

12. Mai
Alle Papiere habe ich nun zusammen. So werde ich Montag hingehen und dann läuft der Rentenantrag. Zwei Stunden muß man da warten und das mit dem kleinen Andreas, der muß überall mit, der Arme. Ich komme am 30. Mai, wenn Elsa den Andreas nimmt.

1. Juni
Liebe Frau, mit dem Auto ist es nichts geworden, ich soll nun mit der Mutter eines anderen Patienten von hier mitfahren und zwar am Freitag. Ich bin so um 13 Uhr bei dir und freue mich so.

Walter konnte über Pfingsten für fünf Tage nach Hause kommen, die Ärztin fand ihn "gebessert". Inzwischen war die Kündigung seiner Dienststelle an ihn gekommen.

8. Juni
Liebe, der Urlaub war wunderschön und ich muß nun von der Erinnerung zehren. Der Abschied von Hardy war schwer wie immer, er weinte ja auch, aber vielleicht wird eines Tages die Lücke, die er spürt, gefüllt, vielleicht auch nicht. Auf jeden Fall werden wir uns helfen müssen, ich muß gesunden und er einen großen Freund bekommen. Die Ärztin hat eine Anfrage bekommen, ob ich einverstanden bin, daß ein Bearbeiter meine Rentenangelegenheiten in die Hand nimmt, als Pfleger sozusagen, damit es schneller geht. Sie würde das für mich regeln. Da habe ich ja gesagt.

10. Juni
Wegen der Sache mit dem "Pfleger" ist ja merkwürdig und damit die Sache schneller durchkommt ist Quatsch. Ich habe das doch schon alles getan und "schneller" ist da nichts zu machen. Ich soll zum Sozialamt kommen wegen des Geldes ab 22. Juni. Dein Kollege von der Personalabteilung wollte mir helfen, damit ich alles richtig mache wegen der Zusatzrente. Er hatte die Kündigung an

Dich ein Vierteljahr aufgehalten. Er will sich dafür einsetzen, daß die Miete so bleibt. Dein Chef sagte, er sei, als das mit Dir passierte, drei Tage richtig krank gewesen. Hardy konnte ich nur beruhigen, als ich sagte, daß du wiederkommst. Da sagte er "ich will den Doktor sehen."

15. Juni
Ich habe ein steifes Genick und habe das Baden und die Visite hinter mir und soll dir wieder schreiben. Ich friere und bin sehr einsam hier, seitdem ich die schönen Tage mit dir erlebt habe und den Kindern. Ich finde mich schwer hier hinein.

21. Juni
Liebe, ich will dir nun genau berichten. Sie (die Schwester) kam am Fronleichnamstag morgens um 9 Uhr schon, mietete sich im Turmstübchen ein, wo wir Kaffee tranken. Wir waren den ganzen Tag draußen, mit weiten Wanderungen. Ich hatte mich dann immer vom Mittag und Abendbrot abgemeldet und bekam Urlaub und kam an beiden Tagen erst um 20 Uhr nach Hause. Am Sonntag habe ich mich dann wieder in das Anstaltsleben hineinfinden müssen, aber schon wieder einen Ausflug in den Stadtwald gemacht. Weißt du, die Unverheirateten haben Geld und ich habe so ein Leben mal wieder miterlebt. Habe mir nun Marmelade und Wurst gekauft, so ist das Anstaltsfrühstück wirklich leichter zu ertragen.
Morgen muß ich wieder viel arbeiten: Rechnungsbeträge in die Apothekenkartei übertragen. Um dann Bücher eben beschriften und beziehen in der Bibliothek.

29. Juni
Mein Lieber,
Hardy hat sich am Knie verletzt, da sagte er: "das zeige ich dem Papa." — Also, am 7. Juli will ich voraussichtlich wieder ein paar Stunden zu dir kommen. Wenn Elsa Andreas nicht nimmt, bringe ich ihn zur Not mit.
Mit den Behörden ist jetzt wohl die Hauptsache geschafft. Die Krankenkasse hat nachgegeben und wir bekommen doch bis 28. September ein Krankengeld von 12.76 DM pro Tag. Ab 28. September wirst du "ausgesteuert", das wird man, wenn man über eine bestimmte Zeit die gleiche Krankheit gehabt hat. Dann zahlen sie nur die Medikamente. Vielleicht ist ja bis dahin die Rente da.
Ich habe herausgefunden, wer der "Pfleger" sein soll: der Sozialarbeiter im Gesundheitsamt. Heute habe ich nur noch 60,-- DM. Hardy fragt immer weiter: warum brauchst du einen Herd? Warum ist das Messer scharf? Warum haben die Käfer keine Ohren?
Habe gestern im Fernsehen ein Stück von Reinhold Schneider gesehen: "es ist eine Kraft in den Gedanken, daß andere aushalten, solange wir es auch tun", sagt Las Casa vor Carl V., ich habe es dir aufgeschrieben.

Walter war bei meinem nächsten Besuch unglücklich und unruhig. Er wolle raus, er habe da nichts mehr verloren. Am Morgen wollte er die Ärztin sprechen, aber sie war nicht da. Seine Schwestern, die ihn besuchten, hatten zu ihm gesagt: *"Warum gehst du überhaupt immer hinein?"* Sie hatten keine Ahnung und fragten auch nicht danach, wie es dazu gekommen war. Walter sagte zu mir, die Ärzte ja, aber ich solle doch wenigstens aufhören daran zu glauben, daß er krank sei. Ich war ja auch nicht sicher und konnte ihn gut verstehen, mir tat alles weh. Die Schwestern wollten ihm ihrerseits helfen. Sie empfanden zu Recht das Deprimierende eines Landeskrankenhauses und die Konzeptlosigkeit der Ärzte. Sie dachten aber auch noch in den alten Klischees, daß eine Geisteskrankheit erblich sei und fühlten sich daher durch die Diagnose als Familienangehörige diffamiert. Sie suchten woanders Gründe für Walters Verhalten und es war am Naheliegensten, diese bei mir zu suchen, obwohl sie mich nur wenig kannten. Sie kritisierten zunächst Kleinigkeiten: meinen Haushalt, meine Kindererziehung. Die jüngere Schwester griff mich dann zunehmend in meiner christlichen Einstellung an. Sie war — von ihrer pietistischen Erziehung her — der Meinung, Christen müßten fest daran glauben, Gott könne Wunder tun, — solche Wunder geschähen heute nicht mehr, weil die Menschen zu wenig glaubten und zu wenig beteten. Walters Tanten waren der Ansicht, er sei von einem bösen Geist besessen, weil er sich mit der Astrologie befaßte, das habe seinen Geist verwirrt und ich hätte dem Dämon nicht gewehrt, obwohl ich eine Christin sei. Sie sahen seine Krankheit als eine Strafe an, so bald er sich von der Astrologie abwenden würde, werde er gesunden. So einfach schien das; so ein kleiner Gott, kam es mir vor, der genau aufrechnet: dafür und dafür mußt du kleiner, böser Mensch leiden und büßen.

Ich versuchte mir Folgendes deutlich zu machen: Die Geisteskranken hatten ja immer schon in vielen Jahrhunderten als "Besessene" mehr die Kirche als die Christen herausgefordert; in ihnen sei der Teufel, der besiegt, verjagt, ausgemerzt werden müsse. Das erklärt sicher die ungeheuer brutalen Methoden, mit denen Geistesgestörte von jeher bis heute "behandelt" und gequält werden. Das Anormale, das Ungewöhnliche, das Abweichende wurde schon immer als bedrohlich empfunden, und die Kranken waren bis in unsere Zeit hinein Opfer der christlichen Selbstgerechtigkeit, in der sich die Gesunden als die von Gott Erwählten und Gesegneten fühlen konnten. Auf dem Kranken lag ja der Fluch, der nur durch Heilung von ihm genommen werden konnte, die wiederum eine "Bekehrung", ein "Ablegen der Sünde" zur Voraussetzung hatte. So hatte ich früher schon das Dogma der "erweckten Christen", der Pietisten, kennen gelernt.

Ich fand für mich nun beim Nachdenken heraus:
Jesus hatte dem zu seiner Zeit widersprochen; Krankheit war bei ihm weder Fluch noch "Strafe", eher das schwer begreifliche Phänomen, daß den Menschen Leiden zugemutet wird. Ich dachte, was ist das für ein kleiner Glaube, der jede Krankheit, jeden Schmerz gleich weggenommen haben will. Wie klein wird Gott da in meinen Augen gemacht, wenn er nur dazu dienen soll, uns jede Schwierigkeit sofort abzunehmen. Ich konnte es damals noch nicht genau formulieren, aber ich ahnte, daß die Heilungsgeschichten von Jesus so nicht gemeint waren, sie kamen mir viel hintergründiger vor. Ich hielt mich daran: Gott würde uns ohne Voraussetzungen lieben, uns helfen, wie eine Mutter mich nicht verlassen, mich und meine Familie erretten, aber nicht einfach so nach meinen Vorstellungen. Ich spürte dunkel, daß da ein ganz bestimmter Prozess sich entwickelte, den ich und wohl auch Walter auf uns nehmen mußten.

9. Juli
"Ich sitze allein in meinem Zimmer und komme mir vor wie nach einem Trommelfeuer. Gestern kam ein Brief von Christel, heute ein Paket von Ingrid mit einer Bibel und einem Brief. Und dann bin ich der Ärztin begegnet und so fiel das Wort Entlassung. Und die Bibliothek ist geschlossen, also auch eine Anspannung. Das mit dem Zweibettzimmer und dem Fach war vorher ja auch eine Revolution. Am Freitag bekomme ich immer meinen "Arbeitslohn", und zwar ein Päckchen Tabak von den Angestellten der Apotheke und der Bibliothek, dieses Mal bekam ich zusätzlich ein Päckchen Zigaretten. (Ich dachte: "solche Almosen"!) — Lieben tue ich nur Dich, während man Verwandte hat. Sie sollen mich gegen Dich aufhetzen und dann kann ich nicht mehr ruhig schlafen, weil ich anfange zu denken."

Er schickte mir den Brief der Schwester mit:

"... Bist Du nun noch in H.? Wie geht es Dir? Ich habe allerlei Ansichten, Erlebnisse, Erfahrungen mit und über Baltendeutsche gesammelt. Ich entsinne mich auch sehr gut, wie Du sehr nachdrücklich in Deinen ersten Ehejahren immer wieder davon zu sprechen anfingst und Deine Frau als Vertreterin dieser Menschengruppe, die seit vielen Generationen ein besonders betontes Selbstwertgefühl gezüchtet hat, erlebtest. Jedem Angehörigen dieser Gruppe verleiht sie ein Gefühl der Überlegenheit. Ich erlebe das mit zwei Kolleginnen, die mit "von" vor ihrem Namen behaftet sind, schmierige Charaktere, Versager im Beruf, aber eben immer groß, weil eben "von" und Balten. So kann man sich täuschen, bis man eines Tages fein hinter die Kulissen leuchtet und aus ist's mit dem Nimbus und hochfahrendem Wesen. Es war nicht fair von ihr, die Familie des Mannes zu verunglimpfen, das muß ja mal gesagt werden. Da es aber Folgen

hatte, daß Du zum ersten Mal eingeliefert wurdest, ist es Zeit zu protestieren. Es liegt alles an Dir, Du bist nicht ein Haarbreit weniger als Deine Frau. Immer und immer haben wir ihr beigestanden, alles beschönigt und bemäntelt. Such nicht alle Fehler bei Dir. Wo gibt es denn sowas? Ich sage es nur, weil es um das Leben Deiner ganzen Familie geht."

14. Juli
Lieber, die Kinder sind wieder gesund. Beim Sozialamt war es ganz gut, ich soll monatlich 277,– DM bekommen. Das ist natürlich wenig, sehr wenig, aber es wird sich schon Hilfe finden. So sind wir nun für eine Weile "Sozialhilfeempfänger", aber privilegierte, weil ja die Rente kommt, und die wird viel höher als bei vielen anderen sein, weil Du ein gutes Gehalt hattest. In der Personalabteilung Deiner Dienststelle haben sie über eine Überbrückungssumme gesprochen und außerdem sollst Du noch den Urlaub bezahlt bekommen. Daß ich nun zum Sozialamt muß, was ja viele als Makel empfinden, danach fragen Deine Schwestern nicht, meckern nur, daß ich nicht verstehe, Blumen im Zimmer zu haben usw., aber wovon denn?

22 Juli
Liebe Frau, ich hatte einen Zusammenbruch und bekam von da ab doppeltes Megaphen und habe nun keinen Ausgang, bin immer im Garten. Ich hatte in der Bibliothek geweint und wollte nicht mehr im Zweibettzimmer bleiben, weil ich nachts nicht schlafen konnte von seinem Schnaufen. Und dann die Gedanken an Dich und die Angst, daß ich Dich verloren habe durch die Verwandten und nicht wissen, was ich machen soll. Ich werde aber mit Dir, wenn Du kommst, bestimmt heraus können. Hauptsache, Du kommst wieder. Ich quäle mich so furchtbar selbst, weil das Gewissen mir keine Ruhe läßt.

Walter hatte also wieder einen Rückfall und man hatte ihn auf die geschlossene Station verlegt. Er bekam mehr Medikamente und hatte keinen Ausgang mehr. Ich bezweifelte, ob diese Maßnahmen helfen konnten, sie mußten doch von ihm wie eine Bestrafung empfunden werden. Keiner von den Ärzten sprach mit ihm über seine Gedanken und sein Weinen. Eine Beruhigung war es für mich, daß diesmal der Rückfall ohne mein Beisein passiert war; so brauchte ich mir keine Vorwürfe zu machen.

Bei meinem nächsten Besuch kam mich Walter aber wieder am Bahnhof abholen, und wir gingen in ein kleines Café. Er versuchte, mir seine vielen Gedanken zu erzählen. Die Essenz war, daß er sich ständig beobachtet fühlt. Wir gingen dann hinauf, und ich meldete mich bei der Ärztin an. Walter gab mir Briefe von den Schwestern und sagte dabei: *"Die haben mich ja bloß krank gemacht."* Die Ärztin meinte, es sei kein richtiger Rückfall gewesen, er sei von irgend etwas sehr beunruhigt worden, habe geweint und gesagt, er wolle zu seiner Frau. Kurz vorher hätte sie tatsächlich mit ihm über einen längeren Urlaub gesprochen. Daraufhin machte ich gleich mit ihr aus, daß er für zwei Wochen nach Hause kommt und ich ihr dann berichte. Ich fragte sie noch über seine Krankheit, erfuhr aber wenig; besser könne er nicht mehr hergestellt werden, und vielleicht könne er dann im Herbst für längere Zeit beurlaubt werden. Ich solle versuchen, eine leichte Schreibarbeit für ihn zu finden. Sein Medikament müsse er natürlich weiter nehmen. Walter sagte nachher, er würde alles machen, was er soll. Er freute sich sehr, daß ich das wieder alles "gedeichselt" hätte.

25. August
Liebe Frau Siegel!
Gestern Morgen ist Walter wieder abgefahren, ich habe ihn an den Zug gebracht und wir waren beide den Tränen nahe und das Herz tat uns weh. Das Einleben wird ihm sicher wieder schwer fallen. Die Tage waren sehr schön, friedlich und ruhig. Er löste Kreuzworträtsel, hörte Musik und ging mit Andreas spazieren. An dem Kleinen hatte er viel Freude. Auch Hardy's gläubigem Vertrauen konnte er kaum widerstehen und malte und erklärte ihm, was er verlangte. Er grübelte viel über seine Vergangenheit, vor allem kamen Selbstanklagen. Darüber, daß er krank ist, mit ihm zu sprechen ist unmöglich, das fiel mir zu schwer und ich weiß ja selbst zu wenig, ob das überhaupt eine Krankheit ist.

26. August
Liebe,... auf jeden Fall steht nun fest, daß ich entlassen werde. Sie (die Ärztin) sagte zum Schluß: "also, in vierzehn Tagen". Es dreht sich nur noch um das Datum. Ich habe wieder ein besseres Bett in dem kleinen Saal.

1. September
... Eben war Visite um, der Termin steht nun fest und zwar in einer Woche, am 8. September! Jetzt, wo ich weiß, daß ich entlassen werde, ist alles leichter.

Zwei Tage bevor Walter heimkehrte, wurde seine Rente bewilligt, noch bevor die Kündigungsfrist seiner Dienststelle abgelaufen war. So konnten wir dem Sozialamt leicht die Überbrückungssumme zurückzahlen, alles war besser gegangen, als ich befürchtet hatte. Walter war sehr glücklich, wieder bei uns und in Freiheit zu sein. Auch die Kinder freuten sich und liebten den Vater zärtlich. Der Umgang mit ihnen hatte ganz sicher seine therapeutische Wirkung. Ende September fuhren Hardy und Viola, — 5- und 4jährig — in ein Kinderheim zur Erholung. Beide waren sehr still und ängstlich, und es tat weh, sie so fortzuschicken, — heute würde ich es wohl auch nicht mehr machen.

Anschließend fuhren wir beide zu Walters Schwestern nach Norddeutschland. Eine gute Bekannte von mir war bereit, unsere Wohnung und den zweijährigen Andreas zu hüten. Sie hatte mir schon in der letzten Zeit viel geholfen. Als wir im Zug saßen, war ich überglücklich, frei zu sein und ausruhen zu können. Die Schwägerinnen waren nicht so schwierig wie wir dachten, und wir verlebten gemeinsam fröhliche, warme Herbsttage in Moor und Heide. Zurückgekehrt begannen wir das Kinderzimmer und Schlafzimmer zu renovieren. Eines Morgens früh um vier Uhr erwarteten wir unsere beiden kleinen Kinder am Bahnhof zurück und waren erleichtert, daß auch dies überstanden war.

"Ich lebe seit dem Flughafen immer in Sensationen und Katastrophen. Warum ging ich nicht wie andere ruhig meiner Arbeit nach? — Weil ich versagt habe. — Was habe ich denn immer gemacht? Ich habe geweint, ja, aber vor Rührung, wegen des Unterschieds der Geschwister und der Frau. Oder ich wollte die Pulsadern aufschneiden, — ja, doch nur wegen dem inneren Drang. Letztlich wegen des Ausgeliefertseins mit dem Letzten, was man hat, an die Mutter und gleich anschließend an die Frau. Warum verstehen wir uns nicht? Das mit der Ehe und Liebe ist doch alles Lüge. Von Liebe war überhaupt keine Spur, sondern nur meine Familienart war da, die Mutter und so. Mit der Liebe hat es nie geklappt, ich habe mich hereinlegen lassen von ihr."

So fingen wieder die Gedanken in Walter zu arbeiten an, und er quälte sich. Es war für ihn neu, ein "Rentner" zu sein, mit 34 (!) Jahren zu Hause zu sitzen, meist zu liegen. Anfangs fand er es schön, er hörte viel und laut Musik, so laut, daß es mich oft sehr anstrengte. Er war vor allem erleichtert, den Kollegen nicht mehr begegnen zu müssen. Sie suchten auch von sich aus keinen Kontakt mehr zu ihm. Begegnete er einem von ihnen auf der Straße, wich er nach Möglichkeit aus. Und doch verstärkte gerade der Gedanke an die Kollegen seine Minderwertigkeitsgefühle und Schuldgefühle. Er fühlte sich als Versager und suchte verzweifelt nach Erklärungen, versuchte zu begreifen, was mit ihm geschehen war:
"Ich wüte vergeblich. Der Werdegang war so: ich lag und lag immer im Bett, das heißt sie wollte das Unmögliche, das Erreichen des anderen, damit war alles kaputt. Ich habe nur geschlagen, weil sie Angst hatte. Und das muß mal gesagt werden: ich bin Vater und habe alles gemacht. Das ist nämlich mein Verdienst. Die anderen leben triebmäßig, was kommt, kein Verdienst. Daß ich krank bin, habe ich ja schon immer vorher gesagt, nämlich faul, phlegmatisch, schwach."

Am schwersten, fast unmöglich war es für ihn zu begreifen, worin seine Krankheit eigentlich bestand. Ich konnte es ihm auch nicht erklären, ich begriff es ja selbst nicht. Daß nach dem Lexikon das Wort "Schizophrenie" ein "Gespaltensein", "Gespalten-irre-sein" heißen soll, half uns auch nicht weiter. Obwohl das Zusammenleben mir manchmal unbeschreiblich schwer fiel und ich es immer wieder zutiefst über hatte, sein deprimiertes Gesicht zu sehen und seine unklaren Reden anzuhören, liebte ich ihn noch ein bißchen, hatte ich ihn doch einmal anders gekannt. So war ich verzweifelt, ihm nicht helfen zu können. Er hatte seit der letzten Entlassung die Tabletten weiter eingenommen. Als sie verbraucht waren, war er aber nicht bereit, zum Arzt zu gehen und sich weitere verschreiben zu lassen. Er wollte verständlicherweise keinen Arzt mehr sehen, hatte er sie doch weniger als Helfer, mehr als Disziplinierende erlebt. Ich redete ihm auch nicht sonderlich zu, da auch ich daran, zweifelte, ob von den Medikamenten überhaupt eine Hilfe ausging. Wir hatten eher die Nebenwirkungen zu spüren bekommen: Mattigkeit, Müdigkeit und damit eine Beeinträchtigung der Willenskraft, bei höheren Dosierungen bis hin zu Sprech- und Schluckbeschwerden. So dachte ich damals, daß durch die Tabletten seine Gedanken ja nicht abgeschaltet werden konnten, was ja auch eine unwürdige Ausschaltung seiner Persönlichkeit gewesen wäre. Ich war seine einzige Gesprächspartnerin, zu der er Vertrauen hatte. Aber ich war eine ahnungslose Laiin und fühlte mich dieser Aufgabe immer weniger gewachsen, kam mir in dieser oft bedrückenden Partnerschaft sehr alleingelassen vor. Sprach ich mit Freunden, dem Gemeindepfarrer, dem Sozialarbeiter, Nachbarn, ja auch mit meinen Verwandten, begegnete ich immer nur der Ansicht, so ein Kranker müsse dann eben doch in eine Anstalt. Er sei für mich und, sehr betont, — für die Kinder, — eine zu große Belastung, ja er könne in seinen "Wahnideen" und Depressionen eine Gefahr für sich selbst und die Familie oder die Umgebung werden. Ich begegnete überall eher einem Angstmachen als einem Mutmachen. Es herrschte allseits die Vorstellung, wie ja auch heute noch oft, ein psychisch abweichend veranlagter Mensch könne nicht in einer normalen Gemeinschaft bleiben und müsse als ein Störfaktor ausgesondert werden. Immer wieder begegnete ich der Vorstellung, ein psychisch Kranker habe gefährliche Ausbrüche und Tobsuchtsanfälle, neige unweigerlich zu Selbstmord, und dem allem müsse vorgebeugt werden. Ich selbst war zuvor in meinem Leben noch nie dieser Erkrankung begegnet und hatte nur verschwommene Vorstellungen, wie sie ja leider oft in Filmen und Büchern übertrieben und einseitig dargestellt werden. Die Erinnerungen an Walters Erregungen und alle Ermahnungen der Umwelt verunsicherten mich oft sehr. Der Pfarrer sprach sogar vom "Sich-Fügen in Gottes Willen" und daß ich meinem Mann nur in der Weise Liebe geben könne, indem ich ihn den Ärzten überlasse. Er hatte selbst keine Ahnung von psychischen Erkrankungen und machte sich auch nicht viel Mühe, sich zu informieren, wußte auch nicht viel über die Zustände in Psychiatrischen Krankenhäusern.

Zu aller beschriebenen Zerrissenheit kam für uns noch eine Belastung besonderer Art hinzu, nämlich die Art und Weise, wie wir allmonatlich zu unserer Rente kamen. Walter wurde wegen Erwerbsunfähigkeit erstmal eine Rente für zwei Jahre zugestanden. Es hieß, die Bundesversicherungsanstalt verlangte einen geschäftsfähigen Partner, der ein "Insasse" einer Heilanstalt ja wohl nicht sein könne, also müsse vom Amtsgericht ein "Pfleger" für ihn bestellt werden. Walter sollte seine Einwilligung dazu geben, wurde aber von der Ärztin in H. völlig im Unklaren gelassen, was eine Pflegschaft für ihn bedeuten würde; er solle unterschreiben, damit die Rente "schneller durchkommt". Das war eine Unwahrheit, denn ich hatte zu der Zeit längst die Rentenanträge in Gang gebracht. "Pfleger" sollte ein Sozialarbeiter im Gesundheitsamt sein, was ich erst bei Bewilligung der Rente erfuhr. So konnte ich nichts mehr daran ändern, obwohl nach unseren Gesetzen ich an erster Stelle als Ehefrau die Pflegschaft für ihn hätte übernehmen können. Ich wurde gar nicht gefragt. Hinterher kränkte mich das sehr, aber angesichts der Schwierigkeiten, die Walters Geschwister mir bereiteten, dachte ich, daß es vielleicht gut so sei, damit sie mir nicht nachsagen könnten, ich wolle auch noch über Walters Geld verfügen. Nach der Entlassung wurde auch nicht geprüft, ob Walter so krank war, daß er "seine Vermögensangelegenheiten nicht selbst besorgen" konnte, wie es im entsprechenden Paragraphen steht. Ich hatte den Eindruck, solche Patienten wurden nicht mehr ernst genommen. Ich kam in meiner Unerfahrenheit gar nicht darauf, so etwas könne im Gesetz stehen. So kam es, daß ich jeden Monatsersten in das Gesundheitsamt zum Sozialarbeiter gehen mußte, der mir dann eine Anweisung ausschrieb. Mit der mußte ich zur Kasse, wo ich mit anderen auf Auszahlung wartete, immer mit dem zweijährigen Andreas an der Hand. Oft war nicht genug Geld da, obwohl der auszahlende Beamte wissen müßte, wieviele kommen würden. Dann dauerte das Warten noch länger, stehend auf dem Flur mit einem unruhigen Kind. Ich kam mir wie eine Almosenempfängerin vor. Warum sind in den bürokratischen Staaten die Sozialhilfen oft so gedankenlos organisiert, daß sie für die Empfänger mit entwürdigenden Begleitumständen verbunden sind? Es war zu verstehen, daß Walter aus Angst und Protest selbst nicht hinging.

Nun begab es sich, daß ich, bevor ich Ende November die Rente abholen ging, eine sehr schlimme Nacht mit Walter durchmachte. Er wollte mich immer wieder davon überzeugen, daß "das Kind", — er hatte ja schon lange vom vierten Kind gesprochen — geboren werden sollte, daß ich ja schon Wehen habe. Vielleicht kamen da unbewältigte Erinnerungen an Andreas Geburt zum Ausdruck. Er fasste mich energisch an und stieß mich auf das Bett und war sehr erregt. Ich ging auf ihn ein, während ich am ganzen Körper zitterte vor Angst. Ich konnte ihn auch allmählich beruhigen, verlor dabei aber meine Ruhe. So kam ich morgens völlig entnervt in das Gesundheitsamt, und als der Sozialarbeiter nach Walter fragte, weinte ich und erzählte ihm von der vergangenen Nacht. Da entschied er, Walter müsse wieder in die Klinik, der Amtsarzt müsse ihn wieder bestellen und einweisen, "ehe was passiert". Ich hatte nach all den Wochen der Ratlosigkeit keine Kraft mehr und ließ alles weitere geschehen. Ein paar Tage später kamen zwei Männer, die Walter zum Amtsarzt bringen sollten. Walter war erschreckt, ging aber schweigend mit, und ich ahnte, daß eine Einweisung in die Nervenklinik beschlossene Sache war. Als ich die Tür hinter ihm geschlossen hatte, hockte ich mich auf den Boden und weinte bitterlich.

Am nächsten Morgen ging ich in das Büro der Kirchengemeinde nebenan, um die Nervenklinik anzurufen, da wurde mir gesagt, daß Walter schon auf dem Transport nach B. sei. Da drehte ich durch! Ich regte mich wahnsinnig auf darüber, daß er nicht wieder nach H. gebracht worden war, wie es mir das Gesundheitsamt versprochen hatte. Die Gemeindehelferin und eine anwesende Frau konnten mich kaum beruhigen, sondern erregten mich eher noch mit ihren oberflächlichen Bemerkungen, dies sei für meinen Mann "das Beste". Ich schrie die beiden Frauen an, sie sollten still sein. Ich rief den Nervenarzt an, der einmal zu Walter gekommen war und konnte vor Weinen kaum meine Not schildern. B. war eine sehr große, berüchtigte, im ganzen Land bekannte Heilanstalt. Der Arzt beruhigte mich und sprach mit mir am nächsten Tag begütigend und erklärend über Anstalten, verschrieb mir Schlaftabletten, damit ich wieder zur Ruhe kam. Diese Tage waren eine der schlimmsten Phasen von Verzweiflung, die Walter und ich durchlitten. Und es war drei Wochen vor Weihnachten!

Walter mußte wieder — zum sechsten Mal — die entwürdigende Prozedur einer Aufnahme in ein Landeskrankenhaus durchmachen, bei der einem Patienten meist auch die letzten Dinge abgenommen werden, die zu seiner Persönlichkeit gehören. Ich schickte ihm die üblichen Sachen, allmählich hatte ich ja damit eine gewisse Übung, was er in der Anstalt brauchte und haben durfte; es waren wenige Habseligkeiten, die einer in einem Schlafsaal von 20 Betten und mehr unterbringen durfte.

1. Dezember

Lieber, ... ich weiß ja gar nicht, wie es da ist und ob du es da etwas gut hast. Soweit eine Anstalt gut sein kann. Ich werde auf jeden Fall versuchen, dich so bald als möglich zu besuchen. Frau S. wird mir sicher helfen und bei den Kindern bleiben. Ich habe dauernd an dich gedacht und daß es wieder so gekommen ist. Vielleicht werde ich versuchen, daß du doch noch nach H. kommst. Aber ich will erst sehen, wie es bei dir ist, denn B. ist ja wesentlich näher und die Besuche wären billiger und so könnte ich dich öfter besuchen. Du hast mich nicht verloren und ich vertraue fest darauf, daß Gott uns nicht verlassen und uns helfen wird in diesem Unglück. Die Kinder fragen nach dir und waren traurig, daß du nicht mehr da warst.

Die "Drehtürpsychiatrie" —
Und wo bleibe ich?

Als ich Walter zum ersten mal in B. besuchte, mußte ich vom Bahnhof noch mit dem Bus fahren, so weit lag das Krankenhaus vom Ort entfernt. Ein richtig auf das Feld hinaus verlegtes Ghetto, möglichst weit von den normalen Menschen entfernt. B. war eine sehr große Anstalt mit einer Landwirtschaft und Backsteinhäusern, die über hundert Jahre alt waren. Sogar eine Kirche hatte man nicht vergessen! Vom Eingang mußte ich noch einmal weit laufen bis zu einem der hintersten Häuser und lange vor dem Tor stehen, bis aufgeschlossen wurde. Walter kam in die Eingangshalle, das sollte der Besuchsraum sein, denn er war auf einer Station mit langjährigen Patienten, die selten besucht wurden. Er trug einen fremden, abgeschabten Anzug, der ihm viel zu groß war und wußte nicht, wo der eigene hingekommen war. Es war eine primitive, unfreundliche Station, wenn auch später ein Weihnachtsbaum aufgestellt wurde. Er lag wieder in einem großen Schlafsaal, die Patienten mußten morgens auf dem kalten Flur herumstehen, wenn sauber gemacht wurde. Gegessen wurde aus Blechschüsseln nur mit Löffel, da Messer und Gabeln ja gefährliche Werkzeuge sein könnten. Die Kranken wurden mit du angeredet und manche Mitpatienten machten auf Walter einen deprimierenden Eindruck. Vor den Fenstern waren dicke Gitter angebracht, als wären wilde Tiere dahinter. Wir konnten das Weinen kaum unterdrücken. Er machte einen sehr benommen und verwirrten Eindruck, verursacht durch die Verabreichung starker Medikamente.

Eines Abends besuchte Walters älterer Bruder mich sehr aufgeregt. Auch für Walters Geschwister war es schlimm zu wissen, in welch deprimierender, ja krankmachender Umgebung er untergebracht war. Nur fragten sie nicht nach den Ursachen und dem Leben in der letzten Zeit mit ihm, sondern begegneten mir ausschließlich mit Vorwürfen. Sie behaupteten, ich liebte ihn nicht mehr und wolle ihn los sein, ich erwartete nur von den Ärzten eine Heilung, er gehöre aber in die Hand eines Seelsorgers. Ich antwortete darauf nur mit Tränen, aber sie merkten nicht, wie ich litt.

Darauf schrieb ich am 18. Dezember an Walter:
... die Kinder spielen draußen im Garten und rennen dabei so viel herum, daß sie nicht frieren. Sie zählen die Tage bis Weihnachten und freuen sich auf alles. Walter, warum ich so viel an dich denke: dein Bruder war gestern da und wollte

wissen, wann bei dir Besuchszeiten sind. Er ist mit allem natürlich nicht einverstanden, er meint, du brauchst einen Seelsorger mehr als einen Arzt. Er will nun dafür sorgen, daß Seelsorge an dich herankommt, sich wohl an einen Pfarrer wenden, ich verstand ihn so. Der ist ja vielleicht auch ein guter Gesprächspartner für dich ...
Ich weiß noch nicht, wie ich es zu Weihnachten mit dem Kommen mache, der Kindergarten ist zu. Wenn dich nun die Geschwister besuchen, dann habe nur nicht wie im Sommer das Gefühl, das trennt dich von mir, ich komme ja auch wieder.

Nach Weihnachten konnten die Kinder wieder in den Kindergarten und ich ging anschließend Geld holen und bekam DM 210,-- als Unterhalt. Walter bekam 10,– DM Taschengeld, der Sozialarbeiter hatte das alles schon geregelt. Ich mußte nun versuchen, mit dem Geld auszukommen. Bei meinem nächsten Besuch bei Walter mußte ich Andreas mitnehmen, aber den Besuch danach konnte ich zum Glück wieder ohne Kinder machen. Walter erzählte mir viel von sich und ich war froh, daß er wieder mit mir sprach.

19. Januar 1961
... wie ist es nur kalt geworden! Die Kinder frieren zum Glück nicht, aber ich um so mehr! Ich versuche der Kälte in der Wohnung nur mit Mühe Herr zu werden, wir sind jetzt meist im Wohnzimmer, da brauche ich nur einen Ofen zu heizen. Eben sind alle drei begeistert hinaus in den Schnee gerannt. Sie sind trotz aller Kälte gesund und lustig. Der Abschied von dir neulich fiel mir richtig schwer. Es tut mir auch sehr leid, dich so lange warten zu lassen, aber ich kann wirklich nicht öfter kommen, wegen der Kinder und wegen des Geldes nicht.
30. Januar
Liebe Frau, alle Sachen sind gut angekommen und ich habe mich so gefreut. Mit dem Geschichtsbuch hast du wiedermal genau das Richtige getroffen. Ich lese das Dritte Reich mal nach. Heute war ich nun endlich an der Luft, aber es war kalt, windig und regnerisch. Ein klein wenig habe ich mich hier nun auch wieder eingelebt, aber kein Fernsehen ist hier. Dein Besuch war sehr schön.

Ich möchte hier einen Einschub machen und meinen Umgang mit meinen Kindern schildern. In dieser Zeit wurde nämlich bei mir eine wichtige Weiche gestellt. Eines Tages besuchte mich eine frühere Kollegin, die ein Heim für nicht seßhafte Mädchen leitete. Sie war eine ältere, mütterliche Frau und erzählte mir von ihrer Arbeit. Dabei nahm sie die sehr zärtliche, kleine Viola auf den Schoß, und ihr fiel auch die liebevolle Art der anderen beiden Kinder auf. Ich erzählte von meinen Nöten und stellte die Frage, ob sie glaube, daß die Kinder die Krankheit des Vaters erben könnten. Zum ersten Mal begegnete ich jemanden, der die Vererbungstheorie anzweifelte. Sie habe bei den Mädchen in ihrem Heim erlebt, wie zerstörend, wie krankmachend deren Kindheit gewesen sei, die meisten hätten wenig oder gar keine Liebe oder Freude erfahren, sondern viel Angst. Sie fügte hinzu: du mußt immer versuchen, es einzurichten, daß deine Kinder Freude erfahren, das ist wichtiger als alles, was sie lernen sollen oder auch wichtiger als Sauberkeit und Ernährung, sie brauchen vor allem Freude!

Ich nahm diese Worte auf wie ein Evangelium und sie wurden mir zur Richtschnur. Ich liebte das Wort "Erziehung" nicht. Für mich waren die Kinder mehr als Erziehungsobjekte. Ich versuchte, obwohl mir nur geringe Mittel zur Verfügung standen, den Kindern einen Entfaltungsraum zu geben, besonders das Kinderzimmer wurde zum Freiraum, in dem gemalt, gehämmert, geklettert und mit Wasser gegossen werden durfte, es gab da keine zu schonenden Möbel. Ich ließ die Kinder bei möglichst vielen Verrichtungen mitwirken, obwohl das furchtbar anstrengend war. Die Kinder durften oft mitentscheiden und Vorschläge und Einwände machen, und wo es Grenzen gab, zum Beispiel finanzielle oder gesundheitliche, erklärte ich es ihnen so gut es ging. Da sie sehr lebhaft und lebensfreudig waren, erschöpften sie manchmal meine Kraft. So gab es natürlich auch Konflikte, die ich dann autoritär löste, obwohl ich es eigentlich anders wollte. Im Allgemeinen versuchte ich zu verwirklichen, was man heute eine antiautoritäre Erziehung nennt, mit Förderung der kindlichen Kreativität. Diese Begriffe waren mir damals noch unbekannt. Es wurden sehr vielseitige Kinder, für die Lernen etwas Spannendes war, auch noch später als Erwachsene. Bücher faszinierten sie sehr und besonders die Musik wurde für sie eine lebensnotwendige Ausdrucksform.

Mir waren die Kinder eigentlich wichtiger als der Haushalt, doch nahmen sie mir viel Kraft. Aber es kam auch viel Freude von den Kindern zu mir zurück, alles machte ihnen Spaß, Vorlesen, Spielen, Erzählen, Singen und Herumturnen. Ohne es bewußt zu wissen, gab ich ihnen Anerkennung, indem ich immer echte Begeisterung zeigte bei allem, was sie zustande brachten, auch wenn es "nur" ein gemalter Baum oder ein gebautes Häuschen war. So wurde es den Kindern zur Gewohnheit, alles, was sie machten, mir zu zeigen, sie zogen mich dabei bis an die Ecke des Gartens. Wenn ich abends an den Betten der schlafenden Kinder saß, überwältigte mich ein Gefühl der Dankbarkeit, welche mich nach all dem Klagen und Weinen zwischendurch Frieden finden ließ. War ich an anderen Tagen nicht gut mit ihnen umgegangen, bat ich sie abends, wenn sie schliefen, um Verzeihung, und half mir damit, mich von Schuldgefühlen, die ich immer wieder den Kindern gegenüber hatte, zu befreien. Ihre Entwicklung wurde mit den Jahren ein Anlaß zu glauben, daß meine Gebete, in die ich mich oft zu retten versuchte, wirklich erhört wurden.

Aber zunächst kamen schier unüberwindliche Belastungen auf mich zu. Da Walter inzwischen von der Krankenkasse "ausgesteuert" war, ging ein Drittel der Rente zur Bezahlung seines Aufenthaltes in dem Landeskrankenhaus weg, und nachdem die Miete bezahlt war, blieb mir nur 210,-- DM zum Unterhalt für uns alle. Obwohl es damals noch nicht so inflationäre Preise gab, war das erschreckend wenig. Immer wieder kroch die Angst in mir hoch: "Werde ich nächste Woche noch auskommen?" Ich teilte das Geld sehr genau ein, lebte mit den Kindern unbeschreiblich bescheiden, ja manchmal blieben wir hungrig. Einmal hatte ich für die letzte Woche nur noch 8,-- DM, und heute kann ich kaum glauben, — ein Wunder! — daß es weitergegangen war. Ich lasse nun ein paar weitere Briefe dieses schlimmen Winters sprechen:

16. Februar
Lieber, weil es gestern ein so plötzlicher Abschied war, schreibe ich gleich heute. Ich habe eben das Buch gekauft, erstmal die Geographie, das andere kommt dann auch noch. Die Kinder lagen schon im Bett und fragten gleich: "Was macht der Papa?" Nächste Woche kann ich erst zum zweiten Zug kommen, dafür aber auch bis 17 Uhr bleiben.

2. März
Ich kam gestern ziemlich spät ins Bett, konnte vor Nachdenken nicht einschlafen und dann wurde Viola unruhig und war glühend heiß, hohes Fieber. Das nächste Mal komme ich schon früher und werde dann um 16 Uhr hinübergehen zum Arzt und versuchen, mit ihm wegen eine Osterurlaubs zu sprechen.

5. März
Ich kann am Dienstag doch nicht kommen, Du Armer, sondern erst am Freitag, Hardy ist auch heute krank geworden. Andreas spielt draußen ganz lustig in der

Sonne, am Dienstag wird er auch schon drei Jahre alt! Ich weiß, wie traurig du bist und wartest, daß ich komme, damit du jemand zum Sprechen hast.

16. März
Hör mal, ich kann am Gründonnerstag nur am frühen Vormittag Dich abholen, frag doch mal, ob das geht. Und dann müssen wir noch etwas besprechen, wenn du zuhause bist. Die Gemeinde sucht eine halbtägige Schreibkraft. Ich hatte gesagt, ich würde es mir überlegen, denn irgend etwas muß ich mit der Zeit zuverdienen, auf die Dauer ist das zu wenig zum Leben, ich habe nicht einmal mehr Geld für den Schuster! Ich habe schon gesagt, nicht vor dem 1. Mai, wenn Andreas in den Kindergarten geht, nur zu begrenzten Zeiten, nur einfache Schreibarbeiten und keine Gemeindearbeit, Urlaubsvertretung oder so. Und wenn die Kinder krank sind, die Schreibarbeiten zuhause. Das muß ich ja alles bedenken, aber es ist so günstig, weil ich nur ein paar Schritte von der Wohnung hätte und die Kinder im Kindergarten wären im selben Haus. Sie könnten über Mittag dort essen und schlafen, sie müßten sich halt eingewöhnen, ich kann ihnen das nicht ersparen. Du sollst Dich jetzt nicht quälen und denken, Du mußt entscheiden, nur wissen solltest Du es.

An einem Abend fuhr ich zu Walters Bruder und dessen Frau, fasste mir ein Herz und hoffte, mit ihnen ein bißchen freundlich reden zu können. Es ging aber so schief, wie ich es mir nicht vorgestellt hatte. Sie fanden überhaupt kein gutes Haar an mir, und Walter tat ihnen leid mit "so einer Frau". Da ein Gespräch nicht möglich war, fuhr ich wieder nach Hause. Aber was wollten sie eigentlich, — es war mir gelungen, Walter zu einem viertägigen Osterurlaub nach Hause zu holen. Es waren schöne Tage für uns alle, obwohl er sehr bedrückt war. Es fiel ihm und mir schwer, wieder zurück zu fahren. Ich wagte nicht, ihn zuhause zu behalten, bestand doch immer noch der Einweisungsbeschluß des Amtsgerichts, so daß er abgeholt worden wäre.

11. April
... Ich habe noch einmal mit dem Kirchenvorstand gesprochen, — sie wollen mich anstellen, aber wann? Andreas geht seit gestern auch in den Kindergarten. Ich hatte mich auf Geschrei gefaßt gemacht, aber nichts! Sie sagen, er benehme sich, als sei er schon ein Jahr lang da, sei ganz sicher und fröhlich.
Walter war inzwischen auf den Stufen der Anstaltshierarchie wieder etwas höher gestiegen. Es war das dritte Haus, in dem er sich nun befand, wobei es immer etwas "besser" wurde. Nun schlief er nicht mehr in einem "Wachsaal", wo die Patienten bewacht und am Tag in den Aufent-

haltsraum "getrieben" wurden, sondern nun war nur noch die Außentür der Station abgeschlossen, und innerhalb konnten sich die Patienten von einem Raum in den anderen "frei" bewegen. Geschlafen wurde in kleineren Schlafräumen, und im Aufenthaltsraum konnte bis spät abends Fernsehen gesehen werden. Walter fand andere, die mit ihm Skat spielten, er konnte eigene Kleidung tragen, was für sein Selbstwertgefühl einen enormen Fortschritt bedeutete. Jedoch waren die Fenster noch alle vergittert. Etwas war günstiger, worauf Außenstehende gar nicht kommen würden: im Besucherzimmer gab es teilende Wände, so daß wir, wenn ich ihn besuchte, endlich auch einmal unbeobachtet Zärtlichkeiten austauschen konnten. Vorher gab es das für uns als Ehepaar in all den Monaten nicht, obwohl das doch eigentlich für zwei sich liebende Menschen eine Lebensnotwendigkeit ist, — auch das gesteht eine Anstalt ihren Patienten nicht zu. Trotz dieser Verbesserungen konnte Walter aber nie wirklich allein sein, — es sei zu gefährlich, einen Schizophrenen sich selbst zu überlassen, er könne Selbstmord begehen. Man stelle sich das vor: welchen "normalen" Menschen würde es nicht verrückt machen, nie allein sein zu können, immer beobachtet zu werden?

11. Mai
... am Dienstag kam Dein Brief und ich habe mich so gefreut! Ich versuche dauernd, mich in Deine Lage hineinzudenken ... Wenn ich erst am 1. Juni anfangen kann zu arbeiten, wird es noch ganz schön knapp mit dem Geld ... Viola hat heute eine schwarze Sonne mit gelben Strahlen gemalt und gesagt: "die Sonne wird immer dunkel ..."

Ein andermal: leider muß ich Dir heute schreiben, daß Viola krank geworden ist, Ohrenschmerzen und Fieber, und ich selbst Halsschmerzen. Vielleicht werde ich am Dienstag kommen können, oder ich muß sie mitnehmen. Ich habe ja niemanden, der bei ihr bleiben könnte.

4. Juni
... Wenn Du den Brief siehst, wirst Du schon ahnen, daß ich am Dienstag wieder nicht kommen kann. Es ist natürlich schon wieder ein Kind krank, Hardy, der am Nachmittag richtig zusammenklappte. Er hat Fieber. Wenn ich ins Büro gehe, muß ich ihn allein lassen, zum Glück liegt mein Arbeitsplatz so nah, daß ich alle Stunde nach ihm sehen kann. Er ist sehr vernünftig und läßt mit sich reden und begreift, worum es geht. Andreas ist sehr energisch und will alles selber machen ... Sei nicht traurig, bitte bleib "gelassen", wenn es möglich ist.

15. Juni
... Ich bin gut nach Hause gekommen, aber im Kindergarten weinte Hardy vor Ohrenschmerzen, er hatte auch Fieber und liegt nun also wieder im Bett und ich laufe wieder alle Stunde hinüber aus dem Büro. ... Andreas hat sich gestern, kaum daß der draußen war, die Finger an einer alten Autotür geklemmt! Das war schlimm! Ich habe ihm die Fingerchen gekühlt und ihn getröstet und ihn auf dem Schoß gehalten, während ich Hardy ein Märchen vorlas. Da war er eingeschlafen. Das ist so mein Alltag.

29. Juni
Lieber, ich ging neulich durch die Felder auf dem Abkürzungsweg und war zugleich mit dem Omnibus am Bahnhof. Ich sehe dich noch da stehen, jugendlicher als sonst, ich hatte mich so gefreut! Ich drücke jetzt die Daumen, daß am nächsten Dienstag schönes Wetter ist und wir zusammen draußen sein können, so hast Du doch auch ein bißchen von dem Sommer.

7.Juli
Liebe Frau, ich habe meine Arbeit getan und sitze nun draußen bei Sonnenschein. Schönes Wetter gibt doch Auftrieb und mir geht es sehr gut. Ich habe mich auf der neuen Station schon etwas eingelebt und bin nun viel an der frischen Luft. Heute Nachmittag werde ich ins Kino gehen: "Helden".

26. Juli
... Dr. H. hat, als ich ihn nach Entlassung fragte, gesagt, jeder kommt mal dran, das ist ja keine sehr erschöpfende Auskunft, aber es klang auch nicht ablehnend, oder? ... Am Mittwoch war ich mit den Kindern wirklich im Wald, wie es versprochen war, und alle drei waren glücklich! Man kann mit ihnen schon gut Straßenbahn fahren. Wir haben Ball gespielt, im Gras gesessen, Pfirsiche gegessen und ich habe Märchen erzählt. Auf dem Rückweg haben wir noch Brombeeren gefunden. ... Und dann habe ich ein Geburtagsgeschenk für dich: ich will versuchen, die Woche zweimal zu kommen, und ich werde nächstens den Andreas mitnehmen, dann Viola und zum Geburtstag den Hardy, sie wollen ihren Vater auch wiedersehen, sagen sie.

Bei meinem nächsten Besuch war ich sehr schockiert, Walter wieder auf einer schlechteren Station vorzufinden, und erfuhr keine Erklärung dafür. Sofort meldete ich mich beim Arzt. Dieser konnte es nur mit einem Rückfall, einem neuen "Schub" benennen. Es sei eben klar, daß Walter nicht ohne Medikamente sein könne und sah den Rückfall als Beweis. Da ich es ja nicht besser wußte, glaubte ich dem Arzt. Im Gespräch mit Walter bekam ich nur nach langem Warten etwas aus ihm heraus: er hatte vor allem Angst, fühlte sich zu sehr beobachtet und bezog alles um ihn herum auf sich und quälte sich damit.

Die darauf folgende Zeit war anfangs für mich ein richtungsloses, verzweifeltes Dahintaumeln, aber dann bekam wieder mein altes Verhalten die Oberhand, das ich wohl schon von Kind auf hatte, meine schnelle Bereitschaft, alles auf mich zu nehmen. Ich dachte, — so hatte ich "christliches Verhalten" gelernt — ich müsse dieses Leiden auf mich nehmen, es sei mein Schicksal. Und eines Tages stellte ich mir ein Kreuz in meinem Zimmer auf. Viel mehr aber hat mir, das weiß ich heute, ein inneres Wissen geholfen, daß Gott mir seine Kraft geben werde. Im Tiefsten war ich gar nicht bereit zu leiden und versuchte immer auf's Neue, aus der Verzweiflung mit allen gesammelten Kräften herauszukommen. Ich hatte mich darauf eingestellt, daß Schizophrenie nicht heilbar ist.
In der nächsten Zeit ging ich nun fast jede Woche in die Sprechstunde des Arztes. Dafür mußte ich die Kinder zwar etwas länger im Kindergarten warten lassen. Ich stellte dem Arzt viele Fragen, zum Beispiel: wo sucht man die Ursachen für diese Krankheit? Antwort: es kann sein, daß sie erblich ist, immer nicht, aber wenn zum Beispiel zwei "schwierige" (welch ungenauer Begriff!) Charaktere heiraten und Kinder haben. Aber es könne auch in einem gestörten Stoffwechsel liegen, durch mangelhafte Durchblutung des Gehirns, man wisse es eben doch nicht, es könne viele Gründe geben. Ich dachte, die Psychiater arbeiteten wirklich daran, die Ursachen dieser Krankheit zu finden, und glaubte alles.

Ein anderes Mal fragte ich, an welchen Symptomen man die Schizophrenie erkenne. Da bekam ich nun genauere und reichlichere Auskunft: Es träten Wahnideen auf, zum Beispiel Verfolgungswahn, Reinlichkeitswahn oder das Gegenteil, "unnormaler" Bewegungsdrang wie Hin- und Hergehen, ein Sich-Abkapseln, grundlose Aggressivität und Feindseligkeit, Schweigen, ein starrer Blick, ein nichtssagendes Lächeln oder unmotiviertes Lachen, seitenlanges Aufschreiben von unzusammenhängenden Gedanken, ständiges Nachdenken über seine Vergangenheit, wobei der Patient immer von vorn begänne und nie an ein Ende käme, bis hin zu Bewußtseinsstörungen und Stimmen, die ihn verfolgten oder ihm Befehle gäben. Das klingt alles nicht so wissenschaftlich, und sicher war die Forschung auch damals weiter, - heute denke ich, die Angehörigen wurden auch nicht ernst genommen und mit so simplen Erklärungen abgespeist. Viele dieser "Symptome" hatte ich ja tatsächlich bei Walter erlebt, ich wußte nichts anderes, war nicht mißtrauisch genug und nahm dem Arzt alles ab. Aber ich fragte weiter: was können Tabletten bewirken? Sie dämpfen die Erregung und Unruhe, die Aggressionen, das Grübeln und Sich-Verfolgt-Fühlen von den Stimmen. Hier wies ich darauf hin, daß nun nach acht Monaten eigentlich alles wieder wie am Anfang sei. Darauf bekam ich zur Antwort, es dauere Jahre, bis ein "Stillstand" erreicht sei und keine Rückfälle mehr kämen.

Ich sprach auch über meine Beobachtung, daß Walter sehr zugenommen hatte und daß wohl auch durch die Medikamente seine Energie und Willenskraft sehr eingeschränkt würden und er mir sehr antriebslos, fast apathisch vorkäme. Daraufhin bekam ich die niederschmetternde Erklärung, daß eine Veränderung nur zum Teil von den Medikamenten verursacht würde, daß das aber wohl das kleinere Übel sei, ein "Zerfall der Persönlichkeit", ein bleibender "Defekt" sei sowieso nicht aufzuhalten. Dabei könnten durchaus Reste von "Normalität" und früheren Fähigkeiten bleiben — ein Schizophrener sei ja kein Schwachsinniger — zum Beispiel daß Walter Russisch lerne (!) oder in seinen Geldangelegenheiten völlig klar sei. Später sagte mir einmal ein Arzt wörtlich: *"Auch eine Ruine hat ja manchmal noch schöne Fenster."* — Ich habe manche Worte in Anführungsstriche gesetzt, weil mir damals schon und im Nachhinein manche Bezeichnungen und Begriffe sehr unbefriedigend und zweifelhaft erschienen.

Daß Walter nun womöglich noch Jahre dort bleiben sollte, machte mich tief unglücklich. Daher lag die Frage an den Arzt nahe: Woran stellen Sie eine Besserung fest? — Walter war aus dem vorigen Landeskrankenhaus mit dem Vermerk "gebessert" entlassen worden. — Dazu gab der Arzt die Auskunft: wenn der Patient in der Lage sei, sich besser einzufügen, wenn er tüchtig äße, sich beschäftige und "arbeitswillig" sei. Als ich Walter dies erzählte, sagte er sofort: *"Dann sollen sie mir doch eine Arbeit geben."* Für seine Gewichtszunahme hatte er auch eine einfache Erklärung: *"Der Pfleger hat mich dauernd zum Essen aufgefordert und ich muß hier ja gehorchen."*

Noch eine weitere Feststellung machte ich: ich begriff allmählich, daß Walter so etwas wie ein privilegierter Patient war. Ich lernte auf der Fahrt im Zug Angehörige von Patienten kennen und erfuhr, daß andere zuhause die Wohnungseinrichtungen zerschlagen und ihre Frau oder Eltern nicht nur bedroht hatten, sondern auch verletzt, daß sie das ganze Geld ausgegeben oder im Beruf Schlimmes angerichtet hatten und mehr. Walter war ja auch bei der Einlieferung immer ruhig gewesen, ja sogar freundlich, und wurde deshalb von den Pflegern meist gemocht. Auch fielen ihm immer wieder Beschäftigungen ein. Er bekam alle paar Tage einen Brief von mir und wurde fast jede Woche besucht. Das war wie ein Schutz, mit dem er all den deprimierenden Eindrücken gegenüber besser dastand. Die Pfleger waren sehr angetan von seinen niedlichen Kindern, und so hatte er etwas, worauf er stolz sein konnte. Auch daß ich als seine Frau so oft den Arzt aufsuchte, war ein gewisser Halt für ihn. Und die Gewißheit, ein Zuhause zu haben und eine Familie, die auf ihn wartete, konnte überhaupt nicht hoch genug eingeschätzt werden. Es gab einen regen Austausch unter den Angehörigen, sie warteten oft schon auf den Bahnsteig auf einander, und auf der Rückfahrt trösteten sie sich gegenseitig. Ich lernte manche bedrückende Schicksale kennen, auch Frauen, die sich von ihrem Mann scheiden ließen, und empfand tiefes Mitleid. Ich erlebte, daß oft die Mütter — und Väter — am treuesten waren und große Opfer aufbrachten, obgleich sie meist hochbetagt waren. Patienten mit kleinen Kindern gab es damals selten. Großen Eindruck machten einmal zwei Jugendliche auf mich, die jede Woche ihren Vater besuchten, der mit verbundenen Handgelenk dasaß, und die ihr bißchen Taschengeld ausgaben, um dem Vater etwas mitzubringen.

Langsam ging es Walter etwas besser, er wurde munterer und sprach wieder mit mir, aber jetzt gleich wieder so viel. Er war sehr unruhig, wollte dauernd hin und hergehen, — heute nehme ich an, dieses Verhalten war eine Art Hospitalismus. Er hatte nur einen Gedanken: nach Hause! Ich wußte gar nicht mehr, was ich ihm sagen sollte. Schließlich versicherte ich ihm, es hätte keiner ein Interesse daran, ihn länger als nötig dort zu halten, darauf könne er sich verlassen. Ich merkte aber, daß er mir das nicht abnahm. Er quälte sich so, ohne daß ich ihm helfen konnte. Er freue sich weder über die Päckchen zum Geburtstag noch lese er. Stattdessen, sagte er, schlafe er viel; das wäre halt so auf der Station, *"da schläft alles."* Sie bekamen alle viel Medikamente.

Hin und wieder regten sich in mir schließlich auch aufrührerische Gedanken Walter gegenüber: wenn er mal mit etwas zufrieden ist, dann nur für kurze Zeit, nach einer Weile fängt er an, bei allem "Fallen" zu sehen, wie er sich ausdrückte. So war es schon früher mit ihm, auf einmal war alles, wie es bisher war, nicht mehr richtig. Überall hätte er es gut haben können, wenn er die Möglichkeit gehabt hätte, bei einer Einstellung zu bleiben. Alles, was man für ihn tut, ist so furchtbar vergeblich! Es ist von vornherein dazu verurteilt, umsonst zu sein. Als er auf der freien Station war, wagte ich nicht zu glauben, es könnte diesmal der gute Zustand anhalten. Meine Angst war berechtigt. Ich muß mir selbst nicht immer so viel Versprechungen machen. Es sieht alles so dunkel aus! Kennt Gott das Dunkel, weiß er vielleicht das Ziel? — Wenn ich an den Dienstagen meine Kinder im Kindergarten abholte, — sie waren immer die Letzten — freuten sie sich und Andreas sagte: *"Du bist so lange nicht gekommen!"* Sie umarmten mich zärtlich, und mir tat das sehr wohl.

3. September
Liebe Frau Siegel!
Meine Niedergeschlagenheit und Sorge um den Zustand Walters haben sich etwas gelegt. Als ich kam, packte er gleich wieder aus mit allen Ängsten, warum er nie heraus käme da und wie furchtbar die Visite sei, weil er sich da so zusammen reißt und noch vieles, vieles, was die anderen all denken von ihm und wollen mit ihm und wie sie ihn in ihre Hand bekommen wollen. Er quälte sich sehr, sehr! Und vor allem das Heimweh! Da ging ich zum Arzt, um zu fragen, ob man ihm nicht ein bißchen Hoffnung geben könnte. Der Arzt sagte mir, das Schlimme bei Walter sei, daß er so furchtbar viel Gedanken hätte, er müßte zu einer Art "Gleichgültigkeit" kommen. Wenn das erreicht sei, würden Rückfälle nicht wiederkehren, dann könnte er bestimmt nach Hause. Aber damit das eintritt, kann nur die Zeit helfen und zu einem Teil die Tabletten und man könne ihm sonst nur zureden. Seiner Meinung nach dauerte das "Gleichgültiger-werden" bei Walter so lange, weil er sehr intelligent ist. Was soll ich nun dabei denken! Ich sollte ihm immer wieder sagen, daß er sich nicht zusammen zu reißen braucht bei der Visite, weil er meint, er könnte dann eher eine Entlassung erreichen. Aber das ist doch eine ganz natürliche Reaktion, finde ich ...
Ich fand es auch wirklich furchtbar in so einer Anstalt, ich litt auch sehr unter allem und kam wieder verzweifelt nach Hause, und konnte nicht schlafen. Ich hatte außer Siegels niemanden, mit dem ich über all diese Not sprechen konnte, auch im Gemeindebüro nicht, — die Gemeindehelferin sprach von der Nervenklinik als von der "Klapsmühle"! Für meine Schreibarbeit bekam ich DM 325,--, für mich viel Geld! Ich war froh, nun den Kindern mehr zu essen kaufen zu können.

14. September
Mein Lieber, nun ist Violas Geburtstag zu Ende und die Kinder liegen müde in den Betten, aber noch etwas erregt, so lasse ich sie noch ein bißchen erzählen. Heute morgen hatten wir einen Geburtstagstisch aufgebaut und gesungen und sie hatte sich sehr gefreut! Nach dem Mittagessen holte ich alle drei vom Kindergarten ab und dann erwarteten wir die Gäste. Wir haben gefuttert, gespielt und gelacht. Nun, wo es still ist und ich müde bin, ist mir traurig zumute. Ich denke natürlich an dich mit Bangen und Sorgen, wie es alles nun geworden ist mit Arbeiten und der anderen Station. Hoffentlich, hoffentlich findet sich die richtige Arbeit! Ich habe so große Sorge um Dich, daß es endlich, endlich besser werden möchte für dich! Ich kann da gar nichts mehr verstehen ...

Walter erwartet sehnsüchtig eine Arbeit, er sollte dann wieder auf eine freiere Station kommen. Er war sogar bereit, wie die anderen Kartoffeln auf dem Feld zu ernten. Ich war etwas sorgenvoll, denn ich kannte ihn und wußte, daß ihm so etwas nicht lag und er nach einer Weile wieder unzufrieden und schwierig werden könnte, nur konnte ich da gar nicht mitreden. Ich hoffte im Stillen, der Arzt spüre das auch, aber ich hatte zu ihm wenig Vertrauen und das Gefühl, daß er, obwohl Psychiater, wenig Fingerspitzengefühl für seine Patienten hatte.

Tatsächlich blieb Walters Arbeiten auf dem Kartoffelfeld eine kurze Episode. Es kam schlechtes Wetter und, wie ich es geahnt hatte, weigerte er sich eines Morgens mit hinauszugehen, versteckte sich im Bad, wurde gefunden, es gab einen erregten Wortwechsel, mehr Medikamente und die Freiheit einschränkende Maßnahmen. In Deutschland hat man ja immer schon viel auf autoritäre Maßnahmen gegeben und glaubt bis heute daran, daß man damit etwas bessert oder erreicht. Patienten müßten eben *"...wie Kinder streng gehalten werden"*, wie ein Pfleger sich bei meinem nächsten Besuch ausdrückte.

Noch eine andere Erfahrung mußte ich machen. Außer Walters Verwandten waren fast alle Menschen in meiner Umgebung der Meinung, ich solle Walter nun längere Zeit in der Anstalt lassen. Die Krankheit brauche Jahre, und es könne doch nicht immer so weiter gehen mit dem ständigen Wegkommen und Zurückkehren. Damals kam die Bezeichnung "Drehtürpsychiatrie" auf. Die Belastung sei doch für uns beide und für die Kinder zu schwer. Ich solle meine Kräfte besser für die Kinder einsetzen, und Walter solle versuchen, sich dort einzuleben. So traurig es einsetzen, und Walter solle versuchen, sich dort einzuleben. So traurig es sei, aber die Krankheit sei nun mal nicht heilbar. Manche sprachen sogar von *"Sich-Beugen-in-Gottes-Willen"* oder meinten, ich solle meinen Mann nun Gott überlassen. Einige rieten sogar, ich solle ihn nicht mehr jede Woche besuchen, vielleicht könne er sich dann dort besser einleben. Ich solle ihn ganz "in Ruhe" lassen. Daß es Liebe zwischen mir und Walter geben könnte, daß man einen "Geisteskranken" lieben könne, konnten sich offenbar die meisten Ratgeber nicht vorstellen. Und immer wieder wurde mir dargelegt, welche Gefahr er für die Kinder und deren Entwicklung bedeuten könnte. Ich aber spürte: all diese Ratgeber und Ratgeberinnen hatten kaum ein Landeskrankenhaus von innen gesehen und kannten die Zustände und Behandlungsmethoden dort nicht. Und wer sich nicht erstmal interessiert, sollte keine Ratschläge geben! Sie wußten auch nicht, wie Walter an seinen Kindern hing und hatten nicht erlebt, wie er mich begrüßte und auflebte, wenn ich zu ihm kam! Ich hatte manchmal sogar den Eindruck, daß viele Menschen dachten, ein Schizophrener empfindet ja alles nicht so richtig vor lauter "Verwirrtsein", er sei ja nicht richtig da und wüßte alles nicht mehr so klar. Der Arzt wartet ja auch darauf, daß Walter "gleichgültig" würde, was er als "Besserung" werten würde. Aber er und alle die anderen hatten sich ja nie die Mühe gemacht, auf ihn einzugehen oder ihm zuzuhören und ihn ernst zu nehmen.

Eines Tages, als ich nach einem traurigen Abschied von ihm auf dem Heimweg war, schaltete auch ich ab. Ich sagte mir, wie ich da so auf dem Feldweg ging, *"ich kann nicht mehr, ich habe keine Kraft mehr, er muß allein fertig werden, ich kann ihm nicht mehr helfen. Ich will auch nicht mehr. Ich will mich auch mal nur um mich kümmern, ich kann nichts mehr für ihn tun."* Ich sagte das alles wohl eher, um mir selbst zu helfen. Endlich war ich so weit zu sehen, daß ich auch eigene Bedürfnisse hatte. Ich begann zu meiner eigenen Rettung nach den Besuchen bei Walter die Tür der Anstalt zuzumachen und mich beim Heimfahren auf mich zu besinnen, um nicht kaputt zu gehen. Auch bei mir kam die Vorstellung daran auf, wie es wäre, wenn ich mich scheiden lassen würde. Aber immer war schnell die Ernüchterung da. Ich wußte, ich steckte schon viel zu tief drin und würde es daher nicht fertig bekommen, Walter seinem Schicksal zu überlassen. Ich würde ihn dann genauso besuchen wie jetzt, — und es wäre nichts leichter. Und die Kinder waren es, die mich bei der Heimkehr vollends ernüchterten, denn sie fragten jedesmal nach dem

Vater, ja Hardy, der Älteste weinte einmal und rief: *"Hast du den Doktor nicht gefragt, hast du ihm nichts gesagt, daß Papa wieder nach Hause kommen soll!"* Das traf mich tief ins Herz.

Als Walter nach einer Weile wieder besser ging und er zurückkam auf die freiere Station, beschloss ich, dem Ganzen ein Ende zu bereiten, ich redete ihm zu, sich ganz viel Mühe zu geben, ich wolle mit dem Arzt über eine Entlassung reden. Es kam die Adventszeit und der Deutschen Herz, — auch das eines Psychiaters — wird bei dem Wort Weihnachten etwas weicher, besonders wenn Kinder im Spiel sind! Damit und mit dem Versprechen, Walter würde die Tabletten weiter nehmen, bekam ich den Arzt dazu, den Entlassungstermin auf einige Tage vor Weihnachten anzusetzen. Dabei wurde mir deutlich, daß der Arzt und nicht nur er allein, all die vielen Monate gar keinen medizinischen Behandlungsplan gehabt hatte.

Das war eine Freude! An einem kalten Wintertag holte ich meinen glücklich strahlenden Mann samt Weihnachtsgebäck und einem Oberhemd als Geschenk der Anstalt nach Hause! Ich hatte meinen Urlaub genommen, und wieder mal wurde das Weihnachtsfest für uns zum Symbol eines neuen Anfangs, — wie eine neue Geburt. Wir alle Fünf waren wieder mal ein bißchen glücklich.

Die Laterne, das Polizeiauto — unheilbar?

Nun versuchten wir zum wievielten Male schon, miteinander zu leben. Ein wichtiger Faktor waren unsere fröhlichen Kinder. Heute bin ich sicher, ohne sie hätte ich ein Leben nur mit Walter allein nicht durchgehalten. Sie waren für mich eine hoffnungsvolle Aufgabe, für die es sich einzusetzen lohnte, für die es auch galt, die Beziehung zum Vater zu erhalten. Es gab einen geregelten Tagesverlauf, festgelegte Arbeiten, die in einer Familie ablaufen, und es war immer etwas los. Die Kinder waren sehr mitteilsam und zeigten vieles und machten und sangen alles vor und erzählten und fragten ständig. Dadurch kam viel Heiterkeit in unser Leben, immer gab es etwas zu lachen, es gab auch Aufregungen und Auseinandersetzungen, wenn sie anders wollten als ich. Aus der Erziehung hielt Walter sich heraus, er lebte fast wie ein Zuschauer. Er war auch kaum zu bewegen, im Haushalt mitzuhelfen, was ich zunehmend mit Ungeduld und Ärger quittierte. Ich fühlte mich da allein gelassen und überfordert, da ich ja an den Vormittagen im Gemeindebüro arbeiten mußte. Dafür hatten wir nun endlich einmal ein reichlicheres Einkommen, und das machte vieles leichter. Wir richteten uns ein Eßzimmer ein; sogar in den Flur kam jetzt ein Teppich. Die Wohnung war sehr kalt, aber nun konnten wir gut heizen, und wo es wärmer ist, so empfand ich, ist es auch wohliger und gemütlicher. Wir kauften für alle warme Winterkleidung, für andere eine Selbstverständlichkeit, — wir waren begeistert! Bis dahin hatte ich fast alles aus alten Sachen für die Kinder genäht, und unser aller Schuhwerk war oft zum Erbarmen. An Sonntagen bastelte ich mit den Kindern und spielte mit ihnen, wobei Walter manchmal mitmachte und auch der vierjährige Andreas eifrig mitzuhalten versuchte.

Die Kinder liebten ihren Vater, und er bewunderte seine Kinder. Sie wollten ihn immer dabeihaben, und so kam er auch manchmal auf den vielen Spaziergängen mit und konnte sie besser auf die Schaukel und Rutschbahnen heben als ich, und es machte auch ihm Spaß, wenn Hardy hin und her rannte und alle Hausnummern las! Ein sehr wichtiger Tatbestand muß hier genannt werden: die Kinder waren Walter gegenüber völlig unvoreingenommen, sie waren die einzigen Menschen, die ihm ohne Vorurteil begegneten, noch jedenfalls. Kinder bewerten die Menschen ja nicht nach ihren Leistungen und Normen, für sie ist ein Mensch einfach ein Mensch und wertfrei. Die "Werte" bekommen sie ja erst beigebracht. Sie nehmen nur wahr, wie Menschen sich zu ihnen verhalten, ob sie ihnen weh tun oder gut zu ihnen sind. Sie wußten noch nichts von "Schizophrenie" und "Zerfall der Persönlichkeit", und so konnten sie ihrem Vater frei begegnen. Sie waren höchstens mal enttäuscht, wenn er an manchen Tagen schweigsam oder traurig war und nicht gleich reagierte. Dann rüttelten sie wohl an seinem Arm und ließen ihn in Ruhe, wenn er nicht wollte. Viola entlockte ihm am ehesten ein kleines Lächeln, weil sie sehr gern mit ihm schmuste. Wie viele psychisch Kranke könnten vielleicht durch die Zuwendung von Kindern aus ihrer Abkapselung zurückgeholt werden, aber gerade von diesen werden sie wie von sonst niemandem getrennt.

Walter war bereit, die Tabletten weiter zu nehmen, und wir beide gingen gemeinsam zum schon bekannten Nervenarzt, der das Medikament verschrieb. Ich drängte ihn dazu, und er fügte sich. Er ließ sie sich auch tagsüber von mir geben und war nicht zu bewegen, sie selbst zu nehmen. Er sagte: *"Das hast du gewollt. Du hast mit den Ärzten verhandelt."* Von vornherein hatte er ein gestörtes Verhältnis zu den Ärzten, da er sie als seine Feinde erlebt hatte, *"die ihm die Richter und das Amtsgericht auf den Hals schickten,"* wie er sich ausdrückte. Er war auch der Meinung, sie hätten ihm den Beruf genommen, was er aber auch mir anlastete.

Meist war ich sorglos und freundlich zu ihm, er beschäftigte sich mit Kreuzworträtseln, und ich brachte ihm das Patiencen-Legen bei, er hörte viel Musik, in der er sich auskannte, kam er doch aus einem Musikerelternhaus. Ich lernte durch ihn den ganzen Reichtum der Musikwelt kennen. Abends sahen wir viele Fernsehsendungen und konnten auch gut miteinander darüber reden. Aber es kam auch vor, daß Walter, wenn ich fröhlich und heiter war, mahnte: *"freu dich nicht zu früh, irgend etwas liegt in der Luft"* oder *"wenn du dich freust, wird gleich alles schief gehen,"* oder *"wenn wir glücklich sind, müssen wir nachher dafür büßen."* Oder er sagte: *"Du freust dich und mir überlässt du die Wirklichkeit"*, *"du denkst, ich bin Gott und erwartest alles von mir."* Dann war ich natürlich wieder sehr bedrückt. An manchen Tagen war er unruhig, kam in die Küche und wollte sehen, was ich tat und sagte: *"Ich spüre doch, daß du dauernd was von mir willst."* In solchen Momenten kam meine Verzweiflung oder zumindest Nervosität wieder hoch, und ich weinte oder schimpfte über seine "Einbildungen". Daraufhin verkroch er sich wieder in sich selbst, und es konnte einen Tag und länger dauern, bis alles wieder vorüber war. War es abends, gab es natürlich wieder eine friedlose Nacht. So wechselten gute und schlechte Tage miteinander. Unsere sexuellen Beziehungen waren besser als im Jahr zuvor, aber es kam vor, daß Walter impotent war, was ihn wiederum sehr verunsicherte, und er schob mir die Schuld zu. Darüber war ich nun wieder unglücklich und auch manchmal von ihm abgestoßen, da ja auch ich zu einer Generation von Frauen gehörte, die nur eine gehemmte Sexualität kennengelernt hatten. Andererseits ging ich aber auch auf ihn ein, hatte ich doch nun erneut Angst vor ihm, dazu kam die Angst, wieder schwanger zu werden.

Eines Tages, als ich aus dem Büro nach Hause kam, sah ich eine böse Bescherung: Walter hatte das schöne große Bild von der Nordsee von der Wand genommen und den Rahmen kaputt gemacht. *"So, das ist jetzt endlich aus der Welt geschafft,"* sagte er nur immer undeutlich vor sich hin. Bei mir brannte eine Sicherung durch, und ich schrie ihn an. Darauf zog er sich nur finster schweigend zurück und sprach nicht mehr. Es war kein Tobsuchtsanfall, wie man ihn sich bei "Geisteskranken" immer vorstellt, es waren irgend welche unergründlichen Gedanken, die er hatte ausführen wollen. Zehn Jahre später verstand ich das alles viel besser.

An einem Abend, als es draußen sehr kalt war und ein dichtes Schneetreiben herrschte, wollten wir uns zum Essen niedersetzen, als Walter plötzlich aufsprang und ärgerlich rief: *"Also, jetzt gehe ich zur Laterne!"* Er zog seinen Mantel an, ich wies ihn auf das Wetter hin und wollte ihn zurückhalten, alle Kinder sprangen auf, aber er stieß uns alle weg und rannte in das Unwetter hinaus. *"Zu welcher Laterne? Mami?"* fragten die Kinder erschrocken und ich antwortete ratlos: *"Ich weiß es nicht."* *"Kommt der Papa wieder?"* Und der Ältere sagte auf einmal: *"Aber wenn der Papa nun verloren geht, wird er dann wieder krank?"* Da sah ich ihn lange an und begriff, daß das Kind mehr spürte, als ich gedacht hatte und war sehr berührt davon. Ich beruhigte alle drei, brachte sie zu Bett und ging hinaus Walter zu suchen. Aber es war sinnlos, und das schlechte Wetter ließ mich umkehren. Als ich nach Hause kam, stand der weinende Hardy barfuß im Flur und rief immer: *"Wo ist Papa!"* Ich nahm ihn auf den Schoß, und wir weinten beide, und ich sagte ihm: *"Weißt du, Papa ist manchmal im Kopf ein bißchen durcheinander, aber es geht wieder vorüber, er wird schon wiederkommen."* Erst allmählich beruhigte sich das Kind und schlief auf meinem Arm ein. Walter kam sehr spät und völlig durchnäßt nach Hause, sprach nicht, war aber ganz ruhig. Erst Jahre später konnte er sagen, welche Laterne das war, — ganz am anderen Ende der Stadt vor einem Kino, in dem wir vor langer Zeit mal gewesen waren.

Eine Zeitlang später, es wurde schon ein bißchen Frühling, wusch ich in der Küche das Mittagsgeschirr, und Walter schlief, — dachte ich. Da hörte ich durch die halboffene Küchentür plötzlich die Wohnungstür zuschnappen, rannte ans Fenster, sah aber niemanden. Ich ging ins Schlafzimmer, Walter war nicht da, aber — ein Schreck fuhr mir durch alle Glieder: da lagen alle seine Kleider! Ich war wie vor den Kopf gestoßen und wollte es gar nicht glauben, — sollte er wirklich ohne Bekleidung hinausgelaufen sein? Er war schon mal in letzter Zeit unbekleidet in der Wohnung herumgegangen und wollte nur mit dem Mantel bekleidet hinaus. Nun aber wollte ich es gar nicht glauben. Dann wollte ich kneifen, dachte an die Nachbarn und meine Scham und wollte gar nichts tun. Nach einer Weile aber sprang ich hastig auf, tat ein paar Kleidungsstücke in eine Tasche und ging vorsichtig und voller Angst auf die Straße. Da kam mir der liebe, alte Küster entgegen und sagte: *"Ist das Ihr Mann? Gehen Sie ruhig, ich habe ihm gesagt, daß ich Sie hole, die Polizei ist schon da."* Ich ging bis an die große Kreuzung, wo schon ein Polizeiauto stand. Tapfer ging ich darauf zu und sah nicht links und nicht rechts nach den vielen Menschen. *"Oh, ... lieber Gott, hilf mir jetzt,"* dachte ich im Stillen. Walter saß im Innern des Autos mit einem weißem Polizeimantel umhüllt, den ich nun dem Verkehrspolizisten zurückgab. Der Polizist sagte leise: *"Der Mann tut mir leid,"* ein Polizist, den der ganze Stadtteil nur als rüde und grob kannte. Er hatte Walter kommen sehen, ihn eingeholt und ihm den Mantel umgetan, wie ich nachher erfuhr.

Als ich in das Auto stieg, griff Walter zitternd nach meiner Hand. Er bot wirklich ein Bild des Jammers. Auf der Polizeistation saß er zusammengesunken auf einem Stuhl, und ich sprach für ihn. Es stellte sich heraus, daß ich in der Aufregung nur einen Teil seiner Kleidung eingepackt hatte. Einer der Polizisten fuhr mit mir nach Hause, um den Rest zu holen, vor allem die Brille, und er war so verständnisvoll, mit dem Polizeiauto in einer Nebenstraße zu warten der Nachbarn wegen. Ich erzähle das so ausführlich, weil solche kleine Dinge in diesen Augenblicken sehr wichtig waren und mir halfen. Ich mußte dann zum Chef der Polizeiwache, der natürlich herausbekam, daß noch ein Beschluß des Amtsgerichtes über Walters letzte Einweisung lief, und gab mir zu verstehen: *"Sie können Ihren Mann erstmal nach Hause nehmen, aber ich muß dem*

Gesundheitsamt den Vorfall melden." Walter konnte das Ganze nicht erklären, und wir gingen nun ganz langsam Arm in Arm nach Hause. Ich war gut zu ihm, denn ich spürte, wieviel Angst er hatte. Die Kinder hatten von dem allen nichts erfahren, und er war so schnell aus der Haustür gerannt, daß anscheinend die Nachbarn nichts davon gemerkt hatten. Ich rief am nächsten Tag das Gesundheitsamt an, dort wußte man schon Bescheid. Es gelang mir nicht, sie umzustimmen, Walter mußte zu einem Termin in den nächsten Tagen hin. Er war sehr schwierig und deprimiert, — er wurde zwangseingewiesen, wieder in ein anderes Landeskrankenhaus! Allmählich hatte er alle im Lande durch. Diesmal war ich sehr verzweifelt und nervlich am Ende. Ich weinte dauernd, und die Kinder standen hilflos und niedergeschlagen daneben. Eine jüngere Gemeindehelferin kam und blieb bei ihnen, während ich zu Walter fuhr, in eine Anstalt hoch über dem Rhein gelegen, wohin nur ein Omnibus fuhr. Es war der zweite Ostertag, aber ich sah die leuchtende Sonne kaum. Walter war in einem Schlafsaal mit 50 Betten untergebracht, tatsächlich 50 Betten, ich konnte mich selbst davon überzeugen. Es hieß, sie hätten zu wenig Pfleger. Walter hatte wieder ein starkes Medikament bekommen, diesmal waren es Tropfen. Als ich beim nächsten Besuch den Arzt danach fragte, sagte er, es sei ein ganz neues Medikament, das die "übertriebenen" sexuellen Bedürfnisse dämpfe, damit *"so etwas"* nicht wieder passiert. Ob man mit ihm vielleicht darüber reden und mit ihm diese Dinge aufarbeiten könnte, wurde gar nicht erwogen; da er eben unheilbar krank sei, wäre nichts zu machen.

Ich hatte keine Kräfte mehr, weinte viel, auch im Büro. Wieder wollten mir alle sagen, daß es doch vernünftig sei, daß mein Mann nun dort sei, ich müßte es doch einsehen, nun könnten ich und die Kinder zur Ruhe kommen. Ich war aber so unglücklich, daß ich nicht zur Ruhe kam und nichts mehr tun konnte, alles liegen ließ und deprimiert da saß. Da trat mir ein Mensch mit einer völlig überraschenden Hilfe zur Seite: es war die junge Gemeindehelferin, die mich oft im Büro weinen sah. Sie rief ihre Mutter an, die bereit war, Viola und Andreas eine Woche bei sich aufzunehmen. In der Nähe wohnten inzwischen an einem schönen bayerischen See meine alten Tanten. Dort sollte ich mich derweil ein bißchen erholen, so hatte sie sich das ausgedacht, ihre Mutter nähme öfters fremde Kinder auf. Hardy, der ja gerade in die Schule gekommen war, konnte in der Zeit in einem Pfarrhaus in der Nähe bleiben. Er war nicht begeistert, machte aber tapfer mit. Als ich mit Viola und Andreas aus dem Zug stieg, traute ich meinen Augen nicht, wir wurden von einem Chauffeur mit großem Mercedes abgeholt. Es stellte sich heraus, daß der Vater des jungen Mädchens im Vorstand eines Weltkonzerns war, davon hatte sie nichts gesagt. Ihre Mutter empfing uns liebevoll, und meine Kinder wurden in einer schönen Villa verwöhnt. Ich lebte etwas auf und genoß ein wenig die Ruhe und Schönheit des Landes und die liebevolle Betreuung der Tanten und ihr Verständnis tat mir wohl.

Hardy war ein Schuljunge geworden. Schon wochenlang vorher konnte er es kaum erwarten, und auch ich freute mich und fand es interessant, daß es endlich so weit war. Ich hatte keine Ressentiments gegenüber der Schule, ich fand es spannend, daß die Kinder nun viele Anregungen bekommen würden, ich hatte keine Befürchtungen oder empfand die Schule nicht als Konkurrenz zu meiner Erziehung. Da Hardy nun nicht mehr in den Kindergarten ging, mußte ich ihn meistens mitnehmen, wenn ich Walter besuchte. Wenn es gutes Wetter war, konnten wir draußen spazieren gehen, wenn es regnete, machte Schwester Katrin eine Ausnahme, und er konnte nach der Schule im Kindergarten bleiben. Als man im vorigen Jahrhundert die Heilanstalten so weit hinaus verlegte, machte man sich keine Gedanken über die Schwierigkeiten für die Angehörigen, zu Besuchen zu kommen, besonders wenn kleine Kinder da waren, von den Kosten ganz abgesehen. In dieser Anstalt schien es, als seien hier besonders viele "Langzeitkranke", manche waren schon viele Jahre dort und wirklich sehr abgestumpft. Walter ängstigte der Gedanke, es könne ihm vielleicht genauso ergehen. Deshalb versprach er mir alles, was ich sagte, und ich sprach mit dem Arzt. Er war selten zu erreichen und schien mir am Ergehen der Patienten ziemlich unbeteiligt zu sein. Ich fand heraus, daß er ein System hatte: wenn jemand "draußen" wieder arbeiten konnte, dann konnte er entlassen werden. Deshalb erzählte ich ihm, daß ich in einem Büro arbeitete, wo sehr viel zu tun sei, so wolle ich Walter immer Schreibarbeiten nach Hause bringen, und er sei bereit; Heimarbeit zu machen. Es war gar nicht erfunden, er machte das eine Weile nachher wirklich. Auch versprach Walter, immer zum Arzt zu gehen und die Tropfen zu nehmen. Und das Wunder geschah noch einmal: er wurde schon nach zehn Wochen entlassen! Ich sprach mit dem Nervenarzt, der bereit war, die ambulante Behandlung weiter zu übernehmen. Ich sagte ihm: *"Ich will es noch einmal versuchen"*, worauf er meinte, ich hätte doch eigentlich schon Erfolg mit Walter gehabt, dieser wäre doch in guter Verfassung. Ich hatte solche Ermutigung dringend nötig, denn es gab viele, die mir Angst machten, sogar unter den liebsten Menschen. Und ich war ja selbst nicht so sicher. Eine Freundin sagte mir: *"Du wirst nur noch Krankenpflegerin sein, als Ehepartner kannst du ihn abschreiben."* Jemand anderes sagte: *"Nun hast du noch ein viertes Kind dazu."* Am meisten Sorge machte mir die Verhaltensweise der Nachbarn. Sie sprachen nicht viel mit mir und auch ich war sehr zurückhaltend.

Im Büro bat ich, die meisten Schreibarbeiten zu Hause erledigen zu können, und als das nicht klappte, kündigte ich zum 30. September. Ich wollte alles unternehmen, damit Walter nun zuhause bleiben könne. Der Pfarrer war sehr skeptisch und hatte wenig Verständnis und — wie gesagt — wenig Ahnung von der Schizophrenie und noch weniger von der Psychiatrie und interessierte sich auch nicht dafür oder fragte nach. Ich stand sehr, sehr allein und niemand konnte mich verstehen. Einige wenige Menschen liebten uns, so vor allem Siegels in W., meine Schwestern und seit neuestem eine Freundin, die als Krankenschwester hergezogen war. Walters Geschwister hielten sich zurück, seine Tanten blieben dabei, Walter müsse der Astrologie absagen und sich zu Jesus bekehren, dann könne ein geheiltes Leben in ihm beginnen.
Ich selbst hatte ja nun auch Walter gegenüber Vorurteile, die ich wohl auch zum Teil auf die Kinder übertrug, die sich sehr stark mit mir identifizierten. Ich sah ihn nur noch als Kranken, als "zerfallene Persönlichkeit", als "Ruine", es war Mitleid für ihn, aber dann doch auch wieder der Versuch, ihn ernst zu nehmen, immer wieder. Ich hatte zur Genüge die unmenschlichen Behandlungsmethoden in den Psychiatrischen Landeskrankenhäusern erlebt und wollte ihm wenigstens ein menschenwürdiges Dasein ermöglichen, wie ich mir und anderen sagte. Ich besprach jede Geldangelegenheit mit ihm, jede Kohlenrechnung und Mietrechnung, jede Anschaffung. Ich sagte, wohin ich ging und erzählte ihm, wo ich war und was ich erlebt hatte, damit versuchte ich ihn wie jeden anderen mündigen Menschen zu behandeln. Auch versuchte ich, ihn als Partner ernst zu nehmen und auch auf seine Art Sexualität einzugehen. Man zog damals ja vor allem noch in christlichen, aber auch bürgerlichen Kreisen recht enge moralische Grenzen, und obwohl ich mich bemühte, flexibler zu sein, konnte ich mich kaum von meiner eigenen Sexualität befreien. In dieser Zeit fiel mir ein "Ehebuch" eines Mannes in die Hände, der zu den ersten Begründern von Ehe- und Familienberatungsstellen damals Anfang der sechziger Jahre gehörte. Alles, was er schrieb, berührte mich sehr, und als ich auf der Rückseite des Buches las, er sei

Psychiater gewesen, schrieb ich ihm spontan alle meine Nöte und Ängste und Fragen. Zum ersten Mal erfuhr ich Beratung und Ermutigung eines kompetenten und dazu noch christlich gesinnten Menschen.

Er schrieb:
"... Ihre ganze Haltung scheint mir außerordentlich vernünftig und richtig zu sein. Natürlich müssen Sie Ihren Mann ernst nehmen, aber gerade deshalb müssen Sie auch die Krankheit einkalkulieren. Sie ändert nichts an seinem Wert und Ihrer Liebe ... Eine andere Frage ist die nach weiteren Kindern, ... wäre nicht eine Unterbindung nötigenfalls bei Ihnen zu erwägen? Entscheiden müssen Sie, ... In den letzten Jahren versucht man hier und da Psychotherapie anzuwenden. Nun werden fortlaufend so viele Mittel empfohlen, daß man sehr vorsichtig sein muß ... Auf alle Fälle haben Sie Recht, daß man nicht einfach um direkte Heilung beten kann, nicht unbedingt Hilfe aus der Krankheit, sondern in der Krankheit. Dann kann für Sie beide noch alles zum Segen werden, die Gnade kommt immer ganz anders als man erwartet."

Nach einigen Wochen antwortete er mir auf einen zweiten Brief:
" ... Die Situation, die Sie schildern, ist wirklich furchtbar schwer und es ist kaum möglich, Ihnen einen praktischen Rat zu geben. Was Gott will, können wir nicht sagen und wissen, - so wenig, wie Hiob, der leidende Mann in der Bibel und viele andere. Aber wir können zuunterst, — unter Verzweiflung, Empörung, Erbitterung, Zweifel, Hohn — doch die Gewißheit haben, daß Gott mit uns geht und wir irgendwann einmal begreifen werden, wozu diese Zeit wichtig und gut war. Das soll uns aber nicht abhalten, verantwortlich zu handeln und das zu tun, was für Ihre Familie und Ihren Mann gut ist. Sie scheinen ja zu ihm ein gutes Verhältnis zu haben und es wird Ihnen deshalb wahrscheinlich immer wieder, — wenn auch nicht ausnahmslos — gelingen, seine Sexualität auf Liebe zu orientieren. Natürlich ist so viel krankhaft an ihm oder besser gestört, aber ein Kernstück daran ist gesund und meint Sie persönlich. Lassen Sie sich durch die wilden Ranken drum herum möglichst wenig irritieren.
Die Einweisung in die Klinik sollte nicht als "Versorgung" oder "Verwahrung" aufgefasst werden, sondern nur als medizinische Maßnahme in Zeiten, wo es zu Hause nicht mehr geht. Das aber zu entscheiden ist sehr schwer. Vielleicht gelingt es, ihn auf bestimmte Medikamente einzustellen, die Sie ihm dann zu Hause weiter geben, aber das versuchen Sie ja nun auch. Heute kann man mit Medikamenten sehr viel erreichen, nur müssen sie verantwortlich dosiert werden. Nach hiesigem Recht (in der Schweiz) — ich weiß nicht, wie es in Deutschland ist, — hätten Sie das Recht, sich scheiden zu lassen. Ich zweifle

aber sehr, ob das die richtige Lösung für Sie wäre. Es scheint mir aus Ihren Briefen, daß Ihre Ehe trotz der Krankheit doch eine wirkliche Beziehung ist und daß das für Sie mit Gott zu tun hat. Dann ist die Vision eines möglichen Glückes anderswo doch im Grunde eine Täuschung, so wie ich mir vorstelle, wie es sein könnte, wenn ich ein Japaner oder ein Vogel wäre. Ich bin eben nun einmal ich und muß mit mir leben ..."

Es ist kaum zu beschreiben, was für ein Auftrieb diese Briefe und Worte für mich damals bedeuteten. In diesen Worten war für mich auch meine ganze christliche Einstellung bestätigt, ohne die ich mir nicht vorstellen konnte, meine und Walters Probleme bewältigen zu können. Ich fühlte mich von einem Menschen verstanden und bestärkt und er sah meine Situation positiv und half mir, mich wirklich ernsthaft und verantwortlich auf meinen Glauben an Gott einzulassen und mein Leben mit Walter weiter zu wagen. Dieses Leben war viel schwerer, als ich gedacht hatte, und unzählige Male in den kommenden Jahren und bis zuletzt wollte ich es aufgeben, und oft sagte ich: ich kann nicht mehr. Aber nun war ich diesen Katastrophen und Zusammenbrüchen nicht mehr ganz so hilflos ausgeliefert, immer wieder las ich nach, was Dr. B. mir geschrieben hatte: *"... zu unterst, — unter Verzweiflung, Empörung, Erbitterung, Zweifel — die Gewißheit, daß Gott mit uns geht ...".* Und in seinem Buch las ich: *"... daß nach Zorn Frieden, nach Verzweiflung Freude, nach Verzagen Mut und nach Schuld Vergebung wiedergegeben werden kann."* — Ja, ich war manchmal zornig, verbittert, wurde schuldig den Kindern und Walter gegenüber, ich tobte voller Ungeduld, schlug die Türen, wütete und schrie sie alle an. Ich war ein ungeduldiger, heftiger Mensch und wütete gegen mein Schicksal und die Enttäuschungen in mir. Aber ich konnte dann wieder weich werden, freundlich und geduldig, vielleicht gerade weil ich meine Gefühle herausgelassen hatte, so würde ich heute sagen. Ich bat auch die kleinen Kinder um Verzeihung, ich gehörte nicht zu den Erwachsenen, die meinen, es sei nicht nötig, sich bei Kindern für sein Unrecht zu entschuldigen. Ich wußte nun einfach; alle meine Ausbrüche sind eben der Schwere unserer Situation angemessen. Walter antwortete auf meinen Zorn und Ungeduld jetzt erstaunlich ruhig, er zog sich zurück, manchmal versuchte er sogar, meine Vorwürfe anzunehmen. Beispielsweise begann er, doch das Ofen-Heizen zu übernehmen, den Frühstückstisch abzuräumen, erst die Hälfte, bis ich ihn auch zur anderen Hälfte ermunterte. Das waren ganz kleine Schritte nach vorn.

Ein wichtiger großer Schritt nach vorn war die Aufhebung des Einweisungsbeschlusses des Amtsgerichtes, den ich nach vielen Verhandlungen erreichte. Dieses Ergebnis ließ Walter ein wenig spüren, daß ich auf seiner Seite stand. Die folgenden Briefe an Frau Siegel schildern anschaulich, was wir weiter erlebten:

22. November 1962
... Am nächsten Tag waren wir pünktlich im Gesundheitsamt, mußten aber lange warten. Der Arzt war etwas abgespannt und zerstreut, wie Walter meinte, hat aber ganz gut mit ihm gesprochen und gesagt, sie wollten doch nun versuchen, zu einem Abschluß mit ihm zu kommen. Es soll in nächster Zeit tatsächlich der Beschluß beim Amtsgericht aufgehoben werden, auf den hin Walter seit drei Jahren immer ohne langes Verfahren in ein Landeskrankenhaus gebracht werden konnte. Damit wird dann auch die "Beurlaubung" in Entlassung aus dem letzten Krankenhaus umgewandelt werden.
Beim Orthopäden wurde ich neulich gründlich untersucht und mir wurde geraten, doch ein Stützkorsett zu tragen, sonst würde meine Wirbelsäule immer schlimmer werden. Und ich bekomme Massagen, — wer weiß, ob das alles hilft, ich habe so oft Schmerzen.

18. Dezember
Vor drei Stunden kam Andreas aus dem Kindergarten und sang schon im Treppenhaus: "... und schenkt uns seinen Sohn!" Seit ich die Weihnachtslieder mit den Kindern singe, merke ich, wie einfach und klar die meisten sind. Ihre Krippe hat leider einen Unfall erlitten! Hardy hatte einige Figuren schon sehr schön angemalt, da ergriff Andreas in einem unbewachten Augenblick die Schere und schnitt drauf los und nicht eine Figur blieb verschont! Mein Mann versuchte zu kleben.
Walter geht es sehr gut, in diesen dunklen Tagen haben ja alle nicht viel Energie. Er tut fast nichts oder nur, wenn ich ihn bitte, hört Musik und geht im Zimmer hin und her. Aber er ist ruhig und freundlich und quält sich nicht mit Vorstellungen und Ängsten wie früher. Ich bin sehr froh darüber.
Meine Rückenschmerzen sind besser geworden, die Stützbandage behindert mich aber sehr und ich will sie nicht mehr haben. — Zur Frage, ob unser Leben so für die Kinder gut ist: alle drei sind so sicher in sich selbst und leben so intensiv in ihrer Welt voller Ereignissen, in ihren Spielen, mit den Freunden, daß ich beinahe sagen würde, sie sind in der Lage, ihren Vater im Familienleben zu verkraften, so lange er so bleibt. Sie kommen mit wichtigen Dingen zuerst zu mir,

sind aber sehr lieb mit ihm. — Im Sozialamt habe ich dank der netten Sozialarbeiterin 150,-- DM errungen!

19. Januar 1963
... Die Kinder sind gesund, wollen immer hinaus in den Schnee und sammeln Eiszapfen. Sehr geheimnisvoll finden sie, wie Schnee und Eis zu Wasser werden und wollen das immer aufs Neue erklärt bekommen. Wir konnten immer zwei Zimmer warm haben.
Walter ist von Tag zu Tag eine schwerere Last. Er ist unruhig, aber dann stumpft er wieder vor sich hin, er spricht nichts mehr, ich bekomme fast nie eine Antwort, er sieht so finster aus, als ärgere ihn jemand. Vor allem mit den Kindern ist er so unfreundlich geworden, dabei geben sie keinen Anlaß dazu. Auf die Tropfen und den Arzt schimpft er und meint: "Überhaupt nicht mehr hingehen, ist doch alles Quatsch." Jeden Tag nehme ich mir vor, gut zu ihm zu sein, aber sein Unfreundlichkeit macht alles zu nichte. Dabei fällt mir ein, daß ich schon als Kind vor unfreundlichen Menschen Angst hatte! Wenn ich ganz harmlos etwas erzähle, könnte ich ebenso gut mit dem Tisch reden, er beachtet mich gar nicht ...

11. Februar
... Wir haben einen schönen Geburtstag gefeiert. Die Kinder freuten sich wie doll auf diesen Tag und hatten alle etwas zum Schenken! Nach dem Kaffee spielten wir ausgiebig, bis ich ganz erledigt war, aber ich hatte es ihnen schon lange versprochen. Walter hat sich wenig an diesem Tag beteiligt, aber als ich ihn bat, doch für mich ein paar Blumen zu holen, hat er es auch getan.
Vor zwei Wochen hatte ich eine Art Nervenzusammenbruch an einem Sonntag und habe nachher geweint, als ich abends ein bißchen an die Luft ging. Ich war fertig! Neulich riet mir die Gemeindeschwester, doch mit dem Pfleger zu sprechen. Aber ich habe dann den ganzen Tag überlegt. Erstens ging es wieder besser mit Walter, zweitens kam er sogar in die Stadt zum Geld-holen mit. Ich wollte doch nicht wieder unsere äußere so geordnete Situation gefährden durch meine Mutlosigkeit und Schwäche. Ich las intensiv über den Hiob im Alten Testament und finde dieses Buch sehr beeindruckend. Und dann kann man wieder leben, wenn man glaubt, daß Gott hinter allem steht. Ich verstehe es so, daß Hiob gespürt hat, — da ist noch mehr als die Freunde sagen, daß Gott nur den Schuldigen trifft und den Gottlosen leiden läßt. Ich glaube, daß Hiob mehr geahnt hat, deshalb sein hartnäckiges Fragen und Fragen, weshalb muß der so leiden, der sich zu dir hielt?

Ingrid lud uns ein, Walters Schwester, und Walter hatte auch Lust und so sind wir einen Nachmittag hingefahren. Dabei drängte sie mir ein Buch auf, in dem die Christen dringlich ermahnt werden, durch Gebet und Handauflegung Krankheiten zu heilen. Abends, — Walter blieb noch länger — haben ihr Mann und sie ihn wieder so beunruhigt, indem sie ihm einredeten, zu versuchen, in seinen alten Beruf wieder hineinzukommen, dann wäre doch "alles geschafft". Wie ahnungslos sie sind! Auch sein Bruder hatte ihm gesagt, er solle sich doch um eine Stelle bemühen.

Meinen persönlichen inneren Kampf kämpfte ich immer weiter. Es gab Tage, an denen ich sehr unglücklich und nervös war und über meinen tiefen Ärger über Walter nicht hinweg kam. Er war so träge und gleichgültig, und das wirkte sehr bedrückend auf mich. Es kam mir so vor, als fände ich gar keine Beziehung mehr zu ihm, auch kein Mitleid. Ich konnte ihn einfach nicht mehr sehen, und jede Bewegung von ihm störte mich. Darauf stellten sich dann aber wieder schwere Schuldgefühle ein, und ich versuchte voll schlechten Gewissens, meine Abneigung ihm gegenüber zu verdrängen, sie kam aber immer wieder hoch. Als ich ihn vor acht Monaten zum letzten Male nach Hause holte und es hier und da hieß, ich sei unverbesserlich, unvernünftig und uneinsichtig, da war ich ernsthaft überzeugt, daß es im Umgang mit ihm nur und vor allem auf Liebe ankäme. Nun erschien es mir wie ein Bankrott, wenn sich alles in mir gegen ihn wehrte. Zumal ich mich durch das Buch meiner Schwägerin gequält hatte, in dem wörtlich stand, daß alle "Mißerfolge" beim Beten um Heilung nur ihre Ursache in unserem Unglauben hätten. Nein, das konnte ich nicht glauben, das erschien mir zu einfach. Ich machte alles schlecht, schimpfte und wütete gegen jeden und ich glaube, ich habe auch die Kinder manchmal sehr erschreckt — sie waren damals überfordert. Ich fand mich selbst unmöglich! Zum Glück konnte ich immer wieder zur Besinnung kommen und mich beruhigen. Wie kann man sich über einen kranken Menschen ärgern oder ihn ausschimpfen, sagte ich mir.

30. März, nachts.
Liebe Frau Siegel, nun wollte ich Ihnen einen frohen Brief schreiben, aber ich sitze wieder in der Nacht und weine und kann keine Ruhe finden. Warum bin ich bloß so, daß mich jedes Mißlingen so niederdrückt? Verlange ich zu viel von mir?

Viola ist am 6. März mit meiner Schwester sehr vergnügt und erwartungsvoll nach Sylt abgefahren. Hardy weinte herzzerreißend, weil er nicht mit konnte und rief: "dort ist es doch viel schöner!" Aber er ließ sich trösten, dafür war ich mit ihm und Andreas im Exotarium bei den Krokodilen. Einen entzückenden Geburtstag haben wir vorher mit Andreas gefeiert, vier kleine Bübchen kamen! Können Sie sich vorstellen, wie einem zumute ist, wenn man zweieinhalb Stunden im Sozialamt auf dem Flur gewartet hat und dann alle Beihilfe abgelehnt bekommt? Ich habe mir auf dem Heimweg immer gesagt: "ein Glück, daß du noch über dem Existenzminimum liegst!" Manchmal kann ich keine Behörde mehr sehen! — Jetzt kommen die Tränen wieder! — Natürlich geht es uns gut, die Rente ist jetzt um 30,– DM höher geworden und wir haben 560,-- DM, wenn die Miete bezahlt ist. — Nun habe ich die halbe Nacht nicht geschlafen, aber es war so wundervoll still! ...

Es hagelte schlechte Überraschungen, aber dann wuchs manchmal mein Mut auch wieder mit den Schwierigkeiten. Unser neuestes Pech: der "Pfleger" im Gesundheitsamt hatte übersehen, daß Walters Rente nur bis 31. März befristet war. Nun wurde sie plötzlich eingestellt, und es sollte ein Vierteljahr dauern, bis sie nach einem neuen Antrag wieder gewährt würde. In dieser Zeit bekamen wir wieder Sozialhilfe, die ungefähr 400,– DM betrug einschließlich der Miete! So mußten wir im nächsten Vierteljahr sehr knapp leben. Ich hatte 250,– DM auf dem Sparbuch, die für unser schon angemietetes Sommerhäuschen gedacht waren. Ich hoffte, daß bis zum Sommer die Rente schon da sei, weinte und regte mich dabei sehr auf, dann aber berieten wir, wie wir sparen könnten. Da verriet Walter mir auf einmal, daß er all die zehn Monate immer 10,– DM zurückgelegt hatte von seinem Taschengeld und holte jetzt die 100,– DM hervor!

16. Juni
... Viola und Hardy gehen begeistert in die Schule. Viola kam vorgestern feuerrot im Laufschritt nach Hause, um mir zu verkünden, daß sie am anderen Tag Turnzeug mitnehmen sollte. Sie durfte dann sogar richtig an den Ringen turnen und war selig! Auch hat sie allmählich gelernt, beim Nachhause-Gehen nicht ihren Ranzen in der Schule zu vergessen! Im Verkehr ist sie dagegen viel umsichtiger. Hardy ist zur Zeit sehr versessen auf Geschichten. Meine Schwester hat uns ein Märchenbuch für die Regentage in den Sommerferien geschenkt. Das Singen interessiert ihn nicht, hat er mir erklärt. Andreas singt dafür besonders gern, sicher und richtig. Abends, wenn ich schlafen gehe, schaue ich nach ihnen

und möchte dann manchmal noch lange bei ihnen sitzen bleiben und zusehen, wie sie so friedlich schlafen, dann bin ich sehr dankbar, daß sie da sind. Mit Walter ist es dagegen ein Unglück. Er wird mehr und mehr teilnahmslos, zieht sich von seiner Umwelt zurück und verstummt ganze Tage. Man bekommt selten eine Antwort von ihm, ein Gespräch ist schon gar nicht möglich. Jedenfalls will es mir fast nicht mehr gelingen, eine Beziehung zu ihm aufrecht zu erhalten oder sie immer wieder aufs Neue zu versuchen. Ich muß zugeben, daß ich in seiner Gegenwart oft einfach unglücklich bin. Er ist auch keine sympathische Erscheinung mehr wie früher und meist unfreundlich, finster und manchmal ungepflegt. Nur wenn Besuch kommt, gibt er sich ein bißchen Mühe. Wenn ich ihn um etwas bitte, ist er nur ärgerlich. Ich habe den Eindruck, daß er selbst am liebsten gar nicht mehr leben möchte und seinerseits unglücklich ist. An manchen Tagen rennt er im Zimmer hin und her. Mein Bruder redete mir zu, daß er wieder ganz in eine Anstalt kommen solle, aber das stellen sich alle viel zu einfach vor. Ich habe mich erkundigt: nach dem neuen Sozialhilfegesetz übernehmen die Krankenkassen eine Zeitlang wieder die Kosten. Ansonsten fühle ich so, daß ich direkt selbst auf einen Zusammenbruch zusteure. Ich weine immer so viel und mein Schlafen ist ganz unmöglich. Ich bin so entsetzlich deprimiert. Da ich das spüre, bemühe ich mich natürlich wieder, fröhlicher mit den Kindern zu sein. Ich habe versucht, alle meine Kräfte zu mobilisieren, aber ich komme aus den Tiefs einfach nicht heraus und bin am Ende. All die Jahre habe ich immer hoffend versucht, Walter zu helfen und wurde immer enttäuscht; nun habe ich keine Kraft mehr. Am schlimmsten ist, daß meine Liebe zu ihm einfach weg ist. Ich fühle nichts mehr für ihn allenfalls so ein allgemeines Mitleid. Früher hatte ich immer mit ihm gelitten, aber jetzt habe ich zu lange gegen seine Unfreundlichkeit angekämpft, — ich will mich nicht mehr um ihn bemühen. Er wird böse, wenn ich von einer Arbeit spreche. Nun habe ich dem Sozialarbeiter gesagt, daß ich ihn noch einmal mitnehmen möchte in unser Ferienhaus, vielleicht freut es ihn ein bißchen, aber wenn es dann nicht anders geworden ist, dann weiß ich nicht, ob ich das weiter aushalte.

Zwei Tage vor unserer Fahrt in das Ferienhäuschen wurde die neue Rente bewilligt, auf Dauer! Das war eine wunderbare Erleichterung für uns. In den Tagen vor unserer Abreise sah Walter so finster und böse aus, daß ich Bedenken bekam, ihn überhaupt mitzunehmen; weil ich mir vorstellte, wie sehr er unsere Freude hemmen und uns bedrücken würde. Demgegenüber hatte ich Sorge, ihn allein zu Hause zu lassen. Wenn ich mit dem Sozialarbeiter sprach, redete der gleich wieder von einer Zwangseinweisung in die Nervenklinik. Leider war es nicht möglich, ihn

nur so lange unterzubringen, wie wir Ferien machen könnten, — heute wäre so eine Lösung vielleicht möglich. — Ich war sehr erholungsbedürftig und dachte auch, daß auch einmal die Kinder, die sich so freuten, vorgingen. — Wenn es in der Klinik nur nicht so trostlos gewesen wäre!
Der Arzt wiederum war der Meinung, daß er in einer gar nicht so schlechten Verfassung wäre, und ich solle mich nicht durch seine schlechten Launen so irritieren lassen. Er bestätigte, daß ich bis jetzt doch alles richtig gemacht hätte und ermutigte mich, weiter mit Walters Krankheit zu leben.
So kam es, daß wir alle an einem strahlenden Sommertag glücklich in die Ferien fuhren, — zum ersten Mal! Es waren billige, nahegelegene Ferienhäuser für kinderreiche Familien, an einem Hang hoch über dem Dorf gelegen. Wir fuhren mit einem Triebwagen dicht an Kühen und Feldern vorbei, schon das war für die Kinder aus der Stadt aufregend. Hardy war mittlerweile acht, Viola sieben und Andreas fünf Jahre alt. Vor dem Haus lag ein großes Kornfeld, und die Kinder erlebten mit, wie es geschnitten wurde. Damals wurden noch Garben aufgestellt, und ich mußte sie stolz neben einer Garbe posierend fotografieren! Daneben waren Kühe auf der Weide, und gleich am ersten Morgen fand ich alle drei früh um sechs, im Schlafanzug auf einem Zaunpfahl hockend und beim Melken zusehend. Als wir dann auch noch frische Milch von der Weide bekamen, war das Glück dieser Großstadtkinder vollkommen!
Obwohl es eine glückliche Zeit war, war es für mich mit den lebhaften Kindern und dem Einkaufen im Dorf oft sehr anstrengend. An Walter hatte ich nicht viel Hilfe, er war aber zwischendurch ein bißchen lockerer und auch zu bewegen, bei manchen Unternehmungen mitzumachen.
Vier Wochen vorher lebten wir noch von Sozialhilfe und wußten nicht, wie es weitergehen sollte. Nun konnten wir sogar fotografieren! Aus heutiger Sicht sind es vielleicht eher bescheidene Erlebnisse, für uns damals war es so etwas wie Glück.

Die Verzweiflung nimmt kein Ende

Nach den Ferien wandte ich mich allem, was von mir gefordert wurde, mit neuem Mut zu. Ich hatte Zeit für die Kinder, als die Schule begann, und sie gingen auch mit viel Begeisterung und Eifer ans Werk. Die Ferien hatten uns neuen Schwung gegeben, sogar Walter. Er fand, — oh Wunder — eine Halbtagsarbeit. Wir hatten in der Zeitung nachgeschaut, nachdem er auf mein Zureden darauf eingegangen war und schrieben gemeinsam eine Bewerbung nach der anderen. Es kam leider keine Antwort, aber wir machten weiter. Als wir niemals Antwort bekamen, — was ja eigentlich eine unmögliche Art mit Menschen umzugehen ist — sahen wir uns eine große Anzeige genauer an, die zwar an Frauen gerichtet war, doch wir dachten, daß so ein großer Betrieb vielleicht viele Möglichkeiten habe. Ich rief einen Morgen an in der Hoffnung, daß in einem größeren Betrieb ein etwas sonderbarer Mensch wie Walter eher untertauchen könne. Ich hatte immerzu Angst, daß er auch weiter mitmacht, habe sehr gebetet und erlebte, daß es mir in so einer Lage neuen Mut gab. Die Auskunft, die ich am Telefon bekam, klang sehr freundlich; so redete ich Walter zu, hinzugehen. Er tat es, aber sehr langsam und ich mußte ungeheure Geduld aufbringen. Er ging so unentschlossen los, daß ich dachte, er würde erst gar nicht ankommen und machte mich darauf gefasst, daß es schief gehen würde. Aber nach vier Stunden kam er ganz verändert zurück und hatte es schriftlich in der Hand, daß er am 1. Oktober mit einer leichten Kontrollarbeit anfangen könnte, nachmittags vier Stunden, 250,- DM, zuerst ohne feste Anstellung. Mir schien, als sei er froh darüber.

Tagebuch, 20. Oktober 1963
Seit einer Woche versuche ich, mich zu beruhigen und zur Besinnung zu kommen, aber es geht nicht. Ich bin so fertig und auch durchgedreht, mein Gehirn und alles ist so müde. Ich habe keine Ruhe, um richtig zu überlegen und reagiere nur. Mit den Kindern gehe ich falsch um, sie sind so anstrengend. Das Schlimmste ist, daß ich niemanden habe, mit dem ich sprechen kann. So viel drehe ich im Kopf herum. Ständig gibt es Situationen, wo ich gegen den Strom schwimmen muß. Ständig gibt es Anspannung und Sorgen. Gestern habe ich einen regelrechten Zusammenbruch gehabt, als ich vor zwei zerrissenen Höschen von Andreas saß und feststellte, daß er wirklich keine anderen mehr hatte! Und vorhin hatte ich völlig die Fassung verloren, als ich zu Walter sagte, ich wolle noch ein bißchen allein im Wohnzimmer sitzen und er die Tür knallte! Schon

morgens hatte er ein so finsteres Gesicht gemacht. Weiß ein Gott, daß ich hier von nirgendwoher Erleichterung habe und niemand da ist, mit dem ich reden kann?

26. November
Liebe Frau Siegel,
eben ist die gemütlichste Tageszeit bei uns, alle Kinder sind von draußen herein gekommen, Hardy und Andreas bauen auf dem Teppich, und Viola macht noch Schularbeiten.
Walter hat sich beim letzten Arztgang wieder sehr gegen die Tropfen gewehrt. Ich habe Angst: wenn er aufhört sie zu nehmen, kommen Verschlechterungen. Wenn ich ihm etwas erzähle, starrt er auf sein Knie, frage ich ihn etwas, bekomme ich keine Antwort. Auf mich wirkt das furchtbar deprimierend. Ich liege stundenlang in der Nacht wach und alle Selbstbeherrschung, wie sie mir als Kind beigebracht wurde, nützt nichts. Ich hoffe immer, daß es Gottes Kraft gibt, die mich immer aufs Neue aufrichtet wie wenn eine welke Blume Wasser bekommt. Am Montag Morgen hätte ich Sie am liebsten angerufen, so elend und verzweifelt war ich! Aber ich war auch dazu sogar zu schwach und legte mich auf Hardys Bett, die Liebe der Kinder hat mich erwärmt. Und dann habe ich wie tot geschlafen, als alle weg waren. Und mittags kam die Kraft zurück.

18. Dezember
Nachher, wenn die Kinder von draußen hereinkommen, wird es wieder lebhaft werden, denn wir wollen braune "Pfefferkuchen" backen! Wir freuen uns sehr auf Weihnachten. Die Wünsche der Kinder gehen in die Hunderte. Der Weihnachtsmann will einen Schlitten vor die Tür stellen! In diesem Jahr singen wir zum ersten Mal Lieder zweistimmig.
Walter geht ruhig seiner Arbeit nach, leider entlassen sie aber wieder am 1. Januar alle Aushilfskräfte. Das Geld für die Waschmaschine werden wir zum Glück wahrscheinlich zusammen haben.

Tagebuch, 24. November
... Nun ist mir aber vorhin im Bett unter verzweifelten Tränen folgende Erkenntnis gekommen: wenn ich versuchen würde, Walter wenigstens nur für eine Zeit lang in einem Krankenhaus unterzubringen, dann würde ich wohl sehen, wie er verzweifelt danach fragen würde, womit er das verursacht hätte. Und ich würde mir vorstellen, wie er von aller menschlicher Freiheit und persönlichem Leben ausgeschlossen in der Einsamkeit einer Heilanstalt abstumpfen würde; ich glaube, mich würde das alles genauso belasten wie die jetzige Situation. Dies

muß ich mal ganz nüchtern im Gedächtnis behalten, ehe ich mich an die Möglichkeit klammere, es mit ihm aufzugeben — die ja für mich gar keine ist.

26. November
Wenn man ganz verzweifelt ist und gar keine Kraft mehr spürt und sogar so schwach ist, daß man nicht einmal mehr nach Auswegen und Rettung sucht, dann kann man nur still daliegen und auf Gott warten, wann und wie er seine Liebe wahr macht. So lag ich neulich bis zum Morgen. Die Augen waren geschwollen vom Weinen, der Kopf tat so weh und das Herz drückte wie ein Felsen ... Doch als ich abends wieder im Sessel saß, wußte ich, daß ich es wieder einmal geschafft hatte und durch war. Ich konnte mühelos freundlich zu Walter sein, schlief dann die ganze Nacht dankbar, unbeschwert und tief ... Ich bin nun wieder um eine Erfahrung reicher, daß Gott hilft, daß ich weitergehen konnte.

Wir feierten frohe Weihnachten mit einem großen Weihnachtsbaum und vielen Liedern und wieder vielen Geschenken. Ich beschäftigte mich oft mit den Kindern, spielte, ging spazieren, las vor. Walter ging es soweit besser, nur war er enttäuscht, weil er seit 1. Januar nicht mehr arbeitete, da alle Halbtagsarbeit mit Frauen besetzt wurde. Noch am vorletzten Tag kauften wir eine Waschmaschine. Sie war nicht automatisch, doch ich war so froh.

In der Sylvesternacht saß ich alleine da — und dachte, daß es ja ein Jahr ohne Anstalt gewesen war! Auch mein Rücken hatte sich gehalten ohne die schlimmen Schmerzen wie im Jahr davor.

17. Februar
Liebe Frau Siegel!
Seit heute Morgen weiß ich, daß Andreas nun wirklich in die Schule kommt! Ich erfuhr es, daß er bei dem Schulreifetest alle 16 Punkte bekommen hat, die es gibt. Ich war so glücklich auf dem Heimweg! Ich bin so dankbar für diese Kinder! Sie machen alles so fröhlich, Turnen, Singen, Schwimmen jetzt auch, Hardy will basteln gehen in ein Jugendheim. Bei den Mahlzeiten wird immer viel erzählt. Andreas ist sehr beglückt, daß er auch endlich in die Schule kann. Leider sitzt Walter bei allem teilnahmslos dabei, sein Gesicht zeigt kaum eine Regung, kein Wort kommt von ihm. Er hat keine Arbeit mehr. Ich habe auf Anzeigen angerufen, aber ohne Erfolg, niemand nimmt einen Mann auf eine Halbtagsstelle. Das ist ein stures System, in dem keine Ausnahme gemacht wird. Da zieht keiner in Betracht, daß da ein kranker Mensch ist, der noch etwas arbeiten möchte. Und ich habe auch nicht viel Mut, noch mehr zu unternehmen, so wie Walter jetzt ist,

denn er antwortete mir nicht. Er hustete neuerdings so stark; das macht wohl sein Rauchen.

23. März
Seine Unfreundlichkeit ist das Schlimmste! Immer wieder schreibe ich das. Ich war neulich richtig zornig zu ihm, da hat er endlich einmal geredet und ich bekam einige Gedanken von ihm zu hören, alle voll Auflehnung gegen mich. Er sieht in mir die Ursache und den Grund seiner Lage, er sagt nicht "Krankheit", von der will er nichts wissen. Durch mich sei alles gekommen, ausgelöst worden, ich sei auf die Idee mit der Krankheit gekommen, durch mich hätte er keinen Beruf mehr, denn ich sei auf die Idee mit der Rente gekommen. Deshalb werde er auch jetzt nicht mehr arbeiten, weil ich ihn ja als Rentner wolle. Er putze jetzt aus Opposition nicht mehr die Zähne, weil ich es gewünscht habe. Er geht auch nicht mehr an die Luft, weil ich es vorgeschlagen habe. — Ich bin sehr müde und schwindelig, auch mein Rücken macht mir Schwierigkeiten. ...

Walters Schwester kam und wohnte in der Nähe. Sie ging sogar mit ihm ins Theater. Es tat ihm gut, mal herausgeholt zu werden. Wenn Besuch da war, war er ein bißchen netter und gelöster, auch zu mir. Sie gab sich viel Mühe, sich mit mir zu verstehen. Nur wollte sie mich überreden, die Kinder mehr zum Gehorsam zu erziehen. Sie fing auch zweimal an mit mir über Walter zu reden, doch war ich sehr zurückhaltend.
Der Arzt hatte viel Verständnis, konnte sich meine Schilderungen gut vorstellen und meinte auch nicht, daß ich übertreibe. Es war sehr deprimierend für mich, als er sagte, Walter würde noch gleichgültiger, teilnahmsloser, schweigsamer und innerlich "ausgebrannter" werden. Er würde auf die Dauer kein guter Eindruck für die Kinder werden. Mein Verhältnis zu Walter war trostloser und doch wollte ich es nicht glauben, daß alles so hoffnungslos sei, hatte aber große Angst vor der Zukunft.

Tagebuch, 2. Mai
Ich quäle mich in einem ständigen Auf und Ab. Es ist mit Walter zu schwer. Die Kinder beobachten alles ganz genau, fragen immer mehr nach dem Verhalten ihres Vaters und merken auch mein Unglücklich-sein. Er sitzt Tag für Tag tatenlos da — das allein ist schon deprimierend. Viola liegt im Krankenhaus und hat die Mandeln herausgenommen bekommen. Walter fragt überhaupt nicht danach und hört gar nicht zu, wenn ich erzähle, wie es ihr geht.

9. Mai
Wieder einmal kann ich nicht schlafen wie so oft. Viele Gedanken gehen mir durch den Kopf. Werde ich die Kinder allein durchbringen können, bis sie erwachsen sind?

21 Uhr:
Viola ist heute sehr anhänglich, zärtlich und will mich dauernd um sich haben, jetzt nach dem Krankenhaus. Mit Walter war ich sogar freundlich und er ging zweimal in die Sonne. Was ihn betrifft bin ich auf folgenden Gedanken gekommen, es muß mir alles egal werden, — wie er aussieht, sich benimmt, ißt und was für ein Gesicht er macht. Ich habe das dauernd vor mich hingesagt. Vielleicht ist das ein Schlüssel für ein weiteres Aushalten mit ihm ...

Man erwägt einfach heute noch zu wenig, daß ein "Geisteskranker" vielleicht doch in seiner Familie bleiben kann und es nicht nur die Heilanstalten gibt, und welche Hilfen es für die betreffenden Familien geben müßte. Vielleicht könnte man auch sagen, daß es den Kindern nicht schadet, wenn sie lernen, daß es Krankheit gibt, auch seelische, wenn sie sehen, daß ihre Mutter versucht, dem Vater zu helfen, oder umgekehrt. Es wird allerdings gerade in der letzten Zeit mit den Kindern problematischer, — sie fragen dauernd nach seinem Verhalten, seinem Wissen, seiner Krankheit. Bei Hardy kann ich nicht mehr herumreden, er ahnt sehr viel und es ist ihm schon allerhand klar, was mit dem Vater ist. Vieles wäre nicht so schwierig, wenn Walter nicht so unfreundlich wäre. Er kennt nur sich, er will seine Musik hören, laut und zu jeder Zeit, egal, was sonst los ist, will schnell essen und dann vom Tisch aufstehen, wir existieren gar nicht für ihn. Er beteiligt sich an keiner Unterhaltung, sitzt finster dabei. — Man muß aber auch sagen, es ist den Kindern nicht damit gedient, wenn der Vater ins Krankenhaus kommt und die Mutter dann berufstätig sein muß.

Und so grüble ich von vorne bis hinten und wieder zurück und komme an kein Ende. Zwischendurch bin ich deswegen dann ganz verzweifelt, sicher auch ungeduldig. Nun habe ich mir zwei Jahre als Frist gesetzt, ohne mich ganz festzulegen. Der Arzt sagte, es könnte vielleicht eine Hilfe sein, wenn ich weiß, ich m u ß nicht für immer aushalten.

10. Mai
Liebe Frau Siegel,
Andreas geht begeistert zur Schule und kann schon einige Wörter schreiben und ist sehr stolz. Aber schreibt hartnäckig mit der linken Hand. Hardy findet die neuen Fächer Heimatkunde und Werken schön, er kann kaum erwarten, wie es weitergeht. In die Jungschar geht er nun auch und war am Sonntag mit in den Wald, zum ersten Mal allein ohne mich unterwegs. Ja, er wird selbständig, ich

möchte sie alle drei groß und selbständig wissen und alles tun, daß sie es werden.

Die Kinder wurden älter und waren sehr interessiert. Es lag mir fern, ihnen irgendwelche oberflächlichen Erklärungen zu geben. Ich hatte ihnen bisher auch in anderen Fragen keine falschen Geschichten wie die "vom Storch" erzählt oder um den Tod herumgeredet, da ich wußte, daß Kinder spüren, wenn man ihnen nicht die Wahrheit sagt. Sie mußten ja lernen, daß es keine heile Welt gibt. So antwortete ich ihnen auf ihre Fragen, daß der Vater eine Krankheit habe, durch die so viele Gedanken in seinem Kopf sind, daß sie ganz durcheinander kommen, daß er manchmal Angst hat vor anderen Menschen und daß die Ärzte keine Medikamente dagegen haben. "Wir müssen für ihn sorgen und ihm helfen, daß er keine Angst hat und wieder fröhlich wird und nicht wieder ins Krankenhaus muß". Natürlich kam die Frage: *"Wie heißt denn die Krankheit?"* Darauf sagte ich: *"Die hat einen schweren griechischen Namen, den behaltet ihr nicht, den sage ich euch, wenn ihr größer seid."* Das hatte ich sehr wohl mit Überlegung gesagt, denn ich wollte nicht, daß die Kinder das Wort "Schizophrenie" in ihrer Unbefangenheit in der Schule oder unter Freunden verbreiteten, da ich ja die Vorurteile der Umwelt kannte. Ich wollte nicht, daß auch die Kinder unter den Vorurteilen der Menschen litten. Auch hatte ich mir vorgenommen, den Lehrern der Kinder von der Krankheit des Vaters nur dann etwas zu sagen, wenn es unumgänglich wurde, und es ein Lehrer oder eine Lehrerin ist, zu der ich Vertrauen haben könnte. Hardy hatte inzwischen einen ständigen Freund, zu dessen Eltern ich guten Kontakt hatte und denen ich von der Krankheit meines Mannes etwas sagte, denn ich spürte, daß ich diesen Menschen vertrauen konnte, sie keine Vorurteile hatten.

Nun war das zweite Jahr herum, in dem Walter zu Hause war, Briefe, Tagebuch erzählen weiter:

22. Mai
... Aber es ist auch das Versuchen aus eigener Kraft gar nicht möglich, wenn man so angespannt ist und alle seelischen und nervlichen Kräfte so verbraucht sind ...

26. Mai
... Heute Nachmittag die Geduld verloren bei Hardys Schularbeiten. Er hätte vielleicht ohne meine Hilfe einen besseren Aufsatz zustande gebracht ... Ich möchte ihn jetzt am liebsten um Verzeihung bitten, aber er schläft nun.

27. Mai
Der Gedanke, Religionsunterricht geben zu können, verdichtet sich immer mehr bei mir ...
Über Walter habe ich nachmittags wieder verzweifelt geweint. Es ist so furchtbar, ich kann ihn nicht mehr vor Augen haben! Ich kann es nicht begreifen! Ich dachte, ich könne die Krankheit durch Liebe und Fürsorge wenigstens aufhalten. Ich habe es versucht, aber ich habe mich damit wohl übernommen und großartig gedacht, ich stimme sogar mit Gott überein. Stück für Stück ist es nun anders gekommen ...

1. Juni
Gestern die Predigt über diesen Text: "Gott ist die Liebe." Die Frage ist nie zu beantworten, warum dann Walter und viele andere Menschen so krank sein müssen und leiden ... Ich glaube nicht, daß Gott das will, ich muß mehr darüber nachdenken, ob das Leid in dieser Welt nicht doch auch durch die Menschen selbst verursacht wird. ... Gestern Nachmittag mit den Kindern fröhlich im Schwimmbad. Sie legen so viel Wert darauf, daß ich alle ihre Künste sehe und bewundere und daß ich mitmache ...

6. Juni
Die letzten Tage war ich sehr erschöpft und jede Arbeit fiel mir schwer ... Walter ist schon schlafen gegangen. Er will einfach nichts mehr mit uns zu tun haben. Es ist so mühsam, ihn hineinzuziehen ins Familienleben, daß ich es einfach nicht mehr kann und es leid geworden bin, weitere Anstrengungen zu machen.
Vom Sozialamt habe ich Geld bekommen, o Gott, bin ich dankbar! Es hat mich diesmal viel mehr Entschlußkraft gekostet hinzugehen und war plötzlich viel einfacher, da das Geld schon überwiesen war.

21. Juni
Liebe Frau Siegel! Ich hätte, wenn ich gewollt hätte, des öfteren Ihnen wieder einige verzweifelte Briefe schreiben können. Aber nun hat sich bei mir so eine Art Ruhe eingestellt so von innen, ein Abwarten-Können, bis die hoffnungslose, mutlose Stimmung wieder vorüber gegangen ist. Nun ist uns ein neuer Glücksfall in den Schoß gefallen, den ich gar nicht mehr erwartet hatte. Wir haben eine Arbeit für meinen Mann bekommen! Es war vorige Woche ganz zufällig, daß ich ein altes Stück Zeitung in die Hand nehme und da fällt mir eine Anzeige auf, die wie für Walter gemacht war. Die Zeitung war 14 Tage alt! Ich redete ihm gleich zu und es war auch ein guter Tag mit ihm, und schließlich am Nachmittag machte er sich auf, kam nach zwei Stunden zurück — und lächelte, was lange

nicht mehr vorgekommen war! Da wußte ich, daß er Erfolg gehabt hatte. Er wollte es selbst gar nicht glauben und er schien froh zu sein. Heute kam es schriftlich, daß er am 2. August anfangen kann, Arbeitszeit wieder von 13-17.30 Uhr und 250,-- DM.

Nun mache ich mir so eine Art Urlaub da Viola und Andreas in den Ferienspielen der Stadt sind und Hardy im Kinderheim in Bayern. So muß ich nur für Walter und mich Essen machen und das allein ist schon wie Ferien! Ich kann nun ungestört längere Zeit schlafen. Am kommenden Montag will ich einen Tag nach H., meine Tante hat mich dorthin eingeladen. Walter hat zugesagt, er würde einen Abend mal die Kinder ins Bett bringen, ich will das mal versuchen, es wäre ein ganz neuer Fortschritt.
Meine Patentante war zwei Tage bei uns, lud uns alle in den Zoo ein und konnte nicht genug Geld ausgeben. Sie will mir nun auch monatlich etwas schicken.

Tagebuch, 31. Juni
Ich versuche die Ruhe zu genießen, einmal das zu tun, was ich möchte, a l l e i n in den Park gehen und a l l e i n ins Schwimmbad!
Neulich mußte ich mich richtig überwinden, neben Walter zu schlafen. Natürlich habe ich wieder geweint und in Gedanken Menschen meine Not geklagt, die mich vielleicht hätten trösten können. Aber ich kann ja nicht in der Nacht zu ihnen. So habe ich verzweifelt nach Gott gerufen; ich bitte Gott in letzter Zeit immerzu, mich doch zu inspirieren, einen Ausweg, eine Hilfe zu finden, mir Walter abzunehmen, weil ich nicht mehr kann. Ich sage mir jetzt: also noch ein Jahr muß ich das höchstens noch aushalten.

8. August
Gestern bin ich wieder am Ende meiner Kräfte gewesen. Es wäre gut gewesen, wenn ich einen Zeugen meines Zusammenbruches gehabt hätte. Wie soll man da nicht völlig zerschlagen sein, wenn man stundenlang nicht aufhören kann zu weinen und sich verzehrt vor Verzweiflung. Wie froh war ich, daß ich an Dr. B. geschrieben hatte. Alle Menschen die mir hätten beistehen können, waren so weit weg, — was für eine Verlassenheit! Heute Morgen hatte ich gar keine Vorstellung, wie ich den Tag überstehen würde. Aber Dr. B.s Antwort lag schon im Briefkasten! Ich konnte es kaum fassen! Und die Antwort ist so gut und so verständnisvoll. Sie ist so, wie ich sie erhofft hatte.

Antwortbrief von Dr. B.:
Ihr Brief stellt ja wirklich ein schweres Problem dar. Ich bin ganz mit Ihnen einverstanden: so lange es geht und so lange Sie das Gefühl haben, von Gott kommt immer wieder Kraft dazu, sollten Sie Ihren Mann zuhause haben, ganz ungeachtet, was wohlmeinende Leute sagen. Natürlich "theoretisch", "im allgemeinen" sollte man einen Kranken aus der Familie geben; die Frage ist aber indessen, ob S i e d i e s e n Mann fortgeben sollten. Und da kann Ihnen nur Ihr Glaube an Gott die richtige Antwort finden lassen. Abgesehen von den Kräften, die Ihnen einmal ausgehen können, scheint mir die wichtigste Frage die, wieweit die Kinder mit Ihnen zusammen den Vater tragen können. Mit einer Einschränkung: einem Partner kann der andere unter Umständen wirklich als ein "Kreuz" auferlegt sein, an dem sie oder er beinahe zugrunde geht. Kinder aber sollten den Vater nicht in der Weise tragen müssen, denn das kann ihre Kindheit verdüstern. ... Ich sage es jetzt sehr trivial: die Kinder müssen die schwere Aufgabe als "Sport" auf sich nehmen können. Jeder Sport verlangt höchste Anstrengung, aber er stählt die Kräfte und richtet den Menschen nicht zugrunde. Im letzten Fall hört auf, Sport zu sein. An diesem etwas platten Bild können Sie vielleicht doch messen, wieweit der Vater für die Kinder tragbar ist. Auf alle Fälle: wenn auch Ihr Mann vorübergehend in die Klinik muß, sollten die Kinder spüren, daß Sie es aus Liebe tun und in der Fortführung der Gemeinschaft, die Sie einst hatten und die jetzt nur angedeutet sein kann. Es ist möglich, daß sich in einem Jahr oder halben Jahr alle Türen schließen — und dann wirklich die Klinik am Platz ist —, bis wieder eine neue Möglichkeit kommt.

10. August 1964
Liebe Frau Siegel,
morgen wird Walter 38 Jahre alt, und übermorgen der kleine Hardy schon 9 und wir werden schön zu feiern versuchen. Die Kinder haben sich liebevoll kleine Geschenke für Walter ausgedacht und sind sehr gespannt auf ihre Wirkung bei ihm. Walter arbeitet nun eine Woche und es scheint wohl ein guter Platz zu sein für ihn. Er muß eine Kundenkartei bearbeiten, macht das allein und ungehetzt.
Hardy ist froh und gesund aus dem Kinderheim heimgekehrt. Aber er hat mich gebeten, nie wieder in ein Kinderheim zu müssen, es wäre dort so streng gewesen. Ich habe den Eindruck, es hätte manches schöner für die Kinder gestaltet werden können.
Viola kann schwimmen! — Mich plagen deprimierende Gedanken und dann bricht immer alles zusammen und schließlich habe ich keinen Boden mehr untern den Füssen. Diesmal war es so schlimm, weil die Nerven versagten, und das

nach einer fast dreiwöchigen "Erholungspause". Walter weist jeden Ansatz zu einer Gemeinschaft zurück und will nicht viel von uns Mitmenschen wissen.

Tagebuch, 16. August
... Daß er so abweisend zu mir ist, macht mich ganz fertig. Irgend etwas an mir ist vielleicht schuld daran. Ich nehme nun Nerventropfen und versuche, mich über Wasser zu halten. Ich sitze auf der Terrasse in einer milden Abendsonne, da sind die hohen, Ruhe ausstrahlenden Pappeln, die friedlichen Büsche, der Rasen und unten auf dem Spielplatz die Kinder, — solche Augenblicke beruhigen mich.

22. August
... Vor zwei Tagen hörte ich, daß nach Religionslehrern gesucht wird. Ich solle mich doch einmal erkundigen, welche Voraussetzungen ich erfüllen müsse, vielleicht — reiche meine Ausbildung dafür, ich sei doch geeignet und hätte zu Kindern doch so ein gutes Verhältnis. Ich muß ehrlich sagen, daß mich so eine Arbeit auch im Blick auf unsere weitere Zukunft ein bißchen lockt.

28. August
Der August kam mir so lang vor, nun ist er zu Ende und Walter hat das erste Geld bekommen. Aber ganz gleichgültig hat er es auf den Tisch geworfen, ohne Freude, — oder verlange ich wieder zu viel? Ich erzählte ihm von unserem Waldausflug, aber mitten im Erzählen steht er auf und geht aus dem Zimmer! So gehe ich einfach kaputt: Ich mache im nächsten Jahr Schluß, wenn es so weiter geht. Ich habe keine seelischen Kräfte mehr. Ich will mich nach dem Religionsunterricht erkundigen, damit hätte ich vielleicht eine Existenzgrundlage für uns.

4. September
Jetzt ist über die Möglichkeit, Religionsunterricht zu geben, doch herausgekommen was ich befürchtete: sie wollten mich gleich für ein paar Stunden haben, doch käme nur Berufsschule in Frage und das schaffe ich nervlich nicht, das weiß ich ganz genau. Das ist wohl eine Tür, die Gott nicht aufmacht. Ach, wenn doch jemand da wäre, mit der ich das in Ruhe besprechen könnte! Ich bin mit meinen vielen Gedanken so allein und sehne mich danach, mit jemand leben zu können, mit dem man sprechen kann. Walter lebt wie hinter einer Wand, er möchte nicht angesprochen werden. Aber ich leide furchtbar! Ich müßte versuchen, zu einer Stille zu kommen, so etwas wie Meditation müßte ich lernen.

11. September

Liebe Frau Siegel,
es ist mir eine große Hilfe, daß Sie mich verstehen. Ich denke manchmal, unsere Beziehung ist am Auslöschen. Mit meiner Ausbildung kann ich ohne weiteres an Volks- und Realschulen Religionsunterricht geben, aber an diesen Schulen besteht gar kein solcher Mangel. Es werden nur für einige Stunden Leute gesucht. Vorläufig ist sowieso nichts möglich, ich bin zu fertig. Ich weinte schon seit drei Tagen. Man durfte mich gar nicht ansprechen, schon kamen die Tränen. Die halben Nächte laufe ich herum und versuche, mich zu beruhigen.

Frau W. sagte mir, sie hätte mit einer Oberfürsorgerin gesprochen, ich solle die doch anrufen, die könne mir raten. Ich dachte, alle inneren Kämpfe hinter mir zu haben und nun ging der Nervenkrieg wieder weiter. Sie kam gestern. Nach ihrer Meinung würde ich derzeit auf große Schwierigkeiten stoßen mit einer Unterbringung meines Mannes, jetzt, wo er auch noch arbeitet. Das hatte ich aber gar nicht vorgehabt. Sie sagte, ein viel akuteres Problem sei mein erschöpfter Zustand, — allerdings! Sie hatte mir vorgeschlagen, die Kinder für eine Zeit im Hort unterzubringen und so zu versuchen, es etwas ruhiger um mich zu gestalten.

Walter sagte vorgestern: "Wenn das Fläschchen alle ist, nehme ich keine Tropfen mehr." Aber er wird bestimmt seine Tropfen weiter nehmen und wird bestimmt noch eine Weile arbeiten, ich darf mich gar nicht beirren lassen. Und so lange dies alles möglich ist, muß ich unser Leben erhalten. Ich habe also mit der Hortleiterin gesprochen und sie nimmt mir alle drei Kinder ab 21. September auf — bis Weihnachten sogar. Mit den Kindern habe ich vorher klar gesprochen. Es ist ein neuer Einsatz, den ich ihnen zumute, aber ich denke, man kann doch sicher auch manchmal etwas von ihnen verlangen und muß sie nicht immer schonen.

Tagebuch, 30. September
... die Kinder gehen tapfer in den Hort. Ich kam mir ihnen gegenüber hart vor, aber sie sind alle drei in der Lage, die Notwendigkeit einzusehen.
Das schrieb ich heute morgen um 6 Uhr. Nun dachte ich, ich hätte einen ruhigen Tag und war gerade eingeschlafen, da kam Andreas aus der Schule: Bauchschmerzen! Also hatte ich ihn wieder zu Hause. — Ich muß alles neu sehen lernen. Jedenfalls darf ich nichts bei uns verändern.

2. Oktober
Ich komme wohl ein bißchen zur Ruhe, aber nur sehr langsam, aber was verlange ich eigentlich? Die Kinder finden sich im Hort inzwischen zurecht. Sie hatten gute Zeugnisse und ich bin so froh, nicht nur, weil sie mir keinen Kummer ma-

chen. *Walter ist sehr schlapp und sagt, er hätte zu nichts Lust, er geht immerzu schlafen, wenn er zu Hause ist.*

10. Oktober
... oder wird das Alleinsein mein Schicksal nun sein? Es wehrt sich alles in mir dagegen. Wie war es denn, als ich mit Walter noch glücklich war und ihn liebte? Ich weiß es gar nicht mehr.

14. Oktober
Die ruhigen Nachmittage sind eine Wohltat! Ich will nichts als Ruhe. Vielleicht werde ich mich dann nicht so in diesen Kummer hineinsteigern und aufhören, die kleinen Schwierigkeiten mit Walter so schwer zu nehmen. Ich höre auf zu viele Stimmen, glaube, ich habe aber folgendes nötig: Nicht mehr Ratschläge und Vorschläge von allen Seiten, sondern Menschen, die mir einfach zuhören. Für Walter sieht das Leben wahrscheinlich auch furchtbar düster aus und er leidet mehr als man erkennen kann.
Ich glaube, daß Gott in mir war, mir geholfen hat, bisher alles einigermaßen richtig zu machen, Walter, so gut es geht, hoch zu halten, ihn sogar zu einer Arbeit zu überreden: Die Kinder sind selbständig geworden und ihre Phantasie und ihr Betätigungsdrang sind erhalten geblieben, sie scheinen frei von Ängsten und haben Vertrauen zu mir.

16. Oktober
Wieder war alle Kraft weg und die Tränen flossen. Ich kann es nicht durchhalten, ich komme mit ihm nicht klar. Keiner beantwortet mir die Frage, ob ein Wunder möglich ist, — oder ist das wieder so eine Flucht von mir, es möge eine Lösung irgendwo herkommen? Es hat eigentlich so viele Wunder für mich gegeben, sicher kommt es nur darauf an, was man als "Wunder" versteht.

18. Oktober
Liebe Frau Siegel,
ich bin in einem furchtbaren Zustand! Ich müßte in diesem Zustand mal zum Nervenarzt gehen, ich glaube, der würde mich selbst für behandlungsreif halten. Bitte sagen Sie nicht:" Walter war doch neulich in Ordnung." Er ist ein unverträglicher Hausgenosse! Ich gerate schon in Erregung, wenn ich nur sein finsteres Gesicht und seine Verschlossenheit sehe. Es nimmt mir gleich jeden Mut, obwohl ich immer dieses Finstere besiegte, ihn mitriß. Ist es Schuld, wenn ich meine Kraft verbraucht habe? Ich kann es nicht glauben. Es gibt kein Rezept mehr. Heute waren die Kinder schwierig und ich konnte nicht mit ihnen umge-

hen. *Wenn mir jemand doch alle Zweifel nehmen könnte. Wenn mir doch jemand sagen könnte, wie ich mit ihm umgehen soll. Würden Sie mich verurteilen, wenn ich nun doch zum Gesundheitsamt gehen und einen Antrag auf Einweisung stellen würde? Was andere Menschen mir sagen, ist mir egal. Ich werfe hier jeden hinaus, der mir irgendeinen Vorwurf machen würde. Wieweit geht die Verantwortung für den Partner? Mir ist die Verantwortung zu groß geworden, ich kann keinen Schutzengel spielen.*

19. Oktober
"Rufe mich an in der Not, so will ich dich erretten, so wirst du mich preisen." — ich weiß nicht, in welchem Psalm dieser Vers steht, aber es fiel mir heute morgen ein und ich bin heute wieder gerettet vor meiner Verzweiflung, vor meiner Depression. Ich habe heute wieder ein Gefühl für Walter. Mit den Kindern war ich heute schlecht, zu wild, ungeduldig und intolerant.

21. Oktober
Alle Verzweiflung überstanden und die Klarheit ist wieder da! Wir alle werden wieder ruhig weiter miteinander leben und es muß jetzt alles so bleiben. Es wäre ein Unrecht an Walter.

26. Oktober
Warum kommen immer neue Schwierigkeiten? Kaum kam ich zu Klarheit und Frieden, verrenke ich mir den Rücken. Und nun hatte ich tagelang furchtbare Schmerzen. Die Kinder mußten mir beim Ankleiden helfen. So frei ist man dann, wenn die Schmerzen wieder fort sind. Ich bekomme ja jetzt Massagen und das ist immer eine gute, wohltuende Stunde. Auch Walter hat mir diesmal geholfen, wenn ich ihn gebeten habe.
Ich habe auf meinen Ermäßigungsantrag hin viel Geld zurückbekommen und muß für die Kinder im Hort nichts mehr bezahlen.

10. November
Liebe Frau Siegel,
ich habe leise das Gefühl, ein anderer Mensch zu werden, es geht mir gut. Ich schlafe nachmittags, bis es schon dämmerig wird und die Kinder bald kommen. Walter stöhnt etwas über die Arbeit, ist aber sonst ganz zufrieden. Neulich hat er beim Schreibspiel und Märchenquartett mitgespielt und sein Urteil nachher: Die Kinder sind aber sehr intelligent.

7. Dezember

Wir freuen uns sehr auf Weihnachten und singen viel, "feiern", wie Andreas sagt. Die Kinder sind voller Pläne und Überraschungen und haben unter dem Bett geheimnisvolle Päckchen versteckt. Wir bekamen neulich etwas mehr Geld mit unserer Rente. Sonntagabend gehe ich sogar zu einem Konzert.

"Ich kann nicht mehr" und das war die Wende

So freundlich klang das vergangene Jahr 1964 aus. Ich ahnte nicht, daß die schwerste Zeit noch vor mir lag. Zunächst ging es immer so weiter mit dem Auf und Ab in mir, ich schwankte immer rascher zwischen Mut und Verzweiflung. Meine Gemütsverfassung verschlechterte sich zusehends, auch meine Erschöpfungszustände wurden schlimmer. Das alles bringen die folgenden Tagebuchaufzeichnungen deutlich zum Ausdruck:

16. Februar 1965
Wenn ich doch nur genau sagen könnte, was ich will, was ich kann, was ich tun werde. Ich las, wenn man ruhig einschlafen will, solle man sich diese Fragen beantworten, sonst käme man nicht zur Ruhe. Immer diese weisen Ratschläge! Meine Lage ist so übermenschlich schwer, wer kann da außer Gott wissen, wie es weitergehen soll? Walter ist wieder so schrecklich, er ist so feindselig und abweisend und ich finde gar keine Verbindung zu ihm und manchmal stößt er mich so furchtbar ab. Ich kann einfach nichts mehr mit ihm.

1. März
Warum war ich gestern wieder so verzweifelt? Warum und woher kam dieses heulende Elend? Auf einmal war mir alles zu schwer, zu viel, zu anstrengend. Waren die Kinder ungezogen? — Wollten sie zu viel? — Nein. Sie waren wie immer. Bloß, das Leben mit seinen tausend kleinen und großen Sorgen überfiel mich wie eine erdrückende Last. Nur noch weinen konnte ich, eine furchtbare Resignation, wie eine Krankheit ist das und es ist ein Wunder, daß das überhaupt wieder vorübergeht.

5. März
Das Schlimme im Umgang mit einem psychisch Kranken ist, daß man, wenn man ihm einmal nahestand, immer wieder, um gut zu ihm zu sein, auf seine Wünsche und Vorstellungen eingeht. Im selben Augenblick bin ich dann unglücklich, weil ich mich damit auf eine Situation, auf eine Ebene einlasse, auf der ich nicht leben kann. Mit einem Mal denke ich dann: Ich bin doch noch normal. Und dann sind alle anderen Menschen mit ihrem Normal-sein so weit weg und ich bin mit Walter so allein. So geht es mir oft, wenn Walter von seinen Gedanken spricht und ich darauf eingehe. Ich denke dann: Das müßten mal die anderen hören. Dieses furchtbare Sich-selbst-in-eine-Unerträglichkeit-begeben hat meine

Kraft ausgehöhlt. Und das zweite Schlimme ist, daß ein psychisch Kranker gar nicht versteht, daß der andere nicht in seiner Welt mitmachen kann.

16. April
Ich möchte so viel sagen, aussprechen, aber es gibt niemanden, der Zeit hätte, zuzuhören. Ich glaube auch nicht, daß es jemals einen Menschen geben wird, der mir länger zuhören wird. Ich bin sehr einsam, erfahre kein Zuhören, sondern immer nur Ratschläge, immer meinen alle zu wissen, was ich machen könnte. Sie denken, ich fragte sie nur um praktischen Rat, sie haben sich noch keine Zeit genommen, über meine Situation nachzudenken, sie machen sich nicht klar, in was für übermenschliche Anforderungen ich erneut hinein käme, wenn ich ihre Ratschläge befolgen würde, zum Beispiel eine Scheidung oder die Anstalt.

Ich konnte die Entscheidung, Walter wieder in ein Krankenhaus zu bringen, nicht treffen oder ging immer wieder davon ab, wenn ich ihr sehr nahe kam. Erstens gab Walter selbst mir den Grund dafür, wenn er wieder besser war und mir eine Einweisung grausam vorkam, zweitens weil ich eben Mitleid hatte. Es war wirklich so etwas wie ein Warten auf etwas Unerklärliches, ich nenne es Gott, darauf, daß da eine Tür aufging oder eben nicht. Es schien mir wie eine Sperre, doch wollte ich die Zukunft erwarten können.

30. Mai
Ich kann nicht mehr! Ich habe Dr. O. um Rat gebeten und erhielt seine Zusage, morgen für mich Zeit zu haben. Das hat mich zunächst zur Ruhe kommen lassen. Aber dann kam alles anders als ich dachte. Freitag, als ich im Gesundheitsamt die Rente abholen wollte, war es mit meiner Fassung vorbei und es wurde ein richtiger Zusammenbruch. Ich bin nur erleichtert, daß der Sozialarbeiter und der Arzt es richtig verstanden und überlegten, ob Einweisung oder nicht. Es würde alles sehr hart für Walter sein, die Verantwortung für ihn ist furchtbar schwer!

6. Juni
Ich bin in meiner Entscheidung jetzt sicherer und denke, daß es kein Unrecht ist, wenn Walter wieder eine Zeit in einer Anstalt sein muß. Die Kinder müssen ein unbelastetes Familienleben und Kindheit haben. Das ist aber nicht gegeben, wenn ihre Mutter durch eine schier unerträgliche Last mit dem Vater alle Kräfte aufbraucht und nur noch weinen kann. Dann denke ich wieder: Ein Leben außerhalb der Anstalt wäre zum Beispiel nur möglich, wenn er bereit wäre, sich in einem eigenen Zimmer mit etwas mehr Abstand von uns einzurichten. Daran

habe ich als Ausweg gedacht, dazu ist er aber eben nicht bereit, erzwingen kann man nichts.

16. Juni

Ich kämpfe jeden Tag mit den Tränen und leide furchtbar unter Walters Gegenwart! Ich habe gestern wieder den Versuch gemacht, zärtlich zu ihm zu sein, — es ist jedesmal eine Qual! Ich habe es eigentlich nur gemacht, weil er sonst so böse war.

18. Juni

Dieses furchtbare Wetter macht mich noch zusätzlich fertig. Aber heute morgen eine große Freude: Tanja (meine Schwester) hat ganz von sich aus für die Herbstferien angeboten, die Kinder zu sich zu nehmen. Wie bin ich dankbar und erleichtert!
Kein Tag geht normal und einfach. Wenn Walter jetzt schläft und ich hier abends allein bin, dann fühle ich mich wie befreit. Er müßte ein Zimmer für sich haben und ich nicht mehr neben ihm schlafen müssen. Das wäre vielleicht die Lösung. Aber er sieht das als "Ehebruch" an!

4. Juli

Ich will einmal versuchen, alle Anschuldigungen aufzuschreiben, die vorgestern beim Gespräch mit den Geschwistern Walters gegen mich erhoben wurden. Sie sind seine Geschwister und wollen ihn verteidigen. Ich verstehe ihn nicht, sagen sie, ich zwinge ihm meine Welt auf, meine Freunde, meine Art, meine Lebhaftigkeit und so weiter. Ich liebe ihn nicht so, daß er zu einem richtigen Mann mit Selbstbewußtsein hätte werden können. Ich hätte ihn fertig gemacht und mir seine Krankheit von den Ärzten einreden lassen.
Nun aber habe ich die Aussicht, im Oktober vier Wochen Urlaub zu haben und die Kinder in der Zeit gut untergebracht zu wissen. Ich wage noch gar nicht daran zu glauben und mich zu freuen, bevor ich nicht weiß, was mit Walter in der Zeit geschehen soll. Wenn es doch endlich eine Entscheidung gäbe.

Liebe Frau Siegel,

meine Schwestern haben mir ein herrliches Angebot gemacht: Die eine will in den Herbstferien alle drei Kinder zu sich holen und bis Oktober behalten. Ich soll sie hinbringen und dann weiter nach Sylt fahren zu meiner älteren Schwester und mich dort vier Wochen erholen! Das Hauptproblem ist natürlich Walter, er müßte dann wenigstens in dieser Zeit irgendwo untergebracht sein. Seine

Schwester hat gesagt, vielleicht bei ihr, der Bruder hat abgelehnt. Die Kinder gehen erst mal vom 19. Juli bis 8. August in die Ferienspiele. Auch da habe ich um eine Ermäßigung gekämpft. Die Kinder fragen immer mehr, warum ich weine, wenn das bloß alles bald ein Ende hätte.

Tagebuch, 5. Juli
Walter meint, ich schleiche mich aus der Ehe, weil ich ihm wiederholt das mit einem Extra-Zimmer vorgeschlagen habe. Der Arzt schlug mir vor, es zu riskieren, Walter einfach vier Wochen allein zu lassen. Aber vielleicht kann er die Zeit zur Hälfte bei der Schwester verbringen und die Hälfte allein. Und danach muß er unbedingt ein Zimmer für sich haben. Der Amtsarzt verstand alles sehr gut, bloß, er kann mir nicht helfen. Auf keinen Fall soll ich jetzt auf den Urlaub verzichten, ich sei bis jetzt eine verantwortungsvolle Frau gewesen und solle mich nicht darum kümmern, was andere sagen. Die Aussicht auf den Urlaub gibt mir ein bißchen neue Kraft, Sylt ist einsam, aber ich liebe es.

25. Juli
Eines ist jetzt geschafft: Mit letzter Energie habe ich erreicht, daß Walter sein Zimmer für sich hat, obwohl er sehr schwierig ist. Er spürt, daß ich mich etwas von ihm zurückziehe und merkt, daß es mir ernst ist. Weil ich mir ganz sicher war, hat er mich auch machen lassen. Ich wußte, daß das mit dem Extra-Zimmer und dem Urlaub die Tür ist, die aufgegangen ist! Deshalb bin ich auch ganz sicher Walter gegenüber, so unzufrieden er auch eben ist. Zuerst kam beim Umräumen die alte Angst wieder hoch, aber ich habe sie niedergekämpft.

Nachdem ich nun drei Jahre lang versucht hatte, Walter zu ertragen und ihm ein menschenwürdiges Leben zu ermöglichen, gab es einen Tiefpunkt in meiner Verzweiflung. Dann aber trat eine Wende ein, eine richtige, befreiende Wende! Was geschah? Ich merkte, daß es eine Entscheidung geben mußte über unser aller Weiterleben. Sollte Walter weiter zu Hause bleiben oder nicht? Ich zerquälte mich bis zur Erschöpfung und zum Zusammenbruch mit dieser Frage. Jedesmal, wenn ich ihn gar nicht mehr ertragen konnte, tauchte in mir der Gedanke an eine neue Einweisung in ein psychiatrisches Krankenhaus auf. Beeinflußt waren diese Gedanken natürlich durch die Auskunft der Ärzte über Walters "Zerfall der Persönlichkeit", den ich dann auch täglich vor Augen zu haben meinte, und über die Entmutigung durch Mitmenschen, bei denen die geläufige Meinung vorherrschte, ein "Geisteskranker", — wer immer das sei — könne eben nicht in der normalen Umgebung einer Familie mit kleinen

Kindern bleiben. Ich sah immer stärker in Walters Äußerungen und Bewegungen, zum Beispiel an seinem ständigen Hin- und Hergehen, seiner Nachlässigkeit, seine Krankheit und resignierte immer mehr. Überhaupt litt ich unter der bitteren Tatsache, einen kranken Mann zu haben, kämpfte und tobte manchmal gegen dieses Schicksal an und geriet darum bei jeder Gelegenheit in Panik und Verzweiflung, die sich wiederum in Tränen und wütendem Aufbegehren, in Ungeduld, Anschreien der Familie, in Türenschlagen und Gegenstände hinwerfen äußerten. Minuten später war ich dann noch verzweifelter über mich selbst und weinte bitterlich. Heute weiß ich, daß es für meine Psyche wohl gut war, daß ich meine Not nicht hinunterschluckte, — auch nicht zusammen mit Alkohol oder Tabletten — sondern sie einfach nach außen herausließ. Auch die Nachbarn merkten, wie ich litt, aber alle hielten sich zurück. Da viele Mitmenschen in einer ganz natürlichen Reaktion menschlichem Leid ausweichen, kann ein Leidender, eine Leidende, sehr einsam werden. Ich wußte, ich war an eine äußerste Grenze gekommen, bis zu der mir kaum jemand folgen konnte, machte aber gleichzeitig in diesen Grenzsituationen so etwas wie religiöse Erfahrungen. Es ist vielen Menschen heute ungewohnt oder peinlich, von religiösen Erfahrungen oder "Glaubenserfahrungen" zu sprechen. Sie halten sich hier zurück, weil sie fürchten, als unaufgeklärt, unrealistisch oder als Träumer zu gelten, obwohl doch viele vielleicht gerade in Notzeiten solche Erfahrungen schon einmal verspürten. Für mich gab es kaum einen Zweifel, daß hinter allem, was Walter und mir widerfuhr, Gott, eine göttliche Kraft wirken mußte, daß solche Schicksale einen Sinn haben, uns etwas zu sagen. Was ich nun erlebte, war der Ernstfall für meinen christlichen Glauben an einen Gott, der f ü r uns Menschen ist. Deshalb gab ich das Fragen nicht auf. Gott war für mich nicht eine großväterliche oder eine zu fürchtende richterliche Gestalt oder eine "menschlich" herrschende Person. Obwohl ich wie Jesus "zum Vater" betete, war Gott für mich immer deutlicher eine Quelle von Leben, von Kraft, die mich immer von neuem aufstehen ließ, eine Quelle von Liebe, die mich schützte und meine verlöschende Liebe immer neu entfachte. Ich machte die Erfahrung, wie wenig Menschen mir helfen konnten und Gott erschien mir als die einzig verläßliche, wahrhaftig helfende Instanz, der ich vertrauen konnte. Ich bemerkte, daß, wenn ich mit Menschen sprach und dabei weinte, diese von meinen Tränen sehr verunsichert wurden und sich dann sehr schnell mit Ratschlägen aus dieser schwierigen Situation versuchten, herauszuretten. Ich wußte, daß ich mich früher auch so verhalten hatte. Wer vor anderen

weint, liefert sich ihnen aus mit seiner Schwäche, und dies ist vielen peinlich. Viele wollen Gefühle nicht einmal vor sich selbst wahrhaben. Es ist eine Ausnahmesituation, aus der der Weinende, die Weinende herausgeholt werden sollte mit irgendeinem Trost. Dann fühlt sich auch der, — die Tröstende gleich besser.
So ging ich meinen Weg des Nicht-Aufgebens sehr allein, betete im Stillen und fand nun Gottes Wirksamkeit in einer Wende, die ich erst viel später deutlich als eine Wende für uns alle erkannte. Oft betete ich nun auch gemeinsam mit den Kindern abends die alten Psalmen, deren Worte mir wie Nahrung, wie Brot zum Leben vorkamen:

> *"Der Herr ist mein Hirte, mir wird nichts mangeln,*
> *er weidet mich auf grüner Aue*
> *und führet mich zum frischen Wasser.*
> *Er erquicket meine Seele;*
> *er führet mich auf rechter Straße um meines Namens willen.*
> *Und ob ich schon wanderte im finstern Tal,*
> *fürchte ich kein Unglück, denn Du bist bei mir,*
> *Dein Stecken und Stab trösten mich."*
> (Psalm 23)

Am Ende der Woche:

> *"Ich hebe meine Augen auf zu den Bergen,*
> *von welchen mir Hilfe kommt.*
> *Meine Hilfe kommt von Gott, der Himmel und Erde gemacht hat.*
> *Er wird deinen Fuß nicht gleiten lassen,*
> *und der dich behütet, schläft nicht.*
> *Gott behütet dich, Gott ist dein Schatten*
> *über deiner rechten Hand,*
> *daß dich des Tages die Sonne nicht steche*
> *noch der Mond des Nachts.*
> *Gott behütet dich vor allem Übel,*
> *Gott behütet deine Seele,*
> *Gott behütet deinen Ausgang und Eingang*
> *von jetzt an bis in Ewigkeit."*
> (Psalm 121)

Am Sonntagmorgen lehrte ich die Kinder den Dankespsalm:

"Lobe Gott, meine Seele, und was in mir ist,
den heiligen Namen.
Lobe Gott, meine Seele, und vergiß nicht,
was dir Gutes getan wurde,
alle deine Sünden vergab dir Gott,
und heilet alle deine Gebrechen,
Gott erlöst dein Leben vom Verderben
und krönet dich mit Gnade und Barmherzigkeit,
macht deinen Mund wieder fröhlich,
daß du wieder jung wirst wie ein Adler!"
(Psalm 103)

Ich habe diese Lieder wörtlich im alten Luther—Text niedergeschrieben, weil sie heute weithin unbekannt sind, auch damit deutlich wird, wie nahe und wirklich diese Worte für unser Leben sein können. Die Kinder mögen die Faszination dieser alten Worte und deren Wahrheit gespürt haben, auch, was sie mir selbst bedeuteten und wie ich von ihnen lebte. Ich zeigte den Kindern auch, wo ich sie hernahm, sie durften sie selbst lesen. Und ich erzählte ihnen von dem alten, betenden Volk Israel, das in der Wüste immer wieder von neuem ihrem Gott gefolgt war und immer wieder einen neuen Weg zum Leben gefunden hatte.

Es stellte sich klar heraus, daß kein Grund vorlag, es damit keine Möglichkeit gab, einen Antrag auf Einweisung Walters in ein psychiatrisches Krankenhaus zu stellen. Durch meine, seiner Frau, treue Fürsorge, wie sich der Amtsarzt ausdrückte, und die tägliche, vertrauensvolle Ansprache in der Familie ging es Walter gerade im Vergleich zu vielen anderen Patienten deutlich besser. Ich wußte nun genau, daß es einen neuen Aufenthalt für Walter nicht mehr geben würde. Damit war ich endlich, endlich von dem quälenden Hin und Her in mir erlöst. Und nun gelang es mir an einem günstigen Tag, Walter zu erklären, warum ich die Wohnung umräumen wolle. Ich wollte im Zimmer zum Garten für Viola und mich je eine Ecke zum Schlafen einrichten und sie sollte auch eine Schreibecke bekommen. Ich bekam ihn damit herum, daß ich ihm am Bett eine gemütliche Ecke mit Radio und all seinen Sachen aufbaute, er dort ungestört Musik hören, rauchen und schnarchen konnte. Und er machte nach vielen zunächst mißtrauischen Gedanken mit. Und ich sägte buchstäblich die Latte des Ehebetts durch, — für mich eine symbolische Handlung, über die wir noch viele Jahre danach sogar lachen konnten. Von dem Tag an war ich wie befreit! Und schlief jede Nacht ruhig und tief, — ein Balsam für meine Nerven!

5. September 1965
Liebe Frau Siegel!
Inzwischen habe ich alles unternommen, damit wir in die Herbstferien fahren können. Die Kinder sind ab 25. September als Gastschüler bei meiner Schwester umgemeldet. Der Arzt hatte mir dafür ein Attest ausgestellt. Die Fahrtkosten habe ich erfragt und sie sind zum Glück niedriger als ich dachte. Walter wird am 2. Oktober zu seiner Schwester fahren, dann soll er wieder allein sein und um den 19. Oktober herum kommen wir alle wieder. So ist es jedenfalls gedacht, wenn alles gut geht. Ich fange jetzt wirklich an, mich zu freuen.

Die Kinder waren voller Vorfreude auf alles Neue, das sie erleben sollten. An einem Septembermorgen fuhr ich mit ihnen ab. Walter war bedrückt und still, stand aber tapfer die Abschiedsstunden durch. Nach langer Bahnfahrt wurden wir von der lieben Tante abgeholt und mit dem Auto bis vor ihre Wohnung gefahren. Für mich war es beruhigend und hilfreich, daß nun ein anderer Mensch mit mir die Verantwortung für die Kinder zu tragen bereit war. Ich schlief die Nacht in einem kleinen Gasthof nebenan und atmete tief auf in der Stille, die mich plötzlich umgab. Als ich morgens erwachte, sah ich weites, ruhiges Land vor mir liegen, geheimnisvoll in herbstliche Nebel gehüllt, und machte ganz allein einen stillen Morgenspaziergang, — für mich etwas ganz Ungewohntes. Der Abschied von meinen Kindern war ganz unproblematisch. Während ich am Ausgang des Dorfes auf ein Taxi wartete, fühlte ich mich unbeschreiblich befreit, so ledig aller Verantwortung und Pflichten. Der Zug fuhr mich nun über Hamburg hinaus in die Weite Schleswig-Holsteins hinein, die mir in den Nachkriegsjahren schon so vertraut gewesen war. Gerade noch vor dem Dunkelwerden sah ich vom Damm aus das Wattenmeer schimmern. Im Auto meiner Schwester fuhr ich an den Dünen vorbei und dachte zurück an dieselbe Fahrt in den letzten Kriegswochen, unsere Flucht aus dem Osten, die bei den Verwandten hier auf Sylt ihr Ende fand. Die Häuser meiner Cousine — im alten friesischen Stil neu erbaut — erschienen mir sehr komfortabel. Überhaupt war ich beeindruckt von dem Wohlstand, der mich dort umgab. Und wieder war ich von neuem ergriffen von der Größe, Wildheit und Schönheit des Meeres;

am Abend tauchte die Sonne blutrot in die Wellen und verbreitete eine glühende Röte über den weiten Himmel. Ich war dem Meer von Kindheit an verbunden und ich empfand mich nach Ruhe sehnend, das Rauschen von Wasser und Wind nicht zu vergleichen mit dem Lärm der Großstadt. Das Wetter war freundlich, ich unternahm viele Spaziergänge oder saß still am Wattenmeer und sah den Möwen zu. Als ich merkte, daß meine Gedanken immer wieder anfingen, unruhig zu kreisen, versuchte ich, mir selbst gut zuzureden: Du brauchst jetzt nichts mehr zu entscheiden, es ist alles entschieden, es gibt nichts mehr zu klären, zu überlegen, es ist alles geklärt und überlegt. Gott hat mir den Weg gezeigt, du brauchst nur voller Vertrauen zu gehen. Nun geh mal und vertraue Gott und dir selbst, es ist gar nicht so schwer. Ich dachte an die einfachen Worte Jesu: "Kommet her zu mir alle, die ihr mühselig und beladen seid. Ich will euch erquicken. Nehmet auf euch mein Joch und lernet von mir, denn mein Joch ist sanft und meine Last ist leicht." Ich versuchte, die Ruhe und Stille um mich herum in mich hinein wirken zu lassen und erlebte so etwas wie ein Auslaufen der Gedanken, ein Leerwerden, ein Nichts-mehr-wollen, alle Glieder und Nerven und Muskeln entspannten sich, wurden leicht, und ich empfand mich als nur noch vom Rauschen des Wassers und des Windes und den Rufen der Möwen umhüllt. Mehrere Male fuhr meine Schwester mich mit dem Auto über die Insel; wir wanderten über die Heide, am liebsten aber ging ich allein durch die Dünen, am Strand entlang oder durch die Wattwiesen. Manchmal dachte ich wehmütig, wie schön es wäre, wenn ich das alles mit Walter gemeinsam hätte erleben können. Nach zehn Tagen rief ich bei meiner Schwägerin an und konnte mit ihm sprechen. Seine Stimme klang lebhaft, es war ein freundliches Gespräch möglich. Die Kinder schrieben mir fröhliche Briefe:

29. September
Liebe Mama!
Wir waren am Sonntag Brombeeren suchen gegangen. Dann waren wir zu den Hünengräbern gegangen. Die Hünengräber sind kleine Erhöhungen, unter denen wurden Menschen begraben. Am selben Tag, als du nach Sylt gefahren bist, habe ich dreimal hintereinander gespuckt, dann erkrankte ich kurz. Heute bin ich wieder gesund.
Dein Hardy

Liebe Mami!
Heute waren wir um Viertel nach 11 Uhr losgegangen und um Vier Uhr wie

dergekommen. Ich habe schon acht Bücher durchgelesen. Wir haben dreimal Pilze gegessen.
Viola

Der siebenjährige Andreas schrieb:

Liebe Mami!
Wir haben tatsächlich eine Hafenrundfahrt gemacht in Hamburg! Das war gestern. Aber davor waren wir mit der U-Bahn gefahren, das hat mir sehr gefallen. Ein Mann in einem Lautsprecher hat Hamburgisch gesprochen. Dann war ich ans Ende vom Schiff gegangen und hab ein wenig zugeguckt, wie das Wasser spült. Von dem Tunnel will ich dir jetzt erzählen. Wir waren reingegangen und den ganzen Tunnel durch. Und ab und zu kamen wieder Autos durchgebraust. Dann waren wir ins Kaufhaus gegangen, das zwei Stockwerke hatte. Da habe ich mir ein Auto gekauft. Am Abend haben wir unser Geld gezählt, ich hatte noch 7,75 DM, Hardy hatte noch 7,45 DM, Viola hatte noch 5 Pfennige und hat bei Tante Li 50 Pfennige Schulden!
Dein Andreas.

Liebe Mama!
Heute haben wir zwei Hähnchen gegessen. Tante Li hat uns gestern abend Dias gezeigt, sie wollte den Apparat anschalten, aber es machte einen lauten Knall und die Birne war kaputt. Was machten wir nun? Tante Li holte den Apparat von der Schule. Sie hat 510 Dias, sie hat uns aber erst an einem Abend 60 Dias gezeigt, also muß sie uns noch 450 Dias zeigen!
Dein Hardy

An einem der letzten Tage vor der Heimfahrt saß ich am Vogelschutzteich und sah den vielen seltenen Wasservögeln zu, diesen zarten und doch starken, stolzen und schönen Vögeln. Und ich wußte, daß ich eine wichtige Entscheidung treffen mußte. Mir war klar geworden, daß Walter zwar krank, aber weniger hilfsbedürftig und in besserer Verfassung war, als meine Angst es mir sagte. Vielleicht hatte mir das meine übertriebene Fürsorglichkeit, mein zwanghaftes Schwächeren-helfen-wollen, welche ich noch Jahre später viel bewußter kennenlernte, so eingegeben. Er hatte die Zeit ohne mich gut bewältigt. Und nun nahm ich mir vor, mit ihm weiter zusammen leben zu wollen; er sollte zu mir und den Kindern gehören, aber nicht mehr in der bisherigen, zu engen Symbiose. Ich entschloß mich, nicht mehr so ängstlich wie bisher auf eigene

Bedürfnisse zu verzichten, — auch den Kindern gegenüber. Ich wollte wieder Kontakte mit Freundinnen, mit der Kirchengemeinde suchen, vielleicht ganz neue Dinge entdecken, die mir Freude machen oder irgendwie wichtig sein würden. Vielleicht wäre auch eine Berufstätigkeit wieder möglich. Denn mir wurde auch klar, daß ich mich nur so im Haushalt auf die Dauer zu eingeengt fühlen würde. Das Wichtigste: Ich wollte mich vor allem durch Walter nicht mehr so einschränken und mir Angst machen lassen. Ich traf diese Entscheidungen in aller Ungewißheit, Angst und Zweifel und spürte, daß ich mich auf einen ganz schmalen Weg begab, den zu betreten ich wirklich nur im tiefen Vertrauen auf eine göttliche Güte und Kraft wagen konnte.
Ich hatte noch einen wunderschönen Urlaubsausklang: Am letzten Tag fuhren meine Schwester und ich frühmorgens bei leuchtendem Sonnenaufgang hoch auf dem Autozug über den Damm zum Festland hinüber — ich nahm Abschied von einem glitzernden und funkelnden Meer! Es ging durch Nebelschwaden nach Flensburg, an dem Hof vorbei, auf dem ich 1945 gearbeitet hatte, und weiter nach Schleswig. Am frühen Nachmittag waren wir bei den Kindern und es gab eine freudige Begrüßung. Meine Schwester beteuerte immer wieder, daß es ihr große Freude gemacht hätte; die Kinder hatten es offensichtlich sehr schön bei ihr gehabt, sie zeigten mir alles mit Begeisterung. Meine Schwester wischte beim Abschied ein paar Tränen ab, so daß es mir beinahe hart vorkam, ihr die Kinder wieder wegzuholen.

Walter hatte die Zeit gut überstanden, er erzählte zwischendurch sogar ganz munter von seinen Erlebnissen. Sie hatten ihn überall um den Bodensee herumgefahren. Er schien ganz froh zu sein, daß wir alle wieder beisammen waren.

28. November
Liebe Frau Siegel!
Gestern abend habe ich alles ein bißchen adventlich gemacht. Heute morgen haben wir dann gesungen und am Nachmittag uns an Strohsternen versucht und an Geschenken gebastelt. Und noch Weihnachtslieder zweistimmig probiert.
Die Kinder haben ihre Freude an ihren Briefmarken, am Malen und Spielen und sogar an der Schule. Obwohl sie in letzter Zeit mich oft nach Walter und seiner Krankheit fragen, obwohl sie manchmal merken, daß wir nicht viel Geld haben, sind sie glücklich, zufrieden und wirken ganz unbeschwert, ich hoffe es ist auch so.

Mir geht es recht gut. Ich bin so ruhig und ausgeglichen und schlafe gut wie in all den Jahren nicht und mache mir nicht mehr so schwere Gedanken.

Allmählich "normaler"

Es waren durchaus nicht alle Probleme mit einem Mal gelöst, doch ich fühlte mich wie von einem Krampf befreit und konnte meinen nun oft sehr stillen Mann mit ganz anderen Augen sehen. Ich konnte mit ihm reden, ohne gleich unglücklich zu werden über das, was aus seinem Munde kam, das schien mir schon viel. Ich begann über ihn nachzudenken, anstatt mich an ihm zu ärgern und aufzuregen, deshalb gelang es mir auch, ihm geduldiger und ruhiger zuzuhören.
In seinem Rentnerdasein griff die Langeweile nach ihm und ließ in ihm Minderwertigkeitgefühle aufkommen. Er hatte schon immer viel geraucht, nun begann er ein starker Raucher zu werden. Schon bald stellte sich ein unangenehmer Raucherhusten ein, zudem begann er beträchtlich zuzunehmen. Auch klagte er über Schmerzen im Magenbereich. All diese Erscheinungen deutete Walter auf sehr eigenartige Weise: Die Schmerzen kämen, wenn jemand etwas von ihm wolle. Ein andermal: Zum Husten sei es gekommen, weil schon ein Brief von der Schwester unterwegs gewesen sei. Und das Dickwerden sei typisch für Rentner, — und noch viele solcher Ideen entwickelte er.
Ein großer Mißerfolg war das Bemühen, eine Arbeit oder eine Beschäftigung für ihn zu finden. Ich hörte von anderen ehemals psychisch Kranken, die wieder eine leichte Tätigkeit hätten aufnehmen können. Es handelte sich natürlich um Aushilfstätigkeiten wie Lagerarbeiten, Packen, Registrierarbeiten, wie Walter sie schon kannte. Er spürte zu stark den Makel der Hilfsarbeit und verweigerte sich diesen Versuchen, was ich schließlich auch verstand. Diese Tätigkeiten hätten seine Minderwertigkeitsgefühle wohl eher noch verstärkt, zumal seine und meine Geschwister alle in ihren Berufen gut dastanden und viel Geld verdienten. Es war das Jahr 1966, und um uns herum war der Höhepunkt der Wohlstandsgesellschaft erreicht, eine Zeit, in der der Mensch brutal nur an seinem Verdienst und seiner Stellung gemessen wurde, — damit konnte ein Frührentner nicht konkurrieren. Deshalb verkroch er sich lieber gleich ganz in seiner "Höhle", seinem beschützenden Zuhause. Noch einige Male bewarb er sich, — zwar auf mein Zureden hin — um eine Halbtagsstelle, es mußten aber jeweils Fragebogen ausgefüllt werden und damit jedesmal die Frage: Frühere Erkrankungen?, für die er als Antwort die Vokabel "Nervenkrankheit" erfand, womit er dem Personalchef seinen Stand als Frührentner zu erklären versuchte. Natürlich wurde er dann abgewiesen. Manche Firmen schrieben ihm höfliche Floskeln, um die eigene Härte zu verschleiern, manche ließen ihn ganz ohne Antwort; zwei Personalchefs winkten sofort ab mit der Begründung, man sei keine Wohlfahrtsbehörde, was für Walter sehr kränkend war. Es gab sowieso

kaum Halbtagsstellen für einen Mann. Und im Produktionsbetrieb, in dem alles auf scharfe Leistung angelegt ist, ist kein Platz für einen instabilen Menschen, dem durch seine seelische Verfassung nicht immer stundenlanges, konzentriertes Arbeiten möglich ist. Man kann wohl nicht mitten im Betrieb oder im Büro auf die Eigenart eines Menschen eingehen, wenn er z.B. mal eine oder zwei Stunden aussetzt, wenn er mal zu einer anderen Zeit kommt oder geht, wenn er zwischendurch mal dasitzt und grübelt oder überhaupt einen ganzen Tag mal nicht kann. Wo bleibt da die Arbeitsmoral? Ausnahmen können nicht gemacht werden. — Warum eigentlich nicht? — Nächstenliebe hat in der Arbeitswelt nichts verloren, da wird genau kalkuliert — auch mit Menschen. Auch die Kirchen machen da keine Ausnahme. Deshalb werden Kranke, Schwache aus dieser Welt verbannt, sie sind nicht produktiv, sie sind nicht wert, nach ihrem Maß arbeiten zu dürfen — so werden sie ganz schnell zu Randgruppen. Damals war Vollbeschäftigung, heute erscheint mir das noch viel schlimmer.

Es war auch kein Trost für Walter, wenn ich ihn aufforderte, mehr im Haushalt mitzuhelfen, ihm sogar Vorwürfe machte, daß er da saß, während ich mich plagte. Bei ihm kam allerdings erschwerend noch seine Kontaktscheu hinzu. Erst nach jahrelangen Bemühungen von meiner Seite konnte er sie zum Beispiel Nachbarn gegenüber überwinden. Er war nun ohne weiteres bereit, seine Tropfen zu nehmen, die ihm der Arzt alle vier Wochen verschrieb. Aber ich mußte immer noch mitgehen, wenn der Termin fällig war. Einmal hatte der Arzt sich verrechnet und das Medikament reichte nicht aus bis zum nächsten Termin, so versuchten wir es zwei Wochen einmal ohne. Es zeigte sich, daß Walter immer unruhiger wurde, nachts nicht schlief, sondern stundenlang hin und her wanderte. Danach merkte er selbst, daß in dem Fläschchen nicht "nur Wasser" war, wie er immer sagte. Nach dieser Erfahrung war er auch bereit, allein zum Arzt zu gehen. Aber geben mußte ich ihm die Tropfen noch all die vielen Jahre, er selbst weigerte sich, sie zu nehmen, da er der Meinung war: *"Du hast das mit der Krankheit aufgebracht."*

Ich empfand dies nicht mehr so deprimierend, konnte mich intensiver den Kindern widmen und hatte auch dafür neue Kräfte. In den Ferien hatten wir ein gemeinsames Zooerlebnis, an dem auch Walter teilnahm. Auch kam er einige Male zum Schwimmen mit und staunte, wie geschickt die Kinder es erlernten, — er selbst war ein guter Schwimmer. An Geburtstagen und Festen, an denen ich bemüht war, sie liebevoll und fröhlich zu gestalten mit den wenigen Mitteln, die ich hatte, saß er still, aber nicht mehr so abweisend und finster dabei, er lächelte auch mal und ging auf die Kinder ein, was wie eine Befreiung für uns alle wirkte.

Die Kinder waren nun acht, zehn und elf Jahre alt. Auf der großen Hauptstraße, an der wir wohnten, wurde mit dem Bau einer U-Bahn begonnen. Die ganze Straße bis in die Innenstadt wurde aufgerissen und an ihren Rändern turnten und kletterten die Fußgänger vorsichtig über Bretter an Bauzäunen entlang; wenn es regnete, versank man bei jedem Fehltritt im Schlamm. Schon vor der Haustür begann das Gerutsche wie auf Schmierseife! Die Kinder fanden das zum Lachen, ihre Schuhe sahen oft entsprechend aus, für mich nicht immer zum Lachen. Ich hatte sie zum Schwimmclub angemeldet, der abends seine Kurse hatte. Da die Straßenbahnen wegen des Baues mit Umwegen zur Stadt hinunter fuhren, gingen wir zu Fuß den ganzen U-Bahnbau entlang, — auch um das Fahrgeld zu sparen. Wir brauchten eine Stunde hin und zurück, doch ich war der Meinung, Kinder brauchten nicht so sehr geschont zu werden, und die eigenen Füsse benutzen zu lernen, könne nicht schaden. Vor dem Unternehmen gab es zum Mutmachen Brötchen mit Marmelade, das war etwas besonderes für diese nicht verwöhnten Kinder. Sie freuten sich auf das Schwimmen und tobten sich dabei kräftig aus. Auf dem Nachhauseweg wurden sie natürlich müde, und ich mußte ihnen zureden, wie das Haus ja schon von weitem zu sehen sei, und sie hielten tapfer durch. Auch für mich war es oft eine Strapaze, aber die Kinder dankten es mir, indem sie sehr schnell schwimmen lernten — sogar mit Begeisterung. Sie waren sehr sportlich und gar nicht zimperlich. Später richtete der Schwimmclub einen Omnibusdienst ein, der die Kinder abholte und wieder zurückbrachte.

An den Sonntagen nahm ich mir Zeit, um mit den Kindern zu basteln, spielen, malen und zu singen. Auch das Vorlesen an den Abenden vor dem Einschlafen und das Abendliedersingen war noch immer sehr beliebt. Es bestand weiterhin ein zärtliches Verhältnis zwischen mir und den Kindern, meist gab es ein liebevolles und ausgiebiges Gute-Nacht-sagen. Auch den Vater ließen die Kinder ihre zärtliche Liebe immer wieder spüren, und manchmal schien er sehr gerührt. Es kam auch vor, daß er mitspielte, was für die Kinder eine besondere Attraktion war. Zu Spaziergängen und Ausflügen ließ er sich immer häufiger überreden. Wir fuhren mit der Straßenbahn in den nahegelegenen Taunus oder in den großen Stadtwald. An schönen Sommertagen kam es sogar vor, daß Walter den Fotoapparat mitnahm, wenn ihn neue Lust zum Fotografieren packte. Das war eine gute Möglichkeit für ihn, als Vater für die Kinder ein wenig interessant zu werden.

Eines Tages, als ich wieder einmal die Rente im Gesundheitsamt abholen wollte, bekam ich zu meiner Überraschung etwas mehr Geld ausgezahlt. Der Sozialarbeiter hatte erwirkt, daß Walter als "Pflegefall" anerkannt wurde, was bedeutete, daß mir monatlich 100,-- DM Pflegegeld zuerkannt wurden. So wurden mir, nachdem die Miete abgezogen war, 800,-- DM ausgezahlt, worüber ich schon sehr glücklich war. Hardys Klassenlehrerin war es gelungen, für ihn einen Antrag auf Begabtenhilfe durchzusetzen, so daß mir auch von daher eine Jahressumme von 360,-- DM ausgezahlt wurde. Überglücklich gingen wir für die ganze Familie Schuhe kaufen! Viel später erinnerten sich die Kinder, wie sie sich wegen ihrer Schuhe und Kleidung, die oft aus geschenkten Sachen bestand, durchaus geschämt hatten, ihr Selbstbewußtsein darunter gelitten hatte. Man trug ja damals noch keine Blue Jeans, sondern die Eltern wetteiferten noch mit ihren herausgeputzten Kindern.

Mit 800,-- DM mußte ich nun alles bestreiten, Walters Zigaretten ebenso wie das Mal- und Bastelmaterial für die Schule, das Turn- und Schwimmzeug für alle drei; und eine neue, mir sehr wichtig erscheinende Ausgabe kam hinzu, die uns Eltern noch viele Jahre aufzubringen schwer fiel: Ich meldete, nachdem ich zu einem gebrauchten, noch guten Klavier gekommen war, alle drei Kinder jeweils schon im zweiten Schuljahr zu einem Musikkurs an einer Jugendmusikschule an. Hardy zeigte keine große Lust, ein Instrument zu erlernen, Viola aber sprang schon gleich am Anfang einmal vor Begeisterung auf den Tisch, wie mir der Musiklehrer berichtete und bestand die Aufnahmeprüfung für den Klavierunterricht, zu dem sie nun jede Woche hingehen konnte. Da dieser gegen Abend stattfand, machte auch ich diese Wege immer mit, bis sie nach einigen Wochen den Weg allein gehen konnte. Andreas war ebenfalls sehr glücklich über den Musikunterricht, durfte im dritten Schuljahr an einem Flötenkurs teilnehmen und wurde dann mit Viola zusammen von einem Klavierlehrer übernommen, der schon bald die Musikbegabung der Geschwister erkannte.

Ich mußte das Geld sehr einteilen, um auszukommen. Wir lebten Monat für Monat von der Hand in den Mund, es war oft wie ein Seiltanz. Die Angst vor unvorhergesehenen Ereignissen saß uns immer im Nacken, zum Beispiel durfte nichts kaputt gehen, und wenn es bei drei Kindern passierte, war ich sehr unglücklich und schalt sie dann oft aufgeregter als nötig. Ich war froh über geschenkte Kleidung für mich und die Kinder, es war aber ein Festtag, wenn einmal etwas Neues für sie gekauft werden konnte. Ich machte dabei auch traurige Erfahrungen, wenn unter den geschenkten Sachen so schlechte Stücke waren, daß ich es als Zumutung und Kränkung empfand. Das kam auch bei Gemeindemitgliedern vor; deren "Nächstenliebe" kann manchmal auch gedankenlos sein. Eine beglückende Hilfe erlebte ich einige Jahre immer zur Weihnachtszeit durch einen Club, der unsere Adresse erhalten hatte. Ein freundlicher, verständnisvoller Mann erschien in der Adventszeit und erfragte echte Wünsche. Wenige Tage vor dem Fest lud er dann ein Paket mit wundervollen Pullovern, Hosen und Stiefeln ab und stellte noch ein reichhaltiges Lebensmittelpaket auf den Küchentisch. Einmal brach ich bei so einem Beschenktwerden in Tränen aus und geriet völlig aus der Fassung.

Ich hatte in diesen Jahren keine Hilfe von Walter. Manchmal ließ ich mich von Empörung packen und schimpfte, wenn er auf dem Bett lag, während ich mich mit meinem schmerzenden Rücken plagte. Eines Tages gelang es aber wenigstens, ihm das Ofenheizen als Aufgabe zu übertragen. Zuerst ließ er die Asche stehen, dann war er allmählich auch bereit, sie hinauszutragen. Mir wurde dabei deutlich, daß ich bei ihm nur langsam etwas verändern konnte. Wir waren nach diesem Winter ganz andere Menschen, nicht mehr so abgekämpft, nervös und unglücklich. Walter war in besserer Verfassung, auch bei ihm hatte sich manches entkrampft, und er lebte auf, als wir eines Tages ein neues Radio für ihn kauften.

Da die Kinder größer und selbständiger wurden, wurde für mich neues möglich: Ich konnte hin und wieder abends zu einer Freundin gehen. Die Freundin war Schwester in einem großen Krankenhaus, ich saß sehr gern bei ihr bei einem Glas Tee oder Wein, und wir unterhielten uns und lachten viel, was mir sehr wohl tat. Vor allem erlebte ich es als etwas sehr Schönes, von jemand erwartet zu werden, die sich auf mich freute und alles extra für mich gastlich hergerichtet hatte. Die Kinder aßen mit Walter zu Abend, gingen dann allein ins Bett und machten selbst ihr Licht aus. Es klappte jedesmal gut, was mich glücklich machte. Jahrelang war ich mir wie eine von der menschlichen Gesellschaft Ausgeschlossene vorgekommen, hatte ich mich nicht getraut, die Kinder mit dem finsteren, schwierigen Vater allein zu lassen. Ich hatte niemals an irgendwelchen abendlichen Veranstaltungen teilnehmen noch Freundschaften pflegen können. Auch hatte ich nicht gewagt, außer Verwandte jemand zu uns einzuladen.

Als der Sommer 1967 kam, wurde der Wunsch, andere mir liebe Menschen besuchen zu können, in besonderem Maße erfüllt. Meine Schwester, die als Lehrerin in einem Dorf lebte, lud die drei Kinder noch einmal zu sich ein. Die Kinder sprangen bei der Nachricht vor Freude im Zimmer herum. Sie sollten sogar allein die Bahnfahrt machen und versicherten immer wieder, wie vernünftig sie doch schon seien. Sie waren es auch, und ich konnte es wagen, darauf zu vertrauen. Ich selbst machte nun einige Pläne, und Walter war bereit, zehn Tage allein zu bleiben. Am Tag, als die Kinder abfuhren, fuhr also mein Bruder vor und holte mich zu sich ab. Es war eine unvergeßlich schöne Fahrt durch das sommerliche Land, und ich war wie befreit. Ich lernte endlich meine Schwägerin kennen und den einjährigen Neffen und sah die Stadt, in der ich mit Walter so viel Not erlebt hatte, mit ganz anderen Augen wieder. Ich ließ mich drei Tage verwöhnen und fuhr dann weiter zu den lieben alten Tanten, die inzwischen an einem schönen bayrischen See wohnten. Auch da wurde ich mit Liebe umgeben.

Walter war erleichtert, als ich wieder zurückkam. Ihm war es insgesamt nicht schlecht ergangen, doch hatte er unruhige Nächte lang sich mit vielen Gedanken gequält und erklärte nun: *"In meinem Kopf ist ein Chaos."* Er hatte auch in der Zeit sein Medikament nicht genommen. Bevor die Kinder heimkehrten, erkrankte Hardy noch an einer Blinddarmentzündung und mußte fern von Zuhause operiert werden. Er überstand es tapfer und ruhig, alle drei kehrten vergnügt zu den Eltern zurück.

Hardy erholte sich schnell. Mein Verhältnis zu den Kindern war gleichbleibend zärtlich, es gab täglich Umarmungen und Küsse, wenn sie morgens in die Schule gingen, aus der Schule kamen und am Abend. Eines Morgens gab es einen großen Schreck. Ich stand am Küchenfenster und winkte Andreas nach. Auf einmal lief er hinter einem Auto unvermittelt auf die Straße, ich sah nur noch ein anderes Auto ziemlich schnell kommen, schrie laut auf und hielt die Hände vor das Gesicht und flüsterte: *"Lieber Gott, lieber Gott!"* Als ich vorsichtig wieder hinsah und nicht wußte, ob ich hinlaufen sollte, kam Andreas hinter einem Lastwagen hervor, das Auto fuhr weiter. Ich lief vor die Tür und nahm mein Kind überglücklich in die Arme! Uns beiden zitterten die Knie, wir waren um eine schlimme Erfahrung reicher.

Inzwischen war die Entscheidung gefallen — Hardy war in die Realschule gekommen. Ich hätte ihn gern auf ein Gymnasium gehen lassen, aber dort hätte er eine Aufnahmeprüfung mitmachen müssen, und ich wollte ihm eine Enttäuschung ersparen. Lieber sollte sich später einmal noch ein Weg in ein Gymnasium ergeben, dann könnte er es als einen Erfolg erleben. Ich hatte lange mit ihm darüber gesprochen, und er war einverstanden in der Art eines Kindes, das noch fügsam und vertrauensvoll ist.

Im selben Jahr fiel ebenfalls für Viola die Entscheidung für eine weiterführende Schule, da es 1967 und '68 Kurzschuljahre gab, ein Schuljahr von April bis 1. Dezember und eines vom 1. Dezember bis Ende Juli. Viola betrat am 1. Dezember zum ersten Mal ein Mädchengymnasium. Auch mit ihr hatte ich vorher verhandelt, und Viola war sehr begierig, in eine neue Schule zu kommen. Da sie sonst bis dahin nur mit Jungen gespielt hatte, wollte sie endlich auch Freundinnen haben. Es war das letzte Mädchengymnasium der Stadt, das nach wenigen Jahren auch in eine gemischte Schule umgewandelt wurde. Durch den Eintritt der Kinder in die Welt der Schule kam auch für mich etwas Neues in mein Leben. Es gab Elternabende, an denen ich erfuhr, daß es Fragen und Auseinandersetzungen über Bildung und Schule gab. Ich begann, regelmäßig ein Elternblatt zu lesen und über Schule nachzudenken. Mir wurde klar, was für eine Umwälzung es bedeutete, daß der Staat die Kosten für das Bildungswesen übernommen hatte; unter welchen Umständen hätte ich sonst ein Schulgeld für die Kinder aufbringen müssen, oder ihnen wären, nur weil der Vater Frührentner war, Bildungschancen vorenthalten geblieben. Ich erfuhr von den Auseinandersetzungen um das dreigliedrige Schulsystem, in dem schon ab dem zehnten Lebensjahr die Weichen für die späteren Lebenswege eines Menschen gestellt werden. Immer wieder hörte ich die Frage: "Warum sollen denn alle auf das Gymnasium?" Nach den zu fördernden Fähigkeiten eines Kindes fragte man nicht. Ich sah, daß die Mehrheit der Kinder trotz Schulgeldfreiheit auf dem Gymnasium sowieso aus privilegierten Familien kamen, denn die meisten Eltern, die selbst eine Hauptschule besucht hatten, schreckten vor einer langen Schulzeit ihrer Kinder zurück. Auch ich dachte mit bangem Herzen daran, ob ich wohl die vielen Jahre würde durchhalten können, bis die Kinder ein Gymnasium und eventuell ein Studium beendet haben würden. Mir wurde schwindelig, wenn ich die vielen Jahre nachzählte! Aber es wäre mir wie ein Unrecht vorgekommen, diesen so lebensfrohen und sich für alles interessierenden Kindern nicht einen langen Bildungsweg geöffnet zu haben.

Als Hardy in die Realschule kam, wurde ich bald darauf in den Elternbeirat gewählt. In letzter Zeit hatte ich mich schon am Rande für die politischen Ereignisse und Auseinandersetzungen interessiert und regelmäßig eine Wochenzeitung gelesen, um mich zu informieren. — Ich hatte mir in all den Jahren immer noch die morgendliche Frühstückslesestunde erhalten. — Aber nun informierte ich mich intensiver und lernte die Bedeutung verschiedener pädagogischer und politischer Überzeugungen und ihre Auswirkungen kennen. Ich machte mir mehr Gedanken über Begriffe wie Demokratie, Gerechtigkeit, Freiheit, Chancengleichheit. Und ich wunderte mich, daß ich das nicht schon früher getan hatte! Auch erfuhr ich mehr über Familienpolitik und lernte, genauer über die Situation von Familien in unserem Land nachzudenken. Für meine Entwicklung war dies alles ein weiterer Anstoß, endlich meinen Blick über die eigene Familie hinaus auf die Vorgänge in der größeren Gemeinschaft der Bevölkerung um mich herum zu richten. Es gefiel mir, mich um die Dinge außerhalb meines Haushaltes zu kümmern, war ich mir doch so lange wie eine Eingesperrte, isoliert in einer engen Welt, vorgekommen.

Nach meinen letzten Erzählungen könnte man vielleicht den Eindruck gewinnen, daß Walter in meinem Leben nur mehr am Rande vorkam. Dem war aber nicht so, bei allen Entscheidungen über die Schulen, die die Kinder besuchen sollten, sprach ich vorher ausführlich mit ihm, wenn ich auch nicht viel Antwort bekam. Ich erzählte ihm von meinen Gedanken und fragte ihn, wie es in seiner Schulzeit gewesen war. Und es geschah, daß er manchmal bei einer gemütlichen Tasse Kaffee nachmittags heiter und gelöst erzählen konnte. Ich versuchte, seine Zustimmung zu den Anmeldungen in den neuen Schulen zu erlangen oder wenigstens seine Gedanken darüber zu erfahren. Aber da wurde Walter dann meist wieder verschlossen und flüchtete in sein Zimmer und an das Radio. Mit der Zeit lernte ich erkennen, welche Ängste vor Entscheidungen in ihm waren. Er schien erleichtert, wenn ich die Dinge in die Hand nahm. Alle Vorschläge gingen von mir aus, aber es hatte zumindest den Anschein, daß auch er mit ihnen einverstanden war. Nur fühlte ich mich manchmal sehr einsam dabei.

Wenn ich gelegentlich abends zu meiner Freundin ging, an einer Veranstaltung teilnahm oder gar einen ganzen Tag bei Siegels verbrachte, erzählte ich Walter viel davon, — bis zu kleinen Äußerlichkeiten, aber auch vom dortigen Gedankenaustausch. Ich bin ein sehr mitteilsamer Mensch und hatte von meinem früheren Verhältnis zu ihm noch so eine starke Verbundenheit, daß ich gar nicht anders konnte, als ihn an allen meinen Erlebnissen teilhaben zu lassen. Erst später merkte ich, wie wichtig das für Walter war, wie ihm das allmählich in all seinen Ängsten und seinem Mißtrauen Sicherheit verlieh, er sich darauf verlassen konnte, daß ich keine Heimlichkeiten vor ihm hatte. Ich war instinktiv ganz offen, weil es einfach so meine Art war, aber diese Offenheit half, ein Vertrauen in ihm zu begründen und seine Angst zu beruhigen.

Eines Tages, als ich wieder einmal die Rente abholte, erfuhr ich von einem Sparbuch für meinen Mann, das der Sozialarbeiter verwaltete und auf das er immer mal wieder eine Summe abgezweigt hatte. Im Stillen war ich empört, daß Walter und ich bisher nichts davon erfahren hatten, man uns wie Unmündige behandelt hatte, aber wie alle Abhängigen hielt ich mich mit Kritik zurück und versuchte, nun eine Summe von diesem Sparbuch zu erhalten, um gute Kleidung für Walter kaufen zu können. Anstandslos bekam ich das Geld, und nun wurde ein guter Mantel, Schuhe und flotte Hemden besorgt, er lebte sichtlich auf. Daran zeigte sich, daß das Selbstbewußtsein eines so zurückgesetzten Menschen auch schon mit vermeintlichen Äußerlichkeiten ein wenig gestärkt werden kann.

Zu seinen Kindern hatte Walter einen ganz neuen Weg gefunden: Sie waren an ihn herangetreten mit der Bitte, Schach spielen zu lernen, weil sie bemerkt hatten, daß er ein guter Schachspieler war. Er versuchte es, und es tat ihm sichtlich wohl, mit einem Können für die Kinder interessant zu sein. Nach einer Weile brachte er ihnen auch Skat bei. Für mich war das eine fabelhafte Entlastung, wenn sie nun an Sonntagnachmittagen oder des Abends fröhlich miteinander spielten und dabei immer lauter und lustiger wurden. Sogar Walter wurde lebhaft, machte Witze, lachte laut und schien sich wohl zu fühlen.

Weihnachten

Liebe Frau Siegel,
ich habe oft ein großes Gefühl des Bedrohtseins, es fängt an mit dem Losschicken der Kinder auf den Schulweg, bis abends mit dem Dunkelwerden alle wieder glücklich da sind, bis hin zu den zahlreichen Befürchtungen im Blick auf ihre Zukunft und im Blick auf Walter, auf das Verhalten von Nachbarn und Behörden und die Angst, mir könnte etwas zustoßen. Was ist dann mit Walter und den Kindern? Auch die Angst, wie lange ich diesen Weg durchhalten und ein freies Herz behalten kann, ist da. Und in letzter Zeit macht mir meine Wirbelsäule wieder Beschwerden, wie lange werde ich noch gesund sein? Ob das Licht von Gott, das in der Weihnachtsbotschaft leuchtet, mir meine Ängste nehmen wird?
Die Kinder haben für Sie ein kleines Transparent und Sterne angefertigt, sie waren sehr eifrig dieses Jahr. Viola ist begeistert von ihrer Schule. Sie läuft im Zimmer herum und zeigt auf alle Gegenstände und benennt sie französisch, und Andreas läuft hinterher und wieder holt alles! Meinem Mann teilt sie gleich nach der Schule alle neuen Worte mit, da er ja auch Französisch kann. — Hardy muß am 5. Januar ins Krankenhaus zu einer Mandeloperation.

9. Januar 1968
Liebe Frau Siegel!
Als ich Ihnen zwei Tage vor Weihnachten schrieb, hatte ich schon ziemliche Mühe, alles noch zu schaffen, weil mein Rücken sehr weh tat. Bis alles getan war

am 24. Dezember, war ich leider völlig verkrampft und konnte nur noch krumm und schief zur Christvesper gehen. Trotzdem freuten wir uns, weil meine Schwester kam und weil Viola und Andreas im Chor mitsangen — und natürlich, weil Heiliger Abend war. Leider wurde das am 2. Feiertag mit meinen Schmerzen so schlimm, daß ich mich kaum noch rühren konnte. Das beschattete alles, und auf Viola und Hardy gestützt versuchte ich doch ins Wohnzimmer zu kommen, um den Kindern nicht den Tag zu verderben. Zum Glück war meine Schwester da, und der Arzt gab mir Medikamente. Die Kinder halfen meiner Schwester und Walter heizte die Öfen, und langsam wurde es mit Wärme und Schonung besser. Meine Schwester blieb bis 30. Dezember und hat sich viel mit den Kindern beschäftigt. An einem Nachmittag ging Walter mit allen Kindern in den lustigen Film "Die tollkühnen Männer in ihren fliegenden Kisten", und sie haben sich sehr amüsiert.

Das zehnte Jahr nach Walters Erkrankung und das fünfte, das er zu Hause bei seiner Familie verbringen konnte, begann mühsam. Meine Rückenmuskulatur war sehr verkrampft, ich konnte nur noch schief stehen und gehen und litt unter großen Schmerzen. Oft konnte ich nur mit Mühe aufstehen, und die Kinder mußten mir beim Anziehen helfen, was für alle aufregend war, denn ich jammerte dabei und war aus Verzweiflung nicht sehr geduldig. Noch viele Jahre später sprachen sie von dieser Erfahrung. Wenn ich lag, hatte ich das beklemmende Gefühl, gelähmt zu sein. Dann brach mir der Angstschweiß aus bei dem Gedanken, ich könnte ganz behindert werden — was sollte dann mit der Familie werden? Auch mußte ich wie schon früher erleben, daß Walters Hilfsbereitschaft nach zwei Tagen erlahmte, weil er meinte, ich wäre ganz gesund und hätte das mit den Schmerzen nur gemacht, *"um es auszuprobieren"*. Wie immer fürchtete er sich vor einer Anforderung, die durch die Wirklichkeit an ihn gestellt wurde. Er war beleidigt, daß ich weiter krank "spielte" und weigerte sich schließlich sogar, den Ofen zu heizen. Als er eines Vormittags zu mir sagte: *"Wie lange willst Du das eigentlich spielen?"*, weinte ich natürlich wieder und war sehr unglücklich. Durch entsprechende Behandlungen ließen die Schmerzen nach, zum Frühjahr ging alles besser, aber diese Erkrankung hatte unser Verhältnis erneut belastet. Ich konnte es gar nicht fassen, daß ein Mensch so sehr mit sich befaßt sein konnte, daß er meine Not gar nicht sah und ungerührt daneben leben konnte, zuschauen, wie ich mich quälte und stöhnte. Es gab meinerseits wieder laute Vorhaltungen, ungeduldiges Sich-aufregen, Schimpfen und Weinen. Das wirkte auf Walter nicht etwa so, daß er sich das zu Herzen nahm, sondern er flüchtete jetzt erst recht in sein Zimmer, wurde wieder schweigsam und unzugänglich — das machte alles nur noch schlimmer. Ich versuchte, mich immer wieder zu beruhigen und mir klar zu machen, daß das eine Störung sei in seinem Verhältnis zu den Mitmenschen, er also nichts dafür könne. Es tröstete mich sogar ein wenig, daß ich diese Entschuldigung für ihn hatte. Und noch etwas begann ich zu spüren: Daß es wohl auch das Medikament war, das seine Energie beeinträchtigte und diese "Antriebslosigkeit", wie der Arzt sich ausdrückte, verursachte. Vielleicht kam sogar auch die ständige Gewichtszunahme davon. Auch meinte ich, eine Art Schwerhörigkeit bei ihm festzustellen. Dadurch fühlte ich mich in einem Dilemma: Einerseits hatte ich Angst, die Tropfen abzusetzen, ich fürchtete mich vor einer neuen seelischen Beunruhigung bei ihm, daß das Leben mit ihm erneut schwerer werden könnte. Andererseits war mir bewußt, daß damit seine Persönlichkeit beeinträchtigt wurde, und das erschien mir auch unwürdig. Ich sah da kein Entkommen, außer daß ich begann, die Anzahl der Tropfen sehr herabzusetzen, an manchen Abenden tat ich so, als hätte ich sie vergessen.

Walter konzentrierte sich immer mehr auf das Fernsehen und saß sehr viel vor dem Bildschirm. Verwandte und Bekannte, die das bemängelten, wies ich immer wieder darauf hin, daß das Fernsehen für uns eine Erleichterung sei im Verbringen der Abende mit ihm, denn ich müsse sonst ständig seine Gespräche, die oft sehr mühsam und unverständlich waren, anhören, und das sei manchmal sehr deprimierend und anstrengend. Aber ich wurde von den meisten nicht verstanden, denn Walter redete nur so viel, wenn er mit mir allein war. Er hatte offenbar doch das Gefühl, er könne mit mir offen und ungeschützt reden. Ich hatte sein Vertrauen zu einem großen Teil wieder aufgebaut, er fühlte sich sicherer, weil er spürte, daß wohl die Zeit der Anstalten überwunden war. Mir wurde klar, wie sehr es zur Würde jedes Menschen gehört, von den Mitmenschen angehört zu werden und einen Lebensraum eingeräumt zu bekommen, in dem er seine persönliche Art verwirklichen und entfalten kann, wie auch immer sie sei. Für die Kinder versuchte ich das ja auch. Und mir wurde noch eines deutlich: Was nämlich Nächstenliebe — christliche Liebe — wie Jesus sie wohl meinte, in ihrer letzten Konsequenz ist. Sicher war Nächstenliebe auch Freundlich- und Geduldigsein, ein bißchen Kohlentragen oder Kochen, hin und wieder jemandem gut zureden und ähnliche caritative Tätigkeiten. Aber mir wurde echte Liebe viel mehr, nämlich Tag für Tag ganz neben dem Anderen bleiben und auch die Nacht, im Letzten verläßlich, den Anderen nicht im Stich lassen, ihn ernst nehmen, auf ihn eingehen, ihn nicht wie ein unmündiges Kind behandeln, wirklich Ernst machen mit ihm. Ja, ich sah es fast als Vorzug an, daß es mir ermöglicht wurde, an einer Stelle wirklich ernst zu machen, ohne daß ich es mir ausgesucht hätte. Noch mehr, ich merkte, daß mein ganzer Lebensweg vorher so angelegt gewesen war, daß er mir wie eine Vorbereitung auf das Leben mit Walter vorkam. Ich quälte mich nicht mehr mit dem Gedanken, daß es ein Fehler gewesen sein könnte, ihn zu heiraten, sondern hielt mir vor Augen, was es für ihn bedeutete, daß ich seine Frau geworden war und er nicht mehr allein in dieser lieblosen, menschenverachtenden Welt sein mußte. Ich reagierte sehr empfindlich, wenn andere Menschen von ihm als dem "Armen" sprachen und andeuteten, daß er ja wirr im Kopf sei und man ihn nicht erst nehmen könne. Oft waren es Menschen, die ihm weder an Bildung noch an Intelligenz und Gefühlstiefe das Wasser reichen konnten. Für viele war ein "Schizophrener" einer, der eben verrückte Vorstellungen hatte und deshalb nicht für voll genommen werden konnte, der permanent "irr" war, und man kam sich schon sehr gut vor, wenn man solch einen bloß duldete.

Ich dachte immer wieder über den Sinn von allem nach. Warum gab es diese Krankheit, so eine Störung, die ihn der menschlichen Gesellschaft so entfremdete? Auch mir erschienen seine Gedankengänge manchmal sehr fremd. Und ich fand immer deutlicher eine Antwort: Die "Verrückten" sind stellvertretend verrückt. Je mehr ich Zeitung las und über die Geschehnisse in der Welt informierte, je mehr ich beobachtete, wieviel Unglück und Zerstörung Technik und Chemie anrichten, wie die Menschen immer maßloser und oberflächlicher wurden, um so mehr erahnte ich die Verrücktheiten der Menschheit, und mir wurde klar, daß einige empfindlichere Menschen tief in ihrem Innern diese Widersprüchlichkeiten und die Bedrohtheit, die Kaputtheit, die davon ausgeht, fühlen und krank werden. Sie sind wie ein Seismograph dieser Zeit. Und es zeigt sich ja auch, daß heutzutage immer mehr Menschen seelisch erkranken. Aus diesen Gedanken ergab sich für mich eine weitere Folgerung: Wenn diese Kranken stellvertretend für die Verrücktheit dieser Zeit "verrückt" werden, so sind sie in besonderem Maße von Gott geliebt, Gottes Geliebte, und Gott leidet in ihnen und mit ihnen. Ich kam also fast zu einer entgegengesetzten Einstellung, besonders gegenüber Walters Verwandten, die meinten, er sei krank durch ein sich-versündigt-haben und weil er noch nicht *"zum Glauben gekommen"* sei. Ich wußte nun, ein Leben mit Walter ist ein Leben mit Gott, und nun wurde mir rückblickend deutlich, und ich vertraute weiter darauf, warum es Gottes Hilfe war, die mich an allen gefährlichen Klippen und Abgründen vorbeigeführt hatte.

Die Kinder wurden älter und begannen, den Vater bewußter zu beobachten und fragten mich, warum er so sei. Sicher übertrug sich mein Unglücklichsein auch auf sie, und sie wurden unsicherer im Umgang mit ihm, getrauten sich manchmal nicht, ihn anzusprechen. Wenn sie etwas von ihm wollten, mußte ich oft vermitteln. Waren sie abends mit ihm allein, versuchten sie, lieb zu ihm zu sein, und waren dann auch wohl enttäuscht, wenn er ihre Freundlichkeit nicht erwiderte. Es kam auch vor, daß sie auf kindlich scherzhafte Weise mit ihm anzubändeln versuchten, aber leider verstand Walter wenig Spaß in dieser Zeit. Längst merkten sie, daß die Väter der Schulfreunde anders waren, so fragten sie danach, warum der Vater keinen Beruf habe. In der Schule erzählen sich Kinder ja, was und wo ihre Väter arbeiten, und da gerieten unsere Kinder in Schwierigkeiten. Ich versuchte, so gut es ging, es ihnen mit Angstzuständen des Vaters zu erklären, und daß er wegen seiner Krankheit ein "Frührentner" sei. Als Andreas einem Schulfreund eines Tages auf dessen Frage hin sagte: *"Mein Vater ist ein Rentner"*, fragte dieser: *"Was ist denn das?"*. Andreas wußte sich nicht mehr zu helfen und kam sehr beklommen nach Hause.

Oft waren die Kinder aber auch in der Lage, schwierige Situationen zu überstehen, und ich fand es ganz gesund, daß sie nicht eine täuschende, heile Welt erfuhren, sondern ein ernsthaftes Leben, in dem einiges bewältigt und ausgehalten werden muß, — von den kaputten Schuhen bis hin zu der Tatsache, daß es Krankheiten gibt. Als sie erwachsen wurden, zeigte es sich, daß sie dadurch sowohl ein gutes Augenmaß im Umgang mit Geld als auch ein Mitgefühl für die Leiden anderer Menschen entwickelten. Ihr Heranwachsen war für mich immer von neuem ein Grund zum Staunen und zur Freude. Sie schimpften zwar wie jedes natürliche Schulkind auf diesen oder jenen Lehrer, aber im Grunde waren sie sehr interessiert an der Schule und den Lernstoffen. Wenn ein neues Schuljahr begann, breiteten sie die neuen Schulbücher auf ihren Betten aus, und Vater und Mutter sollten sie bewundern. Sie waren selbständig bei ihren Schularbeiten und wollten auch nicht kontrolliert werden.

Als große Beglückung empfand ich die Vertrauensseligkeit der drei. Jede Freude und jedes Mißgeschick, Anerkennung und Enttäuschung, gute und schlechte Noten und bevorstehende Ereignisse wurden mir oft schon gleich an der Tür erzählt und Vorzeigbares schon im Flur ausgepackt. Ich machte kein Geschimpfe bei Strafarbeiten oder "Klassenbuch-eintragungen" der Lehrer. Mir waren schon von jeher solche Maßnahmen als sehr fragwürdig und hilflos vorgekommen. Die Schule war nach meiner Meinung schon autoritär genug, die Kinder spürten so meine ziemlich unautoritäre Art und ergriffen ihre Freiheiten sehr intensiv, besonders Hardy. Sie entwickelten immer neue Ideen und Spiele. Hardy sammelte ständig Material, "aus dem man was machen kann", alte Bretter, Stricke, Nägel, Büchsen, und nervte mich sehr damit. Sie wollten mit Hammer und Messer, Wasser, ja sogar mit Feuer hantieren und waren in ihrer Unbeschwertheit oft sehr laut und lebhaft. Ich versuchte, darauf einzugehen und möglichst viel zu erlauben, ließ sie z.B. im Ofen Feuer machen, aber meine Nerven waren rasch erschöpft. Bei jedem Plan von Hardy reagierte ich erst mal mit Abwehr, war schnell verzweifelt bei Unordnung und fürchtete dauernd, daß etwas kaputt gehen könne. Es konnte auch vorkommen, daß ich ungeduldig nach den Kindern schlug, wenn ich mich provoziert fühlte; besonders Hardy hatte eine sehr hartnäckige Art, das zu tun, was er sich vorgenommen hatte. Wie sollte er sich da anders durchsetzen als mich herauszufordern? Da geschah es einmal, daß ich so zuschlug, daß er mit der Stirn gegen die Bettkante flog und etwas blutete, was mich sehr erschütterte. Unter Tränen bat ich ihn um Verzeihung. Ich kam mir sehr schlecht vor und war unglücklich über mich selbst. Der Junge fühlte das wohl, entwickelte mir gegenüber mit der Zeit ein erstaunlich ruhiges Verhalten und hielt sich auch allmählich mit Gefühlen mehr zurück. Später sagte er, er hätte diese Ausbrüche meinerseits wie eine "Urgewalt" erlebt und sich mir sehr ausgeliefert gefühlt.

Ich lernte ein Leben kennen, in dem es kaum eine ruhige Stunde, selten einen ruhigen Tag gab und einen weitreichenden Verzicht auf meine eigenen Bedürfnisse. Alle Gedanken, alle Tätigkeiten, alle Wege, das ganze Geld waren für die Familie bestimmt. Ich empfand auch die Geringschätzung, die viele Frauen erleben, die in einer 70-Stunden-Woche ohne Sonntag oder Feierabend für ihre Familie lebten. Damals war ich wie viele Frauen meiner Generation noch viel zu umständlich mit meiner Hausarbeit und meinte, es müsse alles so sein, und eine Frau sei eben dazu bestimmt, sich für die Familie aufzuopfern, — erst dann sei ich eine gute Frau und Mutter. — Da waren die Elternabende, ich war auch sehr interessiert, aber immer war alles eben mal drei. Manchmal ging ich in die Sprechstunden der Lehrer. Ich hatte mir überlegt, daß ich diesen nichts von einem kranken Vater sagen wollte, da ich die überall fest verankerten Vorurteile von Vererbung kannte und nicht wollte, daß meine Kinder Opfer solcher Vorurteile wurden. Nach einiger Zeit erlebte ich aber so verständnisvolle Lehrerinnen, daß ich sowohl mit Hardys als auch mit Violas Klassenlehrerin über Walters Krankheit sprach, und letztere sagte, sie hätte eine solche Schwierigkeit zu Hause bei diesen fröhlichen Kindern nie vermutet und ließ sich von mir schildern, in welcher Weise ich den Kindern die Krankheit des Vaters erklärte. Eltern der Freunde, zu denen besonders Viola eingeladen wurde, fragten wohl mal nach, dann gab ich Auskunft und machte nur einmal die Erfahrung, daß

Viola nicht wieder eingeladen wurde. Viola nahm das sehr wohl zur Kenntnis, war dadurch in ihrer eigenen Sicherheit aber kaum irritiert.

Für Andreas lief alles ein bißchen anders. Auch für ihn mußte ich über den Besuch einer weiterführenden Schule entscheiden und war daher selbst erstaunt über meinen Mut! Er sollte ein altsprachliches Gymnasium besuchen, in dem Latein die erste Fremdsprache war. Es war eine renommierte Schule und galt als Hochburg konservativer Kreise. Der Direktor war mir schon früher als Theologe und Fachmann für Religionsunterricht bekannt. Ausschlaggebend war die bekannt gute Musikpflege. Andreas war glücklich und konnte den ersten Schultag dort kaum erwarten. Durch seinen frühen Schulanfang und die Kurzschuljahre war er erst neun Jahre alt, ein sehr freundliches Kind, das wenig Sorgen machte. Auf meine Vorschläge und Einwände antwortete er meistens: *"Na gut"* und passte sich mir sehr schnell an.

Walters Rente war ein wenig gestiegen und betrug nun etwas über 700,-- DM, zu der noch 100,-- DM Pflegegeld hinzukam, wenn die Miete abgezogen war. Und wie das so ist mit der bürokratischen Verwaltung, wurde das Pflegegeld eines Tages wieder gesperrt. Es sollte erneut begründet werden, ob Walter für mich auch wirklich noch ein Pflegefall sei. Wie sollte ich das bei einer "seelischen" Pflege beweisen? Die Verwaltungsangestellten im Sozialamt kannten natürlich nur eine körperliche Pflege, und ich empfand es als erniedrigend und beleidigend, wie eine unberechtigte Bittstellerin dazustehen. Nur durch die Fürsprache des Sozialarbeiters im Gesundheitsamt bekam ich das Pflegegeld erneut ausbezahlt.

Es war immer noch sehr schwer, mit dem Geld auszukommen. Immer wieder waren Schuhe, ein Mantel, eine Hose oder Jacke nötig oder zu klein geworden. Ich schreibe von diesen banalen Dingen stellvertretend für alle Familien, die mit wenig Geld auskommen müssen, weil sich viele Menschen die Belastung, die davon ausgeht, vielleicht nicht richtig vorstellen können, zumal es auch heute viele Familien gibt, die durch Arbeitslosigkeit in ähnlicher Lage sind. Ich begegnete sogar Bemerkungen, wer weniger Geld habe, sei doch eigentlich viel glücklicher. Es war damals um 1968 — die Zeit, in der die Preise und Mieten zu steigen begannen. Wenn ein Monat anfing, setzte ich mich mit der Kasse an den Wohnzimmertisch und alle Kinder und Walter drum herum. Ich machte einen Voranschlag und wir besprachen alle gemeinsam, was an wichtigen Ausgaben nötig war, und errechneten den erhofften Überschuß. Der war sehr mager oder fiel ganz weg. Da kam es manchmal vor, daß ich zu weinen anfing, weil dieses oder jenes wieder nicht gekauft werden konnte, obwohl es so nötig gewesen wäre. Ich war manchmal innerlich erschöpft von diesem dauernden Rechnen und Sparen und Verzichten. Ich hatte gehofft, wir könnten alle wieder in ein Ferienhäuschen fahren, mußte aber nun den Kindern und mir diesen großen Wunsch versagen. Wenn ich so saß und weinte, konnte es sein, daß es auch deprimierend auf die Kinder wirkte, so daß diese mitweinten oder zumindest sehr beklommen dasaßen. Es konnte auch vorkommen, was viel schlimmer war, daß ich die Nerven verlor und ausrief: *"Ich kann nicht mehr, ich kann nicht mehr!"* und alles auf den Fußboden schmiß, was die Kinder sehr erschreckte. Ich war einfach nicht der Typ einer stillen Dulderin. Heute sehe ich das als gar nicht so schlimm an. Aber noch lange prägte sich den Kindern meine damalige Existenzangst ein und beeinträchtigte ihr eigenes Verhalten.

Schon lange hatte ich mit dem Gedanken gespielt, Religionsunterricht an einer Schule zu geben, um etwas Geld hinzuzuverdienen. Ich wußte nicht, ob meine Ausbildung und die Zeugnisse für eine Anstellung ausreichten. Zwei Fragen hatte ich mir gewissenhaft überlegt: Wie es für die Kinder sein würde, wenn die Mutter nebenberuflich tätig wird und ob ich überhaupt nervlich einer Arbeit in der Schule gewachsen sein würde. Ich fühlte mich bei dieser Entscheidung sehr unsicher. Sprach ich mit Walter, schüttelte dieser nur den Kopf und lehnte jede Verantwortung ab. Wie ich es bisher erfahren hatte, wußte ich aber auch jetzt tief innen, daß sich da entweder wieder eine Tür öffnen und ein Weg sich zeigen würde oder eben nicht. Ich mußte es nur versuchen. In der Haltung einer gespannten Erwartung, wie Gott mich führen würde, und flehentlich betend unternahm ich einen Versuch und meldete mich bei dem zuständigen Studienleiter für Religionsunterricht zu einem Gespräch an. Am meisten Angst hatte ich davor, noch eine Zusatzausbildung oder eine Prüfung machen zu müssen, denn das würde für die Familie und mich schwierig werden. Ich erfuhr, daß es vom Staat Lehraufträge für 13 Wochenstunden gab und ich stundenweise bezahlt werden würde, daß meine Ausbildung anerkannt werden könne und daß Religionslehrer sehr gesucht seien. Der Studienleiter schlug mir vor, mich erst mal einige Monate mit Hilfe von Fachbüchern vorzubereiten. Ich war überglücklich und machte mich gleich an die Arbeit. Aber nun eröffnete sich schon nach einer Woche eine andere ganz große Möglichkeit und ich glaubte, daß Gott mir eine unglaubliche Antwort gab! An einer Realschule mußte eine Lehrerin unerwartet von einem Tag auf den anderen ausscheiden. Die Schule lag nicht sehr weit entfernt, war nicht sehr groß und zu meiner Überraschung eine Mädchenschule, was mir für den Anfang leichter erschien. Es wurde gleich ein Antrag für einen Lehrauftrag gestellt, und schon nach wenigen Tagen konnte ich mit dem Unterricht beginnen. Es war um so aufregender für mich, weil ich nun wenig Zeit gehabt hatte, mich vorzubereiten, aber es war Weihnachtszeit, und das machte die erste Begegnung mit den Schülern leichter.

Entlassen aus der Isoliertheit

Das neue Jahr durften die Kinder diesmal mit uns Eltern gemeinsam um Mitternacht begrüßen, sie waren wie elektrisiert bei dem Geknalle ringsum. Lange nach Mitternacht saßen Walter und ich beieinander und machten Pläne für das neue Jahr. Walter fühlte sich ein wenig froher und erschien mir gelöster als früher. In dieser Zeit schlief ich fast jeden Abend mit einem glücklichen Danken ein.
Nun waren für mich und damit ja immer für die Familie mit die Würfel gefallen: ich gab an zwei Vormittagen in der Schule Religionsunterricht. Es bedeutete vor allem für mich eine große Lebensveränderung. Vierzehn Jahre lang hatte ich fast alle Kräfte und Gedanken auf das Leben von Walter und den Kindern gerichtet und mich ausnahmslos den Notwendigkeiten eines Familienlebens gewidmet. Ich hatte das Schicksal vieler Hausfrauen und Mütter geteilt, — das Abgetrenntsein von den größeren Zusammenhängen der Umwelt und ihren Anforderungen. Ich hatte diese Isolierung durch aktuelle Fernsehsendungen, durch Zeitungslesen zu überwinden und mein Wissen durch Literatur zu erweitern und wach zu halten versucht. Nun aber trat ich heraus aus dieser beengten Welt, und es wurde zu einem aufregenden Abenteuer für mich.

Ich nahm all meinen Mut zusammen — mit vielen Seufzergebeten auf der Busfahrt — und betrat schüchtern, aber ruhig und freundlich das Lehrerzimmer und die Klassen. Am Anfang fühlte ich Unsicherheit den Schülern gegenüber, aber bald merkte ich, daß sie nicht anders waren als meine eigenen Kinder und die Jugendlichen, die ich früher durch meinem Beruf in den Jugendgruppen gekannt hatte. Ich merkte sehr rasch, wie ich im Umgang mit ihnen wie ja auch mit meinen Kindern immer noch die frühere, freundschaftliche Art behalten hatte und kam schnell in Kontakt mit den Schülerinnen. Es gab Klassen, die redeten drauf los, stellten Fragen, und ich wußte: sich diesen Fragen zu stellen, darauf kam alles an: — *"warum müssen wir "Reli" an der Schule haben? Was machen Sie mit uns in "Reli"? Was ist Religion eigentlich? Gibt es Gott überhaupt?"* Immer wieder ließ ich mich tapfer in Diskussionen ein. Bei meinen Vorbereitungen ließ ich mich von den Fragen der Schülerinnen leiten und baute danach einen Lehrplan zusammen, den ich unter größter Mühe mit dem vorgeschriebenen Lehrstoff in Einklang zu bringen versuchte. Ich geriet von Anfang an in Konflikt mit den vielen Voraussetzungen, die die Kirche an das religiöse Interesse in der Bevölkerung, bei Eltern und Kindern setzte. Ich hatte früher schon ein deutliches Empfinden für die Unreligiösität der Mehrheit der Menschen unserer Tage gehabt, die ja durch den Wohlstand und die Technikgläubigkeit nur noch gefördert wurde.

Ich mußte nun, da ich so unvorbereitet in die Arbeit gekommen war, viel zu Hause arbeiten, was für die Familie und besonders für Walter eine große Umstellung in unserer Lebensweise mit sich brachte. Noch nie hatte ich so oft und so lange am Schreibtisch gesessen. Für die Kinder bedeutete es keine Schwierigkeit, denn jetzt bewährte es sich, daß sie sich an Selbständigkeit gewöhnt hatten. Das Mittagessen wurde zur großen Austauschstunde des Tages, in der alle Erlebnisse mit Schule und Freunden, in Sport und Musik zum besten gegeben werden konnten. Es ging dabei so lebhaft zu, daß Walter sich meist kopfschüttelnd und ärgerlich vor sich hinmurmelnd in sein Zimmer zurückzog. Auch das Gute-Nacht-Sagen war immer noch eine Möglichkeit des Sich-Mitteilens und Umarmens. Ich fand wenig Verständnis bei Walter für meine Vorbereitungen am Schreibtisch und spürte seine zunehmende Unsicherheit, die wohl von seiner Angst herrührte, mich wieder an andere Menschen und andere Tätigkeiten zu verlieren. Er war immer erleichtert, wenn es Samstag und Sonntag war und ich in Ruhe ohne zu arbeiten bei ihm sitzen oder mit ihm spazieren gehen konnte. Solche Spaziergänge ohne Kinder wurden für uns beide zu einer sehr beliebten und erholsamen Angelegenheit. Walter konnte von seinen Gedanken sprechen, was ihm nun oft sehr wichtig war. Wenn ich aus der Schule kam, umarmte ich ihn freudig und zeigte ihm, daß ich gern nach Hause kam. Da für mich die erneute Berufstätigkeit eine sehr große Anspannung war, empfand ich die Hausarbeit als kleinere Mühe. Sehr bedrückte mich, daß ich Walter nicht von dem, was mich in meinen Gedanken bewegte, erzählen konnte. Wenn ich ihm von meinen Unterrichtsvorbereitungen etwas zu lesen gab, legte er es weg, ohne es anzusehen, oder wenn ich ihm in meiner spontanen Art von einem Ereignis in der Schule erzählte, schien es mir manchmal, als spräche ich mit einer Wachsfigur. Er tat meist so, als ginge ihn dies alles nichts an, ich empfand das schon als kränkend.

Ich mußte sehr viel arbeiten und saß manchmal bis spät in die Nacht, schlief vor Aufregung schlecht in diesen ersten Monaten meiner Tätigkeit: es war eine schwere Zeit, in der ich kaum zu mir selbst kam. Im Frühjahr wurde Hardys Konfirmation gefeiert, die er friedlich und ergebener über sich ergehen ließ, als ich es sonst von ihm gewohnt war, — später sagte er: mir zuliebe. Der Tag wurde still und schlicht gestaltet. Als das Schuljahr um war, hatte ich das Schwerste geschafft, gab meine ersten Zeugnisnoten und erlebte die erste Zeugniskonferenz. Es tat mir wohl zu wissen, daß ich die Arbeit würde leisten können, ja sogar ein bißchen Gelingen spürte ich im Bewußtsein, daß ich von den Schülerinnen angenommen und von den Lehrern und Lehrerinnen als ernstzunehmende Kollegin respektiert wurde. Anerkennung hatte ich lange nicht mehr erfahren und mein Selbstwertgefühl bekam Auftrieb. Auch war ich glücklich, nun ganze 332,-- DM mehr für uns alle zu haben; für uns war diese kleine Summe schon viel Geld, — besonders froh war ich, dieses Geld mit einer sinnvollen Arbeit verdienen zu können.

Noch eine andere Entwicklung, die neu war, vollzog sich während dieser Zeit in mir. Der Beginn meiner Tätigkeit in der Schule fiel in die Zeit der Studentenunruhen, in die Auseinandersetzungen über die Notstandsgesetze und den numerus clausus, von dem auch meine Kinder betroffen waren. Auch die Schülerinnen und Schüler wurden unruhig, es gab Demonstrationen und Schülerstreiks. Und plötzlich fiel mir auf, daß auch ich gemeint hatte, wenn Ruhe und Ordnung walten, ist alles im Staat gut. Nun aber wurde ich von den Schülerinnen gefragt, was die Studenten eigentlich wollten, und ich war jemand, die ernsthaft antworten wollte. Also fragte ich selbst erst einmal und informierte mich. Ich brachte es für mich und die Schüler auf eine einfache Formel: es ginge um mehr Demokratie, das heißt mehr Mitbestimmung, daß nicht mehr Menschen über Menschen herrschen, sei es durch Kapital oder durch Machtpositionen z.B. an den Universitäten, daß jede und jeder die gleiche Chance haben sollte, daß alle Menschen Partner sein sollten. Dabei begann ich richtig bewußt wahrzunehmen, daß die Bundesrepublik eine Demokratie ist und daß die jungen Menschen recht hatten, wenn sie nun eine konsequentere Verwirklichung dieser demokratischen Grundordnung auf allen Gebieten einforderten. Ich erkannte, daß ja auch ich immer noch in autoritären Vorstellungen erzogen worden war, daß ich es für ein "Ordnung" gehalten hatte, daß es "Oben" und "Unten", eine Führungsschicht gab und das gehorsame Volk, eine besonders dafür geeignete Elite und die fleißige, tüchtige, brave Bevölkerung, die nach dem Krieg erst einmal aufbaute, und daß sich auch nach oben arbeiten konnte, wer wollte. So war bis dahin auch noch mein Weltbild gewesen. Auch ich hatte mich nicht mit der Demokratie bewußt identifiziert. Ich erfuhr zum ersten Mal, daß das Demonstrationsrecht zu den wichtigsten Grundrechten einer freien Demokratie gehört und im Grundgesetz steht. Ja, wo ist eigentlich das Grundgesetz, fragte ich mich erschrocken. Ich war sehr betroffen, daß ich es noch nie gelesen hatte, während die Schülerinnen es vor sich liegen hatten. Ich las nun nach 20 Jahren Bundesrepublik zum ersten Mal im Grundgesetz nach und fragte mich, warum ich und viele in meinem Alter, wie ich nun bemerkte, sich um den Inhalt des Grundgesetzes nicht gekümmert hatten. Wir hatten den gewählten Politikern vertraut, — der Führungsschicht, und es ging ja auch alles so gut "aufwärts", allen ging es besser, und dafür war ja die Regierung da. Und wem es nicht gut ging, der war entweder nicht tüchtig genug oder hatte eben Pech wie Walter und ich. Wer protestierte, galt als Unruhestifter und Störer der Ordnung, so etwas gehörte sich einfach nicht.

Ich erkannte allein schon am Beispiel des Schulbetriebs, wie wichtig in Deutschland Ruhe und Ordnung, Gehorsam und Anpassung waren. Sehr nachdenklich machte mich nun dieses: Ich hatte meine Aufgabe als Religionslehrerin in einer "Verkündigung des Evangeliums" gesehen. Die blieb aber nun im Verbalen, im allgemein gefassten theoretischen Reden ohne Ausdruck und Konsequenz für das reale Leben und die Bewährung der Christen in meiner Umwelt stecken, also in einem unpolitischen Christentum. Ich war in meinem eigenen Schicksal mit Walter sensibel geworden für die Radikalität des christlichen Liebesgebotes ebenso wie für die Würde eines benachteiligten, kranken Menschen. Ich war bewegt von der freiheitlichen und sozialen Tendenz des Grundgesetzes und konnte es ohne Schwierigkeit mit dem Glauben an einen Gott, der die Liebe ist, verbinden. So nahm ich intensiv inneren Anteil an der damaligen sozialen und demokratischen Bewegung in der Bundesrepublik, die durch die Studentenunruhen in Gang gebracht worden war und manches veränderte. Das hatte auch Einfluß auf meinen Religionsunterricht.

Man kann sich gut vorstellen, daß auch meine Kinder von meinem politischen Interesse etwas spürten und sicher auch beeinflußt wurden von dem, was um sie herum vorging. Sie waren größer geworden und durften bis nach der Tagesschau aufbleiben. So stellten sie viele Fragen. Besonders mußte ich Rede und Antwort stehen, als ich den Kindern erlaubte, eine Fernsehreihe über das Dritte Reich zu sehen, die die Kinder und auch einen Teil meiner Schülerinnen sehr beschäftigte. Walter empfand es als anstrengend und zu aufregend, daß so viel los war, daß zunehmend ernster geredet wurde in der Familie. Erst abends war er sichtlich erleichtert, nur mit mir allein im Wohnzimmer zu sitzen. Samstagabends saßen alle drei Kinder frisch gebadet in Schlafanzügen vor dem Bildschirm, nachdem sie Apfelpfannkuchen genossen hatten, und amüsierten sich arglos mit den Eltern an Quizsendungen oder dem Ohnsorgtheater und verputzten Süßigkeiten. Das ist sicher in vielen Familien das gleiche, aber ich erzähle es, weil für unsere Familie solche Gemeinsamkeit und warme Geborgenheit, obwohl in bescheidenem Rahmen, keine Selbstverständlichkeit war, auch und besonders für Walter. Was täte er, wenn er uns nicht gehabt hätte? Wenn wir nicht zusammen geblieben wären? So aber waren wir alle unaufdringlich um ihn, und die Kinder konnten ihren Vater dabei erleben, wie er bei den Fernsehspäßen laut und fröhlich mit ihnen lachte und beim Quiz alles wußte!

Da sie in die Pubertät eintraten, frecher und alberner wurden, konnte es vorkommen, daß sie den Vater nachahmten und über ihn lachten, wenn er z.B. in auffälliger Weise hustete oder im Zimmer hin und her ging. Es kam vor, daß sie um Erlaubnis für dieses oder jenes baten und er spontan *"Nein"* sagte. Dann mußte ich meistens vermitteln. Dabei spürten die Kinder die Hilflosigkeit des Vaters und die vorherrschende Mutter und wandten sich später gleich an mich.

Wir hatten nun schon eine Zeitlang etwas mehr Geld zur Verfügung. Die Rente mußte immer noch jeden Monat im Gesundheitsamt abgeholt werden. Ich verdiente nun 330,-- DM hinzu, und meine Patentante schickte monatlich 100,-- DM. Das Pflegegeld war eingestellt worden, als ich berufstätig wurde, und ich empfand es als Erleichterung. Es war schon bedrückend genug, daß alle zwei oder drei Jahre die Anfrage vom Versicherungsamt kam, ob Walter wieder arbeitsfähig sei. Wir hatten nun endlich wieder Geld zurücklegen können und ein Ferienhäuschen an der Weser gemietet, auf das wir uns alle sehr freuten. Die Häuser lagen an einem Hang, von wo aus man weit in das Land schauen konnte. Als wir am Bahnhof des kleinen Ortes ankamen, regnete es in Strömen, und der Feriendorfleiter, der uns mit dem Auto abholen wollte, war nicht gleich da, und da standen wir nun im Regen. Dies schockierte Walter sehr, weil er es als schlimme Blamage empfand, daß wir kein eigenes Auto hatten wie alle anderen Ferienhausmieter. Man hatte die meisten Feriendörfer allerdings auch so gebaut, daß sie für Nicht-Autobesitzer schwer zu erreichen waren. Walter brauchte mehrere Tage, bis er diesen *"Reinfall"*, wie er sagte, überwand.

27. Juli 1968

Liebe Frau Siegel!
Wir sind schon eine Woche hier, und trotz zu hoch geschraubter Erwartungen ist es sehr schön. Wanderungen und Spaziergänge von 2 — 3 Stunden haben wir unternommen — mit immer neuen Entdeckungen und Ausblicken und Bänken zum Ausruhen. Auf diesen Bänken sitzend führen wir lange Gespräche. Walter ist nicht mit, und um den drehen sich alle Gedanken der Kinder. Ich habe hier Ruhe und Zeit, um ihnen manches zu erklären. Andreas sagte dann gestern: "Na gut, jetzt weiß ich wieder besser über den Papa Bescheid." Sie finden es offensichtlich schön, sich mit mir zu unterhalten. Und einen Bach gibt es hier, in dem man mantschen kann, und ich habe Federballspielen gelernt! Morgens werden Milch und Brötchen hochgefahren, was den Kindern großen Spaß macht, und nach Bestellung wird auch ein ganzer Korb voll Lebensmittel heraufgebracht, und so kommen wir uns wie im Schlaraffenland vor! Diesmal leben wir auch auf größerem Fuß und gehen sogar im Dorf essen. Morgen wollen wir mit dem Dampfer die Weser aufwärts fahren. Wir haben sogar zum ersten Mal Farbfotos gemacht. Walter sitzt meistens im Zimmer auf dem Sofa oder im Liegestuhl in der Sonne und hört unentwegt Radio, über zum Glück mit Kopfhörer. Die Kinder sind ihm viel zu unternehmend.
Mit meinen Religionsstunden wird es wahrscheinlich so, daß ich an der Realschule meine acht Stunden behalte und an einer Grundschule noch sechs dazubekomme. Die erkrankte Lehrerin kommt nicht wieder und der Rektor möchte mich behalten.

In diesen Ferien erlebe ich eine tiefe Verbundenheit mit den Kindern, und es war der Höhepunkt ihrer Anhänglichkeit an mich. Sehr beeindruckt hat uns der sternklare Nachthimmel. Sie sahen zum ersten Mal die Milchstraße in ihrer ganzen Pracht und wurden still vor Bewunderung. Hardys neues Fernrohr wurde viel benutzt, und die Begeisterung der Kinder überschlug sich fast, als auch noch Glühwürmchen herumflogen!

12. August

Liebe Frau Siegel!
Heute sitze ich ganz alleine auf der Terrasse, da die Kinder zum ersten Mal mit dem Vater in das Schwimmbad gegangen sind. Vor ein paar Tagen haben wir auf dem Main gerudert, das hatte ich ihnen schon lange versprochen. Aber leider

habe ich seitdem wieder Rückenschmerzen. Es wurde von Tag zu Tag schlimmer. Die Kinder mußten mir helfen, denn morgens war es sehr schlimm. Walter machte die Betten und die Kinder kauften ein. Ich bekam Tabletten und Bestrahlungen. Ich war ganz mutlos, aber heute geht es etwas besser, so daß ich mit den Jungen zum Kaufhof fuhr. Ich habe mein Juligehalt gespart, und mit dem Ferienzuschuß dazu wollen wir die beiden Regale aufstellen mit einem Arbeitsplatz für jeden. Hardy hantiert schon immer mit Linsen und Spiegeln und dem Fernrohr und will jetzt Optiker werden.

Die neuen Regale für die Jungen wurden am gleichen Tag aufgebaut, an dem die neue U-Bahn vor dem Haus eröffnet wurde. Das war ein aufregender Tag! Voller Begeisterung räumten die Brüder ihre vielen Bücher und Spiele ein, und das Zimmer wirkte endlich nicht mehr so ärmlich. Viola trat in eine christliche Pfadfindergruppe ein. Andreas durfte in seiner Schule in einem besonderen Knabenchor mitsingen, der bei Konzerten sogar im Rundfunk mitwirkte. Er war so glücklich und aufgeregt, daß man ihn kaum beruhigen konnte. Diese Konzerte wurden unvergeßliche Erlebnisse für sein ganzes Leben, und ich war glücklich, daß das für ihn möglich war.

Der Antrag für einen Lehrauftrag war gestellt, und es vergingen drei Monate, es ging auf Weihnachten zu, und es kam keine Antwort und — was noch schlimmer war — kein Geld! Ich mußte aber den Krankenkassenbeitrag bezahlen und so war das Ergebnis meiner Berufstätigkeit, daß wir erstmal weniger Geld hatten als vorher. Und was sollte Weihnachten werden? Ich mußte mir schließlich Geld leihen und hatte große Wut auf die Bürokratie und die Behörden. Endlich, nach Weihnachten, kam dann viel Geld. Walter wurde durch diese Panne von neuer Angst gepackt und meinte, ich bekäme kein Geld, weil man ihn dafür bestrafen wolle, daß er als Mann nicht arbeitet und Geld verdient. Er war schweigsam, und ich konnte ihm diese Beunruhigung nicht ausreden. Solche Erfahrungen zerrten mal wieder an meinen Nerven.

Es kam nun öfter vor, daß ich an den Abenden Veranstaltungen oder Bekannte besuchte und die Kinder sich um sich selbst kümmerten. Schlecht und recht vertrugen sie sich dabei mit dem Vater, der manchmal meinte, autoritär sein zu müssen. Als die Kinder in diesem pubertären Alter waren, hatte er kein gutes Verhältnis zu ihnen. Meist machten sie ihn nervös und er fühlte sich von ihnen eingeengt. Es kamen die ersten Minderwertigkeitsgefühle und so etwas wie Angst seinen Kindern gegenüber in ihm auf.

Einen Auftrieb aber erfuhr auch Walter in dieser Zeit: Die Anschaffung eines Telefons! Wir hatten schon jahrelang darunter gelitten, immer zum Telefonhäuschen gehen zu müssen, und bei meiner Schultätigkeit wurde dieser Apparat sehr wichtig. Nun hatten wir wirklich das Gefühl, der Wohlstand sei bei uns ausgebrochen! Alle Verwandten und die Freunde der Kinder wurden angerufen, und Walter war erlöst, daß er — wenn schon kein Auto-, so doch ein Telefonbesitzer war. Andere Menschen mögen über solche Kleinigkeiten lächeln oder den Kopf schütteln, aber für Walter tragen sie zu seiner Selbstachtung bei in einem Land, in dem materielle Bescheidenheit bei vielen Menschen damals und heute noch als Zeichen gilt, ein Versager zu sein.

Es war das Jahr 1969, und ich war inzwischen eine gereifte Frau von 43 Jahren geworden, und meine Entwicklung befand sich in einem starken Aufwind. Ich war glühend interessiert an den politischen Ereignissen und Veränderungen im Land. Ich las viel und informierte mich jetzt erst richtig. Bildungspolitische Auseinandersetzungen lagen am nächsten. Bald fühlte ich mich von den antiautoritären Tendenzen bestätigt, die der Öffentlichkeit immer deutlicher bewußt gemacht wurden. Wie viele andere erkannte aber auch ich die unglückliche Formulierung und änderte sie in "unautoritär" um, denn in meiner Umgebung wurden viele Vorurteile laut gegen eine solche angstfreie Erziehung. Auch erlebte ich das tragische Mißverständnis, daß bei einer antiautoritären Erziehung "alles erlaubt sei", wie die Gegenseite zu verbreiten versuchte und viele Menschen nachsprachen. Ich erfuhr, wie hartnäckig sich Menschen dagegen wehren, ihre bisherigen Ansichten denkend zu überprüfen und neue Vorstellungen aufzugreifen. Das kam mir sehr bekannt vor, hatten Walter und ich doch schon seit Jahren Vorurteile gegenüber psychisch Kranken schmerzlich erlebt,. Dabei half mir, das ich las, daß auch Albert Einstein erfahren hatte: *"Vorurteile sind schwerer zu spalten als ein Atom."*

Ich beteiligte mich an einer Arbeitsgemeinschaft von Frauen und lernte die Rollengebundenheit von Mann und Frau erst jetzt erkennen, jene anerzogenen, engen, kleinbürgerlichen Klischees, und begann bei mir selbst als Hausfrau manches zu ändern, wobei ich merkte, daß man dadurch, daß man im Beruf steht und den Haushalt als Nebensache ansieht, noch lange nicht emanzipiert zu sein braucht. Aber ich befreite mich, indem ich sagte: *"Ich will nicht mehr immer nach einer perfekten Wohnung und einer vorschriftsmäßigen Haushaltsführung beurteilt werden."* Allem voran wurde ich sensibler gegenüber Ungerechtigkeiten, Unfreiheiten und Bevormundungen.

Diese Lernprozesse, die mit mir vorgingen, betrafen auch meinen christlichen Glauben und für mich wurde " d i e Wahrheit Jesu", wie ich es nannte, unübersehbar, vor der sich keine Ausflüchte mehr halten konnten. Unter der "Wahrheit Jesu" verstand ich die Botschaft von der Liebe Gottes zu den Menschen, die er durch sein Verhalten und in der Hinwendung zu den Kranken, Blinden, Lahmen, Bösen, Gescheiterten, Armen, Verachteten und Ausgestoßenen deutlich machte. Seine radikalen Aufforderungen wurden für mich unüberhörbar, daß an der Selbstgerechtigkeit, an Besitz und Macht sich die Liebe entscheidet, sowohl zu Gott als auch zu den Menschen, und nicht im ein-bißchen-lieb-sein. Dafür mußte er sterben, denn solch eine Botschaft konnten die Gesetzeshüter, die Mächtigen, die Privilegierten nicht ertragen. Damit wurde damals wie heute durch die Botschaft Jesu an ihren Vorteilen, ihren Positionen und ihrem Eigentum gerüttelt: Und wer gibt das schon alles auf, es sei denn, er und sie begreifen, was Liebe ist. Und ich beobachte: Genau darum begann es sich in all den Auseinandersetzungen und Unruheherden in der Welt und bei uns zu handeln, wonach mich meine Schülerinnen immer mehr befragten. Wer dieser Wahrheit ausweichen will, wird halbherzig und dessen Christentum unglaubwürdig. Ich versuchte, mir selbst das Halbe und Unwahre in meinem eigenen Leben klarzumachen und vor den Schülern ehrlich zu sein. Solche Gedanken beeinflußten natürlich meinen Religionsunterricht. Ich hatte ja schon bei meinen Kindern gemerkt: Christlicher Glaube konnte nicht weitergegeben werden im Erlernen von Glaubenssätzen, im verbalen Predigen, er mußte gelebt sein, dann erst wurden die biblischen Texte konkret und lebendig. Wie konnte man das in der Schule machen? — Nur sehr unvollkommen, aber ein wenig. Ich versuchte im Unterricht von der Situation und dem Erleben der Kinder auszugehen. Meine Geduld, die Gleichgültigen und Oberflächlichen immer wieder zum Mitmachen zu bewegen und mich auf die Frechen einzulassen, ging manchmal sogar den Mitschülern zu weit, von den Kollegen ganz zu schweigen. Eines Tages kam mir der Gedanke: Es ist nötig, ohne Machtmittel auch den Böswilligen zu begegnen, denn Jesus hatte denen gegenüber auch keine Macht ausgeübt. Natürlich ärgerte ich mich auch über Frechheit, Gleichgültigkeit, Intoleranz und Spott unter den Schülern und erhob dann manchmal meine Stimme, und mit meiner Geduld war es dann vorbei. Es kam auch vor, das ich Schüler an Noten gemahnte und Strafen verteilte. Aber meist empfand ich dies als großen Fehler und sprach auch mit den Kindern offen darüber. Ich begann mit der Sisyphusarbeit, in den Kindern ein Bewußtsein für Gerechtigkeit und Ungerechtigkeit, für Liebe und Lieblosigkeit, Gut und Böse im Sinne Jesu zu vermitteln, erst so konnte ich mit ihnen von Gott sprechen, von dessen Güte und Barmherzigkeit, von Gnade und Segen und ewigem Leben. Ich war oft tief entsetzt über die Reden, die die Kinder führten im Blick auf Ausländer und Angehörige anderer Rassen und Kranke, hinter denen ich ja die Eltern hörte. Und immer wieder begegnete ich Spott und Mißachtung gegenüber Behinderten. In manchen Klassen hatte ein hinkendes Kind oder ein Spastiker ein schweres Dasein unter den Mitschülern, bei einigen aber erwachte auch Hilfsbereitschaft und Nachdenklichkeit über ein verändertes Umgehen mit Kranken und Schwächeren. Mein Unterricht war manchmal ein einziger Kampf gegen Gleichgültigkeit, Oberflächlichkeit und Egoismus. Manchmal gelang ein Vordringen zu einem Ausdruck von Glauben etwa in der Vermittlung eines Liedes, im Lesen von "Psalmen, für Kinder übersetzt", im tieferen Nachfragen nach Gott. Ich drückte mich bei den Schülern nicht vor der Tatsache, daß wir von Gott nur in Bildern sprechen können, daß er keine vorstellbare Person ist, daß wir für ihn Symbole haben, weil Gottheit mehr ist, als wir zu fassen vermögen, da wir gewohnt sind, alles mit dem Verstand zu erklären, weil er alle unsere Beschreibungen übersteigt, sonst wäre er nicht Gott. In meiner Ausdrucksweise strengte ich mich sehr an, für die Schüler verständlich zu sein.

Eine große Veränderung brachte — auch für mich — die Erkenntnis, daß ein traditionelles, autoritäres Gottesbild für junge Menschen ein großes Hindernis bedeutete — und nicht nur für junge, würde ich heute sagen. Die meisten hatten etwas von einem gestrengen Vatergott — gemäß ihrem eigenen Vaterbild — gehört, der Gesetze gibt und ihre Nichteinhaltung bestraft. Mir wurde erschrocken klar, welch ein angstmachender oder fordernder Gott auch von der Kirche vermittelt worden war, vor dem sich die Menschen erst mal als Sünder in den Staub zu beugen haben, der Schuldgefühle erzeugte anstatt das Bewußtsein von Geliebtwerden, das erst nach vielen zu erfüllenden Voraussetzungen kommen darf. Ich war auch erschrocken, daß ich selbst von so einem Gott-Vater-Bild geprägt worden war, und es begann in mir immer mehr in dieser Richtung zu arbeiten.

Noch etwas wichtiges geschah mit mir. Ich begann meine Arbeit in der Schule nach vierzehn Jahren Hausfrauendasein mit großer Unsicherheit und Minderwertigkeitsgefühlen. Ich war mir meiner selbst nicht sicher — von meiner Kleidung angefangen bis hin zu meiner Ausdrucksweise, meinem Auftreten unter den Lehrerinnen und Lehrern und dem Rektor gegenüber. Erst nach etwa zwei Jahren begann ich sicherer zu werden, und allmählich merkte ich, daß ich keineswegs dumm war oder nicht gut aussah, — im Gegenteil, ich gewann ein neues Selbstwertgefühl und trat immer bewußter mit einer eigenen Meinung auf, wenn mir auch noch lange das Herz bis zum Halse schlug! Aber ich war glücklich, zu spüren, daß ich auch jemand bin!

Ich durchbrach das Sich-aufopfern nur für die Familie und wurde eine informierte, kritische, urteilsfähige und umfassender denkende Persönlichkeit. Walter wollte nichts hören von meinen Erlebnissen und Gedanken. Immer wieder, wenn ich spontan und fröhlich berichten wollte, würgte er meinen Redefluß ab und ging einfach aus dem Zimmer oder sagte: *"Damit habe ich nichts zu tun"*, was wohl eher heißen sollte: Damit will ich nichts zu tun haben, das ist die Welt, die Dich mir wegnimmt. Vielleicht hatte er auch das Gefühl, selbst ein unausgefülltes Leben zu führen. Mir lag es fern, ihn das absichtlich spüren zu lassen, aber ich konnte es auch nicht verhindern und ich war nicht mehr bereit, meine Entwicklung seinetwegen einzuengen. Ich war mir da ganz sicher, daß so ein Opfer von mir nicht gebracht werden mußte, da ich ihm sonst täglich mit Verständnis und Solidarität begegnete. Wenn ich die Zeitung las, sagte er: *"Von Dir geht eine Macht aus"*, und machte seinerseits laute Musik. Ich ließ mich davon nicht mehr so verunsichern wie in früheren Jahren und bewegte ihn zu einer gütlichen Einigung, zum Musikhören mit Kopfhörern! Es war doch immer wieder so, daß Walter ein Leben für sich und ich meines daneben führte, wenn es auch hin und wieder zu besserer Kommunikation kam als in den vergangenen Jahren. Oft fühlte ich mich nicht nur mit meinem Erleben, sondern überhaupt sehr einsam und dachte: Wenn die anderen alle wüßten, wie mühsam ich hier mit einem so ganz anders gearteten Menschen — milde ausgedrückt — lebe.

In der Schule und anderswo lernte ich sympathische Männer kennen und stellte mir vor, wie es wohl wäre, wenn ich zu einem von ihnen eine engere Beziehung finden würde. Das würde mich aber in schlimme Konflikte bringen, und das ganze Familienleben müßte zusammenbrechen. So war ich möglichst nicht auf ein solches Erlebnis aus und verdrängte diese Möglichkeit allmählich vollständig, obwohl ich doch meine Sehnsucht nach Geliebtwerden immer wieder fühlte. Aber begegnete ich anderen Männern, war ich erstaunt, wie leicht und frei mir der Umgang mit ihnen gelang.

Was es bedeutet, sein Leben miteinander zu teilen, spürten Walter und ich noch einmal auf besondere Weise. Walters Rente war nun dreizehn Jahre lang von einem Sozialarbeiter als "Pfleger" verwaltet und mir Monat für Monat ausgezahlt worden. Als mir zu Ohren kam, daß dieser in Pension ging, beantragte ich die Übertragung der Pflegschaft auf mich als Ehefrau. Das geschah, und Walters Rente wurde nun endlich nach so vielen Jahren auf mein Konto überwiesen. Wir kamen uns wie aus einer Haft in die anständige Bürgerschaft entlassen vor! Endlich frei vom Gesundheitsamt! Das wirkte sich sehr günstig auf Walters Gemütslage aus, und er ging nun immer zu seiner Bank, um seine Rente eigenhändig abzuheben wie jeder "normale" Mensch. Ich bekam eine "Bestallungsurkunde" als Pfleger und konnte nun damit auch das geheimnisvolle Sparbuch in Empfang nehmen: Es waren 4000,-- DM darauf, und unsere Empörung kam uns nochmal hoch über die Bevormundung, die wir uns da hatten gefallen lassen müssen: Jahrelang hatte man uns quasi ungefragt Geld zugeteilt, das uns gehörte. Nun waren wir aber froh, daß wir es hatten, allerdings mit einer Einschränkung: Das Sparbuch war gesperrt! Wenn wir Geld abheben wollten, mußten wir vorher eine Genehmigung des Amtsgerichtes einholen und nachher für jede ausgegebene Mark Belege vorlegen. Das taten wir sogleich und kauften zu meiner Erleichterung endlich eine vollautomatische Waschmaschine und erneuerten unsere bescheidene Wohnungseinrichtung erheblich. Besonders Walters Zimmer wurde nun gemütlich eingerichtet. Ich mußte jedes Jahr eine vollständige Abrechnung über alle abgehobenen Renten und deren Verwendung für den Unterhalt der Familie im Amtsgericht vorlegen. Diese Abrechnung schrieb Walter selbst jedes Jahr im Januar in vorbildlicher Weise auf der Schreibmaschine, und ich dachte: So einer braucht nun einen "Pfleger". Leider dachte ich es damals nur. Zwei Jahre war man mit unserer Abrechnung zufrieden, da es ja auch großzügige

Beamte gibt. Aber dann gerieten wir an einen übergenauen Rechtspfleger. Ihm waren die Kontoauszüge, die ich nun auch noch vorlegen sollte, zu undurchsichtig. Er beanstandete, daß da außer der Rente auch noch mein Gehalt und von anderswoher Geld darauf kam. Er befahl mir in einem barschen Schreiben, für eine vorschriftsmäßige "Rechnungslegung" zu sorgen und diese umgehend einzusenden. Dieser Brief kam gerade zu einem sehr ungünstigen Zeitpunkt, als ich wegen einer Operation im Krankenhaus lag. Walter war davon sehr beunruhigt, denn er war sowieso schon durch das Allein-zurecht-kommen-müssen sehr angespannt. Der Brief verursachte bei ihm Nächte des Grübelns, denn er fühlte sich erneut von den Behörden verfolgt. *"Die wollen mir eine Lektion erteilen, weil Du gewagt hast, die Pflegschaft zu übernehmen"*, sagte er zu mir. Und ich konnte im Krankenhaus ebenfalls nicht schlafen, weil ich mich um Walter sorgte und Wut auf den Beamten hatte. Kaum aus dem Krankenhaus entlassen, ging ich persönlich hin und sah mit schnellem Blick, welch korrektem Beamtentyp ich in die Hände gefallen war. Ich erfuhr von ihm, daß ich mit meinen 510,-- DM Gehalt meinem Mann gegenüber nicht mehr unterhaltsbedürftig sei, ebenso die nun erwachsenen Kinder mit ihrem Lehrlingsgehalt und Studien- und Schülerzuschüssen. Von der Rente des Mannes, so errechnete er, müsse daher so viel übrig sein, daß monatlich ein Betrag auf das — wohlgemerkt gesperrte — Sparbuch einzuzahlen sei. Auf meine Frage: *"Wofür?"*, lautete die Antwort: *"Für eventuelle Notfälle"*, — gut. Als ich aber fragte, wie hoch dieser Betrag sein sollte nach seiner Meinung, fiel ich bei der Antwort fast vom Stuhl: Es war so viel, daß wir im Jahr ca. 2000,-- DM sparen sollten — mit drei Kindern in der Ausbildung, mit Musikunterricht und anderem. Walters Rente war inzwischen auf 1500,-- DM angewachsen; ich verdiente 510,-- DM, und wir hatten mit den Kindern abgesprochen, ihnen ihre Ausbildungsförderungen zu überlassen, da diese so viele Jahre hindurch sehr genügsam gewesen waren. Hardy sparte sich davon einen teuren Rechencomputer für sein Studium und bezahlte selbst seinen Führerschein. Viola plante den Umzug in eine eigene Wohnung, und sie und Andreas bezahlten alle ihre Fahrten mit den Jugendgruppen selbst. Wir Eltern brauchten sie "nur" noch zu ernähren, schenkten ihnen Fahrräder. Ich werde noch berichten, warum es wichtig war, daß auch für Walter etwas mehr Geld da war. Nun kam so ein Rechtspfleger, der mich noch nie gesehen hatte und die Familie nicht kannte und sich für uns auch nicht interessierte, und wollte uns die Höhe unseres Lebensstandards vorschreiben! Er erklärte mir, wenn ich nicht verantwortungsvoll mit der Rente meines Mannes umginge, hätte mein Mann mir gegenüber einen "Regressanspruch". Ich wies ihn darauf hin, daß mein Mann nicht entmündigt sei, wogegen auch meiner Meinung nach das gesperrte Sparbuch verstoße, und daß er auch deshalb seinen Kindern und mir so viel Geld geben könne, wie er wolle, und daß ich mit meinem Mann Gütergemeinschaft hätte. Darauf der Rechtspfleger: *"Ihre Pflichten als Pfleger gehen vor denen der Ehefrau"*, und ich konnte nur mit Mühe meine aufsteigende Empörung unterdrücken. Er drohte mir, wenn ich nicht eine einwandfreie Rechnungslegung vorlege, würde er beantragen, daß mir die Pflegschaft entzogen werde. Das war für mich zuviel!

Zum Glück hatte ich am Abend vorher schon mit Hardy zusammen die entsprechenden Paragraphen im Bürgerlichen Gesetzbuch nachgelesen. Da stand:
"Vermag ein Volljähriger, der nicht unter Vormundschaft steht, infolge körperlicher oder geistiger Gebrechen einzelne seiner Angelegenheiten oder einen bestimmten Kreis seiner Angelegenheiten, insbesondere seine Vermögensangelegenheiten, nicht zu besorgen, so kann er für diese Angelegenheiten einen Pfleger erhalten.
Die Pflegschaft darf nur mit Einwilligung des Gebrechlichen angeordnet werden, es sei denn, daß eine Verständigung mit ihm nicht möglich ist... Die Pflegschaft ist ... aufzuheben, wenn der Grund für die Anordnung der Pflegschaft weggefallen ist.
Eine nach Paragraph ... angeordnete Pflegschaft ist von dem Vormundschaftsgericht aufzuheben, wenn der Pflegebefohlene die Aufhebung beantragt."

Als ich das alles las, ärgerte ich mich sehr über mich selbst, ich war unglücklich und traurig über mich und meine unmündige Dummheit, mit der ich siebzehn Jahre lang voller Vertrauen zu den Behörden, Ärzten und dem Sozialarbeiter nie mich selbst nach den entsprechenden Paragraphen erkundigt und sie nicht schon längst oder gar von Anfang an gelesen hatte. Ich hatte nur die Entschuldigung, daß ich damals nervlich und seelisch so kaputt war und zu wenig Kraft für so viel Initiative gehabt hatte. Und Walter war damals so eingeschüchtert und ängstlich besorgt, ja nicht seinen Entlassungstermin aus der Anstalt in H. durch Aufmüpfigkeit — wie Nachfragen meist gewertet wird — zu gefährden. So hatte er auf Aufforderung der Ärztin damals seine Einwilligung in die Pflegschaft unterschrieben, ohne darüber aufgeklärt worden zu sein. Welch eine Menschenverachtung, einen seelisch etwas instabilen Menschen wie ein unmündiges Kind zu behandeln, indem man ihm falsche Tatsachen erzählt — dann käme die Rente schneller durch — und sich nicht die Mühe zu machen, ihn oder wenigstens die Ehefrau zu informieren. Einem "Geisteskranken" gestand man das Recht auf Wahrheit nicht zu, dem kann man irgendwas sagen, *"damit er sich nicht aufregt"*, damit kann man ihm gegenüber alles rechtfertigen. Wer die damaligen Briefe Walters an mich in Erinnerung hat, wird sich erinnern, daß Walter immer — mehr oder weniger gut — in der Lage war, *"seine Vermögensangelegenheiten selbst zu besorgen"*. Eine überholte Gesetzgebung legte fest, daß ein "Insasse" einer Heilanstalt nicht geschäftsfähig sein kann. Was mich und nun auch die Kinder, die alles intensiv miterlebten, aber so empörte, war die Tatsache, daß später kein Arzt oder der Sozialarbeiter oder ein Amtsrichter sich die Mühe gemacht hatte, die Voraussetzungen für eine Pflegschaft für Walter zu überprüfen oder Walter und mich auf die Möglichkeit ihrer Aufhebung aufmerksam zu machen. Als die Pflegschaft auf mich überwechselte, wäre dazu doch die Gelegenheit gewesen. Die Behörden verwalten Akten, und die Beamten tun ihre "Pflicht" und berufen sich auf ihre Gewissenhaftigkeit, aber wären sie wirklich gewissenhaft, würden sie eher erkennen, daß sie es mit lebendigen Menschen zu tun haben.

So fragte ich den Rechtspfleger nach dessen Drohung einfach, was nötig sei, um die Pflegschaft aufheben zu lassen. Antwort: Ein ärztliches Gutachten — mehr nicht! Ich erkundigte mich noch vorsichtshalber bei einer Rechtsberatung und erfuhr nebenbei, — was die ganze Familie sehr erheiterte — daß ich Walter all die Jahre gar nicht hätte erlauben dürfen, seine Rente selbst vom Konto abzuheben oder Kaufverträge zu unterschreiben! Umgehend baten wir Walters Arzt um einen Termin, trugen ihm unser Anliegen vor und rannten bei ihm offene Türen ein. Der Arzt gab auch zu, daß das schon längst hätte geschehen müssen, er hatte von der Pflegschaft nichts gewußt. Schon eine Woche nach Einsenden des Gutachtens kam die Aufhebung, und auch der Sperrvermerk des Sparbuches wurde aufgehoben. Dieses war nun nach dem Aufheben des Amtsgerichtsbeschlusses vor vielen Jahren und der Übergabe der Pflegschaft an mich der letzte Schritt in die Freiheit für Walter, — welch ein unnötig langer Prozess! Wieviel Deprimierendes kann einem ehemaligen Patienten durch Verwaltungsakte geschehen, noch lange Jahre, nachdem er aus der psychiatrischen Behandlung entlassen ist!

Noch eine letzte Hürde war zu nehmen: Wir mußten dem Bundesversicherungsamt die Aufhebung der Pflegschaft mitteilen, damit die Rente nun wirklich auf Walters Namen lief. Wie befürchtet, kam prompt eine Anfrage, ob Walter wieder arbeitsfähig sei. Wenn es um Geld geht, wird sofort überprüft. Es verging noch ein Vierteljahr angstvollen Wartens, bis wir aufatmen konnten. Wir haben diese Ungewißheiten als schwere Belastung erlebt, die besonders Walter sehr verunsicherten. Er stand in dieser Zeit viele Ängste durch, jedoch auch ich war von Sorgen niedergedrückt. Das gemeinsame Durchstehen verband uns wieder fester miteinander, und Walter wurde erneut deutlich, daß ich zu ihm stand und mich für ihn einsetzte, und das führte zu einer bewußteren Beruhigung seiner Angst- und Schuldgefühle.

Der lange Weg zum Erwachsenwerden

Wie entwickelten sich die Kinder zwischen den verschiedenen Eltern und dem etwas ungewöhnlichen Familienleben? Sicher gibt es für ihre Entwicklung eine ganze Reihe psychologisch begründbare Erklärungen, aber mir erschien es, als könnte ich Jahr für Jahr deutlicher sich ein Wunder vor meinen Augen abspielen sehen, ein schönes Mosaik entstand, das ich immer staunender wahrnahm. Obwohl alle drei zart, schmal und empfindsam waren, entwickelten sie Lebensfreude, Willenskraft und Mut, und es zeigte sich bei allen eine erstaunliche Vielseitigkeit. Sie waren wissbegierig und lernbereit und fanden die Schule interessant. Sportliche Aktivitäten, ideenreiche Spiele und intensives Lesen unzähliger Bücher, um nur drei Beispiele zu nennen, füllten ihr Leben aus. Das alles ist ja schon früh bei vielen Kindern wie verschüttet, oder alle Phantasie verkümmert, das Interesse erlahmt, wie ich es später unter den Schülern oft erlebte. Schlechte Noten wirkten auf Hardy, Viola und Andreas höchstens ärgerlich, aber nicht angstmachend, nie erlebte ich Nervosität bei ihnen.

Zum Glück wurde auch ihre Lebensbejahung, wie ich es immer befürchtet hatte, durch die finstere Schweigsamkeit und zeitweilige Unfreundlichkeit des Vaters und überhaupt durch die Tatsache, einen kranken Vater und eine oft weinende und nervöse Mutter zu haben, nicht beeinträchtigt. Meine seelische Verfassung beruhigte sich auch allmählich, und die Kinder bemühten sich ganz von sich aus um Kontakt zum Vater. Dabei lernten sie, Enttäuschungen immer besser hinzunehmen, ohne davon allzu frustriert zu sein. Sie spürten es oft, wie unglücklich ich war und wie ich mich bemühte, trotzdem mit ihnen fröhlich zu sein. Es geschah auch, daß die Kinder sich bemühten, mir Freude zu bereiten und mich aufzumuntern. Die Mutter immer fragen zu können und ernsthafte Antworten zu bekommen, war sicher für sie eine wichtige Hilfe. Es schien, als würde damit allmählich ein Mitgefühl und Verständnis für den Vater geweckt. Jedenfalls kam selten eine Ablehnung ihm gegenüber von den Kindern zum Ausdruck. Im Gegenteil: Immer wieder begegnete ihm von Seiten seiner Kinder viel Freundlichkeit und Heiterkeit und, vor allem entscheidend, nie eine Verurteilung. Diese Einstellung zu ihm wirkte sich wohl heilend auf ihn aus.

Die Kinder hatten überhaupt ein freundliches Wesen, mit dem sie Verwandte, Nachbarn und auch Lehrer für sich gewannen. Sie waren eher etwas schüchtern und deshalb auch zu ihrem Glück nicht frech. Da ich ihnen von Anfang an Widersprechen gestattete, lernten sie sehr früh im Kräftespiel mit mir ihr Wollen und Tun zu begründen. Das geschah in ganz normalen Kämpfen: Eines von ihnen wollte etwas und ich sagte zuerst einmal *"Nein"*. Danach ließ ich mir ihr Vorhaben erklären, und meistens wurde mir dann bewußt, daß mich nur meine Angst bestimmte und sie ja nichts Böses, wollten und gab nach. Auch ich versuchte den Kindern meine Gründe zu erläutern, zum Beispiel, daß ich ihnen wegen des mangelnden Geldes manche Wünsche abschlagen mußte. So gewöhnten wir uns alle etwas bis heute charakteristisches für unser Familienleben an: Das Diskutieren. Es gab mit der Zeit nichts, worüber nicht geredet wurde, und dabei konnte es auch vorkommen, daß Aggressionen freigesetzt wurden. Ich lernte etwas zuzulassen, wenn es mir auch schwer fiel und wogegen sich viele Eltern wehren: Kritisiert und belehrt zu werden von den heranwachsenden Jugendlichen. Fand ich deren Kritik ungerechtfertigt, so gab ich ihnen das auch zu verstehen. Ich war genauso temperamentvoll wie meine Kinder. Es kam aber vor, daß ich den Kindern Recht gab und mir meiner Fehler bewußt wurde. Das Gleiche kam aber auch umgekehrt vor, und wieder machte ich die Erfahrung, daß das eigene Sein, daß es-ihnen-vormachen am meisten erzieht. Die meisten Verwandten und auch ich selbst hielten diese Erziehung für inkonsequent, nur mit dem Unterschied, daß die Verwandten eine Erziehung zum unbedingten Gehorsam für notwendig hielten, wie das wohl in deutschen Familien von jeher typisch war; nachgiebige Eltern galten als schwache Eltern, als sei Erziehung ein Machtkampf. "Der Wille des Kindes muß gebrochen werden", wer kennt diesen Satz in meiner Generation nicht? Eltern haben eine unanfechtbare Autorität zu sein, der nicht widersprochen und die nicht hinterfragt werden darf. Der gleiche Gedanke steht wohl auch hinter dem Dogma von der Unfehlbarkeit des Papstes. Ich wurde mir auch darüber klar, daß mein Umgang mit Walter auf die Kinder beispielhaft wirken könnte, auf ihre Vorstellung, die sie später von einer Partnerschaft, von Liebe, von Fürsorge füreinander entwickelten. Wenn ich nun die Geduld verlor, Walter beschimpfte, aggressiv gegen ihn wurde oder ihm meinen Willen aufzwang, versuchte ich darüber mit den Kindern zu sprechen, auch wenn ich dabei weinte. So erlebten sie mit, was ausgehaltenes Leiden von Vater und Mutter bedeutete, und es entstand ein tiefes Verständnis und Liebe zu den Eltern. Mit

zunehmendem Alter begannen die Kinder auch den Vater vor meiner beherrschenden Energie in Schutz zu nehmen, wenn sie meinten, er würde von mir eingeschränkt. Es konnte vorkommen, daß Hardy der Mutter sagte: *"Mami, Du verstehst den Papi nicht"*, oder daß Viola mahnte: *"Hast Du den Papa überhaupt gefragt?"*, und daß Andreas mir erklärte, daß der Vater manchmal genau den springenden Punkt trifft, um den es geht, und daß er daher Recht habe.
Alle drei waren keine Musterschüler und wollten es auch nicht sein. Ihr natürlicher Ehrgeiz ging nur so weit, daß sie nicht die Schlechtesten sein wollten, aber sie bemühten sich nicht krampfhaft, die Besten zu sein. Ihre durchschnittlichen Erfolgserlebnisse genügten ihnen, und sie waren nicht bereit, ihre ausgefüllte Freizeit allzusehr der Schule zu opfern. Es zeigte sich, daß Hardy und Viola begabt für Mathematik waren und lauter Einsen nach Hause brachten, was mich sehr erstaunte, — ich selbst hatte keine Beziehung zu Mathematik. Andreas, der sich sehr leicht anpasste, lebte seine stürmische Pubertät in der Schule aus, widersprach und stritt leidenschaftlich mit den meisten Lehrern. Er wurde auch mal kreidebleich vor Zorn, wie mir andere aus seiner Klasse berichteten, und konnte wegen ihm und anderen widerfahrenen Unrechts bis zum Direktor gehen. Wegen dieses Verhaltens wurde er mehrere Male zum Klassensprecher gewählt. Gleichzeitig wurde er allen Lehrern bekannt als ein sehr musikbegabter Junge, der sich begeistert an Schulkonzerten beteiligte. Seine Zeugnisnoten rutschten in der Zeit gefährlich abwärts. In der Oberstufe wurde sein Verhältnis zu den Lehrern eher ein freundschaftliches, und er lernte mit großem Interesse und Erfolg. Hardy drängte sich nie zu Aufgaben in der Schule und wurde ein sehr zurückhaltender Junge; er zeigte sich aber zwischendurch selbstbewußt und sicher. So machte er zum Beispiel das Alkoholtrinken und Rauchen in seiner Klasse von Anfang an nicht mit und verstand es, sich wegen dieses Verhaltens bei den anderen Respekt zu verschaffen. Ganz ruhig bildete er sich in vielen Dingen seine eigene Meinung, die er immer besser zu vertreten verstand.

Violas Hobby waren Freundinnen und Freunde! Sie waren für sie wie ein Lebenselixier! Oft kam sie bis zum Abend gar nicht nach Hause, sondern blieb in den Familien der Freundinnen, mitunter sogar über Nacht oder das Wochenende. Mit ungefähr zwölf Jahren wurde sie Pfadfinderin in einer evangelischen Pfadfindergruppe und übernahm diese mit 16 Jahren selbst als Gruppenleiterin. Sie begeisterte sich für Fahrten, Wanderungen und Zeltlager, die sie bis nach England und Frankreich, später in die Schweiz und bis nach Malta führten. Manche Lager und Wanderungen bereitete sie selbst sehr umsichtig und selbständig vor. Auch Andreas schloß sich mit 15 Jahren einer christlich orientierten Jugendgruppe an und nahm ebenfalls begeistert an Fahrten und Veranstaltungen teil. Ich war manchmal als typisch zu besorgte Mutter beunruhigt, wenn sie so abgetobt und erschöpft nach Hause kamen, aber das begeisterte Erzählen machte mich dann wieder glücklich. Es fiel uns nicht leicht, die teuren Rucksäcke, Luftmatrazen und anderes Nötige zu besorgen. Oft haben wir für solche Unternehmungen das letzte Geld zusammengekratzt, und wenn die Ferien um waren, war auch das Sparkonto abgeräumt. Meist sparten wir nur von den einen Ferien zu den nächsten. Wir Eltern verzichteten auf Urlaubsreisen, aber wir wurden doppelt belohnt durch die Freude der so glücklichen Kinder. Ich meinte es als wichtigstes Zeichen ihrer seelisch-geistigen Gesundheit anzusehen, daß sie sich so gemeinschaftlich verhielten, daß sie weder Ängste noch Minderwertigkeitsgefühle anderen gegenüber zeigten und Anstrengungen sowie Verzichte nicht scheuten.

Andreas lernte im Jugendwerk einen Jugendleiter kennen, zu dem er ein besonders freundschaftliches Verhältnis entwickelte. Mir schien es, als fand er in diesem so vitalen, lebhaften Mann alles, was sein Vater nicht geben konnte, ebenso wie Viola auch Väter ihrer Freundinnen kennenlernte. Ich nahm mir vor, diese Erfahrungen nicht zu stören; obwohl es mich schmerzte, spürte ich doch, daß ich sie dadurch ein Stück verlor. Es beruhigte mich von Jahr zu Jahr mehr, daß es schien, als hätten alle drei Kinder nichts von der schwierigen Veranlagung des Vaters geerbt. Damals hatte ich noch nicht gelesen, daß Schizophrenie keine Erbkrankheit ist.

So wild Hardy als Kind gewesen war, so ruhig wurde er nun als Sechzehnjähriger, las am liebsten für sich und experimentierte allein in seinem Zimmer. Er holte Stöße von Büchern aus der Stadtbibliothek. In seiner offenen Art zeigte er mir und dem Vater, was er sich ausgesucht hatte, und es erstaunte mich, daß immer wieder neben naturwissenschaftlichen Büchern auch Märchenbücher darunter waren. Er fühlte sich, je älter er wurde, von gemüthaften, tieferen Schichten des menschlichen Bewußtseins angezogen, interessierte sich für Psychologie und andere Religionen. Von ihm hörte ich zum ersten Mal, was später ganz wichtig für mich wurde, daß unser Bewußtsein wie die Spitze eines Eisbergs sei im Vergleich zu unserem Unterbewußtsein, ja daß es diese überhaupt gibt.

Alle drei entwickelten eine große Liebe zur Musik, ihre musikalische Begabung stellte sich schon sehr früh heraus. Aber nun begann dieser Umstand für mich zu einer besonderen Art des Lebens zu werden: In allen Räumen wurde musiziert! Walter hörte Radio, im Wohnzimmer übte Andreas Klavier, im Eßzimmer spielte Viola auf der Gitarre und sang hingebungsvoll dazu, und Hardy brachte sich allein mit sechzehn Jahren das Spielen auf einer elektrischen Gitarre bei, für die er ein ganzes Jahr lang sparte. Ich versuchte, alles zeitlich zu koordinieren, aber nicht immer gelang es. Ich hatte ohnehin in der Wohnung nirgendwo einen Platz für mich. Riefen aber Nachbarn an und fragten, wie lange noch Klavier geübt würde, konnte ich Andreas wie eine Löwin verteidigen, was aber zusätzlich meine Nerven strapazierte. Mit fünfzehn Jahren bat Andreas darum, Orgelunterricht zu bekommen, und wir fanden einen hervorragenden Organisten, von dem Andreas einige Jahre sehr beglückt viel lernte. Jeden Monat ging nun ein beachtlicher Batzen Geld für Musikunterricht, für Flöten und Noten drauf. Trotzdem war diese Entwicklung für alle eine große Freude. Viola und Andreas sangen und spielten außerdem von klein auf in einem Kinder- und Flötenchor der Kirchengemeinde mit, später gehörten sie zu der Gemeindekantorei, und viele Konzerte blieben für sie unvergeßliche Erlebnisse. Immer erleichterter wurde ich über all dies und ein Gefühl des Erfolgs stellte sich langsam auch bei mir ein, nach all den schweren Jahren. Ich wurde dadurch ein wenig ruhiger und ausgeglichener. Früher, als ich meist so sehr allein mit den drei Kindern war, hatte ich oft gedacht, daß es ungünstig sei, daß die Kinder nur mich, die Mutter, als alleinigen Umgang, Maßstab und Anregung hatten, und vom Vater kam wenig. Nun war es wirklich so geworden, daß sie in eine größere Gemeinschaft und geistigen und seelischen Reichtum hineingewachsen waren und ein hohes Niveau erreicht hatten, was wie ein Wunder erschien.

In ihren Ansprüchen waren die Kinder sehr bescheiden, von der Kleidung bis hin zu Fahrzeugen. Sie machten sich wenig daraus, daß sie nur ein und dieselbe Jacke tagein, tagaus trugen und begnügten sich mit Fahrrädern, die am Anfang auch noch gebraucht waren. Ich führte das darauf zurück, daß sie von klein auf gelernt hatten, die Unterhaltssumme zu übersehen, die uns zur Verfügung stand, und realistisch zu beurteilen, was man damit machen kann und was nicht. Eines Tages wurde mein Gehalt erhöht, und die Tatsache, daß Hardy auf einer Fachoberschule Ausbildungsbeihilfe bekam und Viola das Alter erreicht hatte, in dem ich für sie ebenfalls eine Ausbildungsförderung beantragen konnte, kam uns zu Hilfe. Viola war bereit, ihr Geld mit Andreas als Taschengeld zu teilen. Auch die Rente war mittlerweile angewachsen. Ich bekam mit meiner Gehaltserhöhung eine beachtliche Nachzahlung, und wir kauften davon eine gute Stereoanlage und einen Cassettenrecorder, und nun begannen alle, ihr Geld für Platten mit ihrer Musik auszugeben, und Walter baute sich mit den Jahren ein echtes Musikstudio auf, das er mir als großes Geschenk hinterlassen hat. Ein Jahr später wurde endlich in der Wohnung eine Zentralheizung eingebaut, wodurch die Miete zwar stieg, so daß Zweidrittel des Geldes für den notwendigsten Lebensunterhalt gebraucht wurde, aber wir waren froh, endlich eine wirklich warme Wohnung zu haben. Wir renovierten und krempelten die ganze Wohnung um und kamen uns auf der sozialen Leiter durchaus einige Stufen höher aufgestiegen vor.

Je älter die Kinder wurden, desto verstärkter kamen Überlegungen für eventuelle Berufspläne zur Sprache. Zuerst ging es natürlich um Hardy. Inzwischen war bei ihm Bewunderung für einen Physiklehrer aufgekommen, und sein Interesse an der Elektrotechnik wuchs. Es begann eine Zeit, in der es zu immer neuen Kabelverlegungen in Hardys Zimmer und in der Wohnung kam. Andreas mußte zu seinem Schreibtisch über unzählige Drähte und Werkzeuge hinwegsteigen. Hardy baute vor Walters Fenster eine fabelhafte Antenne, damit der Vater noch mehr Sender empfangen konnte. Eines Tages lasen wir eine Anzeige der Post, sie suche zukünftige Ingenieure für Nachrichtentechnik und bilde sie kostenlos aus. Bei weiterer Nachfrage erfuhren wir, daß man dazu nach einer abgeschlossenen Realschule zwei Jahre eine Fachoberschule besuchen könne mit einschließendem Praktikum und abschließendem Fachabitur, und danach konnte man ein Studium auf einer posteigenen Fachhochschule bis zum graduierten Ingenieur aufnehmen. Jeder Schüler und Student bekam monatlich eine Ausbildungsbeihilfe, wofür der Studierende sich verpflichten mußte, nach abgeschlossener Ausbildung eine bestimmte Anzahl von Jahren für die Post zu arbeiten. Zu diesem Wagnis redete ich ihm zu. Unsere Kinder gehörten ja zu den unheimlich angewachsenen Jahrgängen, in deren Schulzeit der Beginn des Numerus clausus an den

Hochschulen fiel und nachher auch die Verknappung der Lehrstellen. Es kam in der Schule in ihren letzten Schuljahren bereits schon auf jede halbe Note an, und Andreas geriet vor seinem Abitur stark unter solchen Leistungsdruck.

Hardy ging auf mein Überreden ein, und sowohl das praktische Arbeiten in Lehrwerkstätten wie auch die Fächer Mathematik und Physik brachten ihm große Befriedigung. Nach einem guten Abitur passierte etwas Überraschendes: Er hatte schon eine Weile vorher erfahren, daß das Studium an der Fachhochschule sehr schwer sei und hohe Ansprüche gestellt würden. Es wurden ohnehin nur die zehn Besten des Fachabiturs genommen, und eines Tages kam die Nachricht an ihn, daß er dazu gehörte. Er aber sagte die Annahme des Studienplatzes ab — aus Angst, er würde den Anforderungen nicht gewachsen sein. Er traf diese Entscheidung allein, da wir Eltern zum ersten Mal ein paar Tage verreist waren. Als wir wiederkamen und davon erfuhren, regte ich mich furchtbar auf, — ich flippte aus, wie die Kinder es nannten. Ich konnte es gar nicht fassen, einen Studienplatz, der einem auch noch angeboten wurde, abzulehnen, — wie konnte er so weltfremd sein! In meiner heftigen Art machte ich ihm laute Vorwürfe und konnte mich nur mit Mühe beruhigen. Meine ganze jahrelange Angst um die Zukunft der Kinder entlud sich. Auch dachte ich mit Schrecken an das viele zurückzuzahlende Geld, und der Angstschweiß brach mir aus! Ich spürte zunächst Hardys Motiv, s e i n e Angst vor zu großen Anforderungen nicht, und er saß ganz still da und verteidigte sich nicht. Aber Gott war auch hier bei uns und seine Liebe eröffnete neue Wege: nach ein paar Tagen rief ein Beamter der Post an und fragte noch einmal nach, warum Hardy abgelehnt hatte. Die Post lege großen Wert auf Studierende mit so guten Fähigkeiten. Hardy gab nach und sagte zu, und — oh Wunder, — wieder einige Tage später bekam er die Nachricht, er könne sofort mit dem Studium beginnen. So verließ unser erstes Kind für längere Zeit das elterliche Zuhause. Er bezog eine kleine Studentenbude in einem großen Studentenhaus. Die Fachhochschule war eine sehr gut ausgestattete, große Anlage und es dauerte nicht lange, bis Hardy merkte, daß er den Anforderungen ohne weiteres gewachsen war und daß ihn alles sehr interessierte. Er wurde in dieser Zeit sehr selbständig und brauchte keine Mutter mehr, die für alles sorgte. Mich bewegte das sehr, aber ich war auch froh über diese Erleichterung. Hardy hatte immer sehr anstrengend auf mich gewirkt vom Gitarrespielen an bis hin zu den Spätfilmen und dem vielen Experimentieren, bei dem es durchaus auch zu Kurzschlüssen in der

Wohnung kam. Eines tat mir weh: er erzählte wenig von seinem Erleben. Später verstand ich besser, daß das ein unbedingt nötiges Sich-Lösen vom Kindsein, besonders von der starken Bindung an seine so dominierende Mutter war, da ich ja bis dahin großen Einfluß auf ihn ausgeübt hatte. Er schloß das Studium mit einem fabelhaften Examen als graduierter Ingenieur ab. Da er ein eigenwilliger, unangepaßter, Konsum und Autofahren verweigernder junger Mann geworden war, war der Weg zur Kriegsdienstverweigerung fast schon vorgezeichnet.

Viola machte ein Jahr nach ihm ihr Abitur an einer Gesamtschule, in der sie sich wohler fühlte als in einem herkömmlichen Gymnasium, und es war einer der ersten Schritte, mit denen auch sie sich mir gegenüber durchsetzte, als sie auf dem Übergang in die andere Schule bestand. Auf einen Studienplatz für Sozialpädagogik hätte sie erstmal warten müssen, alle Praktikumstellen waren vergeben und es gab bereits arbeitslose Sozialpädagogen. So war guter Rat teuer. Sie hatte sich neben der Pfadfinderarbeit auch in den letzten Jahren in Gruppen der Arbeiterjugend engagiert. Seit einiger Zeit hatte sie auch das große Bedürfnis, in eine eigene Wohnung umzuziehen, um Abstand von ihrer so bestimmenden Mutter zu bekommen. Ich kritisierte sie wegen ihrer Unordnung und konnte oft nicht einschlafen, bevor die Kinder an den Abenden nach Hause kamen. Das belastete uns alle. Nur sehr allmählich lernte ich mich nicht mehr so zu sorgen und anzunehmen, daß ich weder Tag noch Nacht meine Kinder beschützen könne. Es brauchte lange Zeit, bis ich begriff, daß Eltern bereit sein müssen, Sorgen und Ängste zu ertragen, ohne ihre Kinder das spüren zu lassen, da für diese ja die Sorge der Eltern zu einem Gefängnis werden konnte. Ich merkte, daß ich durch mein Nichteinschlafen-Können bei den Kindern Schuldgefühle erzeugte und das wollte ich nicht. Eine große Hilfe war für mich, daß ich begann, mich auch mit dankbaren Gefühlen und Gedanken hinzulegen, wußte ich doch, daß sie inzwischen keine Kinder mehr waren, viele gute Freunde hatten, sich nicht in gefährdenden Lokalen aufhielten, weder von Alkohol noch von Zigaretten abhängig waren, von Schlimmerem ganz zu schweigen.

Viola war nun zum ersten Mal arbeitslos, aber sie resignierte nicht und suchte tapfer eine Arbeit, was ihr bald gelang. Dabei lernte sie Fließbandarbeit und das schwere Leben von Gastarbeiterfrauen kennen. Nach Weihnachten hatte sie so viel Geld zusammen, daß sie es wagte, selbst eine Wohnung zu mieten. Sie hatte viele Freunde, die ihr beim Umzug halfen, und an einem Januartag stand ich in einem fast leeren, verlassenen Zimmer und spürte die Entschiedenheit dieser Stunde: ich hatte keine Kinder mehr! Gleichzeitig war für mich Violas Auszug sehr hilfreich, denn nun konnte ich, die jahrelang im Wohnzimmer an der lauten Hauptstraße geschlafen hatte, mich in dem Zimmer zum Garten einrichten.

Viola ging nun mutig daran, Bewerbungen an zwanzig Firmen zu schreiben, bei denen sie sich um eine Lehrstelle bemühte. Zum Schluß blieben zwei Baufirmen übrig, die bereit waren, eine Abiturientin als Bauzeichnerin auszubilden. Ich war in der Zeit immer wieder empört, wie verständnislos meist ältere Menschen darüber hinweggingen, wie schwer es heute für junge Menschen ist, einen Beruf zu erlernen, den sie sich wünschen und wie aussichtslos für viele die Zukunft ist. Auch lehnten viele die Ansicht ab, ein Beruf müsse unbedingt Freude machen, sondern sei eben vor allem zur materiellen Sicherung der Existenz da. Viola hatte noch großes Glück, denn sie zeichnete gern und bekam eine verkürzte Lehrzeit angeboten. Es gefiel ihr in einem Praktikum auf einer Baustelle sehr gut, und sie fand Bauen und Berechnen interessant. Nach 18 Monaten machte sie die Prüfung und hatte so wie Hardy mit 21 Jahren einen erlernten Beruf.

Es dauerte nicht lange, so verließ nach Viola auch Andreas die elterliche Wohnung. Er hatte einen ganz seltenen Grund dafür. Er befand sich ein Jahr vor dem Abitur, war 18 Jahr alt und wollte mit anderen jungen Leuten und dem schon erwähnten Jugendleiter und dessen Familie in dessen Haus eine christliche Wohngemeinschaft gestalten. Da Andreas sehr glücklich schien, das Haus nicht weit weg war und er weiterhin täglich zum Mittagessen kam, entstand durch seinen Auszug keine so große Lücke. Ich erlebte das Ausziehen sogar als Anfang einer Befreiung von der schweren jahrelangen Verantwortung und dem Eingespanntsein in ständige Pflichten und freute mich über die eigene Zeit. Andreas machte sein Abitur und begann mit Begeisterung, Kirchenmusik zu studieren. Vorher hatte er eine schlimme Zeit zu überstehen, da er mehrere Wochen in einer Rohrteilefabrik harte Arbeit angenommen hatte und auch am eigenen Leib eine unmenschliche und gefährliche Arbeitswelt erlebte. Danach zog er in eine eigens für sich gemietete Mansardenwohnung, ebenfalls nicht weit entfernt. Er schloß die erste Etappe seiner kirchenmusikalischen Ausbildung mit einem B-Examen ab und erreichte so wie seine Geschwister mit 21 Jahren einen qualifizierten Beruf in einem Alter, in dem andere noch ihr Abitur machten. Ich stand staunend und glücklich vor dieser Tatsache, obwohl ich wußte. daß jeder der Drei noch einen langen Weg vor sich hatte. Wenn sie kamen, gab es ein gemütliches Kaffeetrinken mit viel Erzählen und Debattieren, ein gutes Frühstück oder ein Lieblingsessen, und abends konnte besonders Andreas zahllose Brotschnitten verzehren.

Walter und ich empfanden es als sehr schön, wenn die Kinder, nach dem sie wieder dagewesen waren und es sehr lebhaft zugegangen war, auch wieder fortgingen und es ruhig um uns wurde. Wir fühlten uns zu zweit wohl und saßen zusammen wie in den ersten Ehejahren, in denen wir so viel miteinander geredet hatten. Ich begann, neue Aufgaben zu planen und entdeckte fast zu viele Möglichkeiten.

Ich habe meine Erzählungen *"Leben einer Familie mit der Schizophrenie"* genannt und die Entwicklung der Kinder so ausführlich geschildert, weil sie nicht selbstverständlich ist und in vielen Fällen nicht so verläuft. Das schwere Schicksal der Angehörigen psychisch Kranker und speziell der Kinder wird in der Öffentlichkeit kaum zur Kenntnis genommen, so daß ihre Leiden meistens im Dunkeln bleiben. Familienleben geht die Nachbarn nichts an und was die Eltern mit ihren Kindern machen, ist ebenfalls deren Sache, als wären sie deren Eigentum, wer will sich da einmischen? Da wird höchstens das Jugendamt eingeschaltet, das aber meist nicht helfend therapeutisch in eine Familiensituation eingreifen kann, sondern mit verwirrenden Verwaltungsakten, die auseinanderreißend wirken, oft Leiden der Kinder und Eltern vergrößert. Die Liebe zu seinen Kindern wird dem psychisch Kranken meist sowohl von den Ärzten als auch von Ämtern und Sozialarbeitern abgesprochen. Die Psychiater fühlten sich damals noch nicht für die Familiensituation verantwortlich und bezogen die Familie nicht in einen Therapieplan ein, wie es heute öfter schon geschieht. In den meisten Fällen von Einweisungen in psychiatrische Krankenhäuser gab es sowieso keinen Therapieplan, sondern nur einen Medikamentenplan. Daß ich meine Kinder zu einem bejahenden Umgang mit dem kranken Vater zu führen versuchte und dies auch gelang, war ein seltener Glücksfall. Um anderen Familien Mut zu machen, habe ich deshalb von uns erzählt.

Die Beruhigung der Angst

Nach den schweren Jahren stellte sich eine ruhigere und gleichbleibendere Gemütsverfassung bei Walter ein und ich konnte verständnisvoller und nicht so panikartig aufgeregt und unglücklich im Umgang mit ihm reagieren. So sah ich allmählich deutlicher, was mit ihm war, ich lernte ihn langsam erkennen und begreifen. Ich hatte es schon lange gespürt, dann, als einmal Walters Schwester von ihrer Angst vor Menschen und der Umwelt sprach, wurde ich bestätigt in meiner Ahnung: Der Schlüssel zu seinem Wesen war die Angst. Ich sah wie in neue Räume hinein und verstand nach und nach vieles, was ich mit ihm erlebt hatte. Es war klar: Den Kontakt mit Menschen, ja auch mit mir, erlebte er als bedrohend und gefährlich. Daher seine von Freundschaft plötzlich umschlagende, schroffe Abweisung, sein Sich-zurück-ziehen, sein finsteres Schweigen und in die-Ecke-starren, jede Nähe vermeidend. Ich hatte ihn als freundlichen, gutmütigen Menschen kennengelernt und nur gemeint, Unsicherheit und Schüchternheit wahrzunehmen, die ja auch Zeichen der Angst sind. Draufgängerische Männer waren mir immer unsympathisch gewesen und Walters vorsichtige Art hatte mir gefallen, — daß waren wohl meine Ängste, mich einem Starken gegenüber durchsetzen zu müssen und nicht zu können. Es war ein ungeheurer Entschluß für ihn gewesen, sich wirklich mit einer Frau einzulassen und eine festere Beziehung einzugehen.

Es gab vermutlich zwei Motive, aus denen heraus er eine Frau gesucht hatte: Einerseits aus einer natürlichen Sehnsucht, geliebt zu werden, dann aber auch durch die klischeehafte, naive Vorstellung: Ein Mann muß doch heiraten, wie er auch immer wieder in der Verwandtschaft zu hören bekam. Als er sich nun für mich entschieden hatte, wollte er möglichst wenig Zeit verlieren, als hätte er Angst, es könne doch alles nicht zustande kommen. Später verstand ich, daß er damals nicht in der Lage war, seine Gefühle für mich eine Zeitlang zu prüfen, ja daß er sich gar nicht bewußtmachen konnte, ob er Liebe empfand, sondern nur nach dem Motto: "Jetzt oder nie" geheiratet hatte. Andererseits sagte er später, er hätte sich von mir und den Realitäten überrannt gefühlt. Ich bin ein entschlossener, schnell handelnder Mensch und litt mein ganzes Leben mit Walter unter dem Verdacht, ihn zu beherrschen. Es tat mir weh, wenn er sagte: *"Von Dir geht eine Macht aus"*, aber sicher war es auch oft so, aber vielleicht projizierte er auch, aus lauter Angst vor einer Partnerschaft, Macht in mich hinein.

Auch sein Verhältnis zu den Menschen seiner weiteren Umgebung war durch Angst gestört. Tiefes Mißtrauen bestimmte ihn im Verhalten seinen Kollegen gegenüber, er fühlte sich von ihnen ständig beobachtet und merkte erst nach vielen Jahren, daß er selbst sie verdächtigt hatte. Er mißdeutete jedes harmlose Angesprochenwerden. Als seine Schwierigkeiten immer größer wurden, nannten es die Ärzte "Verfolgungswahn", — nun, hinterher besehen fand ich, das sei eine zu starke Bezeichnung. Wohl war es ein übertriebenes Mißtrauen, das nach einigen Aufenthalten in psychiatrischen Krankenhäusern nur verstärkt und auch berechtigt war, denn nach der Entlassung begegnen einem ehemaligen Patienten in seiner Umgebung Herabsetzungen und Vorurteile und vergrößern nur neu die Angst und Unsicherheit. Nach langen Jahren noch kam Walter eines Tages ärgerlich vom Tabakladen und erklärte: *"Die sind doch immer noch hinter mir her"*. Er hatte einen ehemaligen, sehr freundlichen Kollegen beim Zigarettenhändler getroffen, von dem er meinte, dieser sei Nichtraucher gewesen. *"Die haben den nur geschickt, damit der feststellt, ob ich noch rauche."* Auch von anderswoher fühlte er sich beobachtet. In der Zeit, als Viola sich beim Rundfunk um eine Ausbildung bewarb, gingen wir eines Sonntagmorgens spazieren und saßen auf einer Bank gegenüber dem Rundfunkgebäude, da sagte er, wir würden mit dem Fernglas beobachtet, um herauszufinden, was für Eltern Viola habe. Vom Rundfunk fühlte er sich auch noch in anderer Weise "verfolgt"; als Beispiel dazu folgende Notizen, die er eines Tages aufschrieb: *"Die Buchhandlung hat doch tatsächlich immer Anfragen, ob ich die Fernsehzeitschrift kaufe, ich bin doch unter Beobachtung."*

Wenn irgendeine Bestellung, die Rente oder anderes nicht gleich eintraf oder eine Reparatur auf sich warten ließ, fühlte er sich schuldig und führte sein Verhalten und "Versagen" als Ursache an. *"Die wollen mir einen Denkzettel verpassen"* und ähnliche Formulierungen erlebte ich fast täglich bis zuletzt. War er einmal aktiv, ergriff ihn danach eine große Unsicherheit, ja Angst, und oft wollte er alles rückgängig machen. Hinter einfachen, ganz natürlichen Vorgängen vermutete er geheimnisvolle, hintergründige Ursachen. Es ist keine Übertreibung, wenn ich noch einmal sage: Ich lebte täglich mit solchen Äußerungen Walters, aber früher hatte mich das aufgeregt und Walter hatte dann eben wieder geschwiegen. Nun empfand ich es als großen Fortschritt, daß er keine Angst mehr hatte, sowohl mit mir, als auch mit den Kindern unbefangen zu reden. Dazu muß ich aus meiner heutigen Sicht sagen, daß er damit unter Männern zu den Ausnahmen gehörte, die das Bedürfnis äußern, über ihre Gefühle zu sprechen.

Vor jeder Veränderung des Lebens und dessen Unbeständigkeit fürchtete er sich. Ein längerer Besuch von mehreren Tagen oder gar ein Urlaubsaufenthalt konnten ihn ganz aus der Bahn werfen und verwirren. Er wollte sich vor seiner Unsicherheit immer wieder mit festen Regeln schützen, um dem unberechenbaren Leben nicht so ausgeliefert zu sein und immer neue Entscheidungen treffen zu müssen.

Durch Kontaktmangel und der dadurch entstandenen Fremdheit den Mitmenschen gegenüber verlor er immer mehr das Gefühl für die Wirklichkeit um sich herum, und weil er das merkte, fühlte er sich noch unsicherer. Um das zu verbergen, fand er eine phantastische Brücke zu den Menschen: Die Astrologie! Schon in jungen Jahren hatte er dieses System durch seine Schwester kennengelernt und es auch mir in vielen Stunden erklärt. Ich lehnte es für mich als ein zu willkürliches System, das durch die Psychologie überholt war, ab, aber es berührte mich, welch ein fabelhaftes und unerschöpfliches Ventil sie für Walters Phantasie wurde. Er konnte sich so als Wissender über die Menschen fühlen und machte in nie endender Weise immer neue Entdeckungen über seine und meine Geschwister, Kollegen, seine Kinder, mich und vor allem sich selbst. Wenn er lebhaft seine Feststellungen und Erkenntnisse vortrug, protestierte ich wohl manchmal spontan und versuchte ihm zu zeigen, wie er Menschen in seinen Gedanken veränderte, weil sie in sein System passen sollten. Auch die Kinder widersprachen hin und wieder, und es ging manchmal sogar heiter dabei zu und wir lachten, daß wieder der Mond im Stierkreiszeichen schuld sein sollte, und Walter lachte mit. Walter hatte sich mit den Planeten eine eigene Welt aufgebaut, was man ja als "schizophren" bezeichnet, aber mich erstaunte seine Phantasie, und nüchterne, sachliche Menschen, die sich für "normal" halten, kamen mir dagegen phantasielos und tot vor.

Er konnte anhand des Sternstudiums stunden- und tagelang grübeln über sein früheres Verhalten und Erleben und wodurch alles gekommen sei. Er erfand unerschöpflich viele Variationen, warum dies oder das so oder so gelaufen und warum er so oder so gehandelt hatte. Es war seine nie endende Sehnsucht, zu begreifen, was mit ihm geschehen war und wer er wirklich sei. In all seinem Nachdenken kam er meist zu solchen Erklärungen, bei denen er immer sein ganzes Leben hindurch Opfer gewesen war und andere gehandelt hatten und ihn somit keine Schuld träfe, als hätte er Angst, sich verantworten zu müssen. Seine Gedanken kreisten immer um ihn selbst. Ich konnte diese Thematik manchmal nicht mehr hören. Dieses Kreisen um sich selbst führte zu weiterer Isolierung und er wurde einsam.

Es konnte nicht ausbleiben, daß er sich in dem immer mobiler werdenden Wohlstandsleben um ihn herum minderwertig fühlte. Schon früher hatte ich geschildert, wie das Auto für ihn zum Symbol seines Versagens geworden war. Die Zahl der Fahrzeuge um ihn herum stieg ja von Jahr zu Jahr. Meine und seine Schwestern fuhren schließlich als ältere Frauen einen Wagen. Walter meinte, er sei schuld, daß seine eigenen Kinder gar nicht nach einem Auto strebten, sie seien deshalb unnormal, weil sie einen unnormalen Vater hätten. Besondere Schwierigkeiten hatte er, wenn wir bei seinen Geschwistern waren und es nicht gelang, mit dem letzten Bus oder Zug nach Hause zu fahren. Die Geschwister gingen nicht darauf ein, aus Freundlichkeit, wie sie dachten, und es hieß jedesmal: *"Wir bringen euch nach Hause"*. Er empfand das als Beleidigung, weil er nicht als Busfahrer anerkannt wurde. Auch fühlte er sich ständig als Raucher kritisiert und abgewertet.

Im Rentnerstatus kam er sich ebenfalls verachtet vor; als er einmal einen guten Mantel trug, den er schon lange besaß, hieß es bei seiner Schwester: *"Immer hast Du was Neues an, so gut geht es den Rentnern?"* Als sie einmal in unserer schön veränderten Wohnung zu Gast war, bemerkte sie erstaunt: *"So einen Wohnzimmerschrank gibt es jetzt schon bei Rentnern?"* Rente wurde mit Armut in Verbindung gebracht. Mich verwunderten solche Äußerungen nur wenig, aber Walter in seiner Empfindlichkeit und seinen Minderwertigkeitsgefühlen fühlte sich sehr verletzt, ja verspottet und konnte das tagelang nicht überwinden, da er wirklich darunter litt, ein Rentner zu sein, weil das für ihn gleichbedeutend mit Versagersein war. Die deutsche Tüchtigkeitsideologie wurde uns ja schon von jung auf eingeimpft, als sei nur der ein Mann, "der es zu etwas gebracht hat", und mit diesem "Etwas" war meist materieller Besitz und Wohlstand gemeint.

Langsam begannen für uns beide bessere Zeiten. Walter wurde in seiner Freude über die Musik aktiv und begann, immer wieder Platten zu kaufen, was ich hin und wieder zu bremsen versuchte. Immer wieder gab ich nach, da ich es nicht übers Herz brachte, ihm diese Freude zu nehmen. Er kaufte auch Cassetten und begann, gute Musik aufzunehmen und füllte mit dieser Betätigung viele seiner vorher so eintönigen Tage aus. Glücklich war er, wenn es einmal gelang, einem Besucher seinen Reichtum vorzuführen. Nach einiger Zeit begann er auch wieder, seinen alten Fotoapparat hervorzuholen, mit dem er so viele Bilder von seinen kleinen Kindern gemacht hatte. Animiert wurde er durch Andreas, der ebenfalls zu fotografieren begann und es sehr gut konnte. Da erwachte in Walter der Ehrgeiz, doch es wurde ein teurer Spaß. Auch hier ließ ich ihn gewähren, wenn auch seufzend, denn er machte gute Fotos und war auf diese Weise auch wieder mehr in der Stadt unterwegs und fand so aus seiner Enge heraus. Für ihn waren diese Erfolgserlebnisse sehr wichtig.

Eines schönen Frühlingstages kauften wir sogar zwei Klappfahrräder und nun ging es an den Stadtrand. Manchmal beobachtete ich an ihm ein wenig von der jugendlichen Heiterkeit unseres ersten Ehejahres, als wir beide mit Walters Motorrad unterwegs gewesen waren. Es kamen dann zwar — wie beschrieben — nach so guten Tagen Phasen, an denen er sich wieder abweisend zurückzog und zu keiner Aktivität zu bewegen war, aber sie übten nicht mehr eine so starke Bedrückung auf uns aus. Ich wußte allmählich, daß so eine niedergedrückte Stimmung oft schon am nächsten Tag wieder vorüberging. Allerdings kam ich mir manchmal schon auch einsam vor bei dem Gedanken, daß all die Menschen um mich herum gar nicht ahnten, mit was für einem sonderbaren Menschen ich jeden Tag umgehen mußte. Manchmal, wenn ich mit Walter nicht so gut ausgekommen war, saß ich abends auf der Bettkante und dachte: *"Diese Einsamkeit! Diese Einsamkeit!"*

Eines war vor allem besonders wichtig geworden, was ich erst nach Jahren erkannte: Ich begegnete ihm mit völliger Offenheit, die allmählich sein Mißtrauen überwand. Ich war für ihn ein aufgeschlagenes Buch und wurde so zu etwas absolut Verläßlichem in seinem Leben. Er wollte zum Beispiel noch viele Jahre lang wissen, mit wem ich telefonierte, um sicher zu sein, daß ich nicht die Polizei oder das Gesundheitsamt anrief. Das minderte seine Angst, die immer wieder durchschlug. Er begann unbewußt immer mehr Vertrauen zu haben, und das war eine entscheidende

Entwicklung. Die feindseligen Gefühle der Umwelt gegenüber schwächten sich ab, es konnte vorkommen, daß er freundliche Worte mit den Nachbarn wechselte und diese feststellten, was für ein netter Mensch er doch sei. Er begann Wege zur Post und zur Bank zu erledigen, einzukaufen und hatte keine Schwierigkeiten mit der Außenwelt. Er entwickelte Witz und Humor und konnte auch mit den nun erwachsenen Kindern lachen und sich gelöster unterhalten. Er erzählte ihnen von seiner Jugendzeit und den Kriegserlebnissen und drückte sich dabei oft sehr originell aus. Es schien, als sei das Sich-abkapseln verhindert.

In einem Frühjahr kam ich auf die Idee, ihm einen Berlinflug vorzuschlagen. Wir buchten fünf Tage, und die Vorfreude ergriff uns. Zwar wurde es Walter vorher wieder unheimlich, er mahnte zur Vorsicht, aber das kam nur schwach zum Ausdruck. Ich hatte mir vorgestellt, daß es für ihn reizvoll sein könnte, mir diese Stadt zu zeigen, die er von früher her kannte, und dem war auch so. Wir erlebten unbeschwerte Tage, dann, am vierten Tag, kam die erste Schwierigkeit auf zwischen Walter und mir, und ich merkte: Ein längerer Aufenthalt wäre wahrscheinlich nicht gut gewesen. Nach so einer positiven Erfahrung bekam er Lust, mit mir Ausflüge zu machen, die Stadt und ihre Umgebung kennenzulernen, wir fuhren zur Bundesgartenschau, und der Gipfel unserer Unternehmungen war die Fahrt in die Stadt, in der sich die erste Katastrophe seines Lebens ereignet hatte, und es war für ihn wie eine Bereinigung, all die Stätten als ein anderer Mensch wiederzusehen.

Bei all diesen Spaziergängen, im Park und Wald, besonders aber an den Abenden führten wir viele Gespräche. Es wurde ganz allmählich möglich, mit ihm direkter und offener über seine Schwierigkeiten und Gefühle zu sprechen, und ich brachte auch meine zur Sprache, und er hörte sogar zu. Er war immer wieder in der Lage und bereit, sich auf meine Überlegungen einzulassen, ein bißchen klarer Zusammenhänge und Ursachen zu erkennen. Es geschah ein ganz bescheidenes Aufarbeiten seiner Kindheit und späteren Erfahrungen. Was hatte so angsterzeugend und vertrauenszerstörend gewirkt? Was hatte ihn so kontaktschwierig werden lassen? Was konnte Ursache für seine feindseligen Gefühle den Menschen gegenüber gewesen sein? Was hatte zu so einer Verweigerung und Verneinung des Lebens geführt? Es ist ja heute bekannt, daß ein Kind in seiner allerersten Lebenszeit am Rande unbeschreiblicher Angst lebt und die Nähe und Wärme der Eltern und das unbedingte Eingehen auf seine Bedürfnisse für seine Entwicklung braucht. Nur so kann es Lebenswillen entwickeln und die Umwelt und die Bezugspersonen als absolut vertrauenerweckend erleben, "Urvertrauen" finden, wie die Fachleute sagen. Ich hatte das, als ich Mutter wurde, in dieser Entschiedenheit nicht gewußt und beim Lesen dieser Thematik erst gelernt und dabei mit Schrecken von einer ganzen Reihe von Fehlern erfahren, die ich selbst gemacht hatte. Zu der damaligen Zeit wurden wir belehrt, man solle zum Beispiel ein Kind, auch wenn es Hunger habe, schreien lassen bis zur nächsten Mahlzeit, da sich das Kind einen Tagesrhythmus anzugewöhnen habe. Man solle Kinder nachts nicht aufnehmen, sondern ebenfalls schreien lassen, da sie zu lernen haben, daß es nachts keine Mahlzeit gibt. Der Erwachsene maßt sich an, dem Kind sein System von Anfang an aufzuzwingen. Nun gab es starke, prinzipientreue Mütter und solche, die nachgaben aus dem Gefühl ihres Herzens. Als Hardy nach der Geburt seinen Magenpförtnerkrampf hatte und so oft vor Hunger schrie, erzählte meine Schwiegermutter mir, wie standhaft sie gewesen sei bei ihren Kindern, sogar dann, wenn sie sich nachts an der Bettkante habe festhalten müssen, um ja nicht "weich zu werden". Welche Angst hatte da vielleicht Walter in seiner ersten Lebenszeit schon erlebt, welch ein Gefühl der Verlassenheit? Man unterschätzte noch bis vor wenigen Jahrzehnten die Wahrnehmungsmöglichkeiten und das Bewußtsein von Säuglingen, ja sogar beim Geburtsvorgang selbst. Heute weiß man, daß bereits vom ersten Augenblick an fast alle Weichen eines Lebens gestellt werden. Viele Mütter meiner Generation erfüllt dies nachträglich mit Schuldgefühlen, es hat aber weniger mit Schuld zu tun als mit Unwissenheit und damit, daß Gefühle in der Gesellschaft bisher immer schon auf unnatürliche Weise unterdrückt und das Unterbewußtsein des Menschen unterschätzt und ignoriert wurde. Es ist das Verdienst der Psychologie, dieses ans Licht gebracht zu haben. Schuld wird es erst, wenn wir dem Erkannten ausweichen und für die Zukunft nichts lernen.

Walters Mutter lernte ich als Frau mit strengen Grundsätzen kennen, die den Stock als Strafinstrument und noch andere harte Maßnahmen kannte, die sie als Großmutter schon beim einjährigen Hardy angewandt wissen wollte! Sie warnte mich vor "Verwöhnung", die bei ihr schon bei Zärtlichkeiten begann. Aber ich dachte, daß meine Mutter sicher ähnlich gesprochen hätte. Walter äußerte in unseren Gesprächen mehrere Male, wenn er an seine Mutter denke, denke er an kalte Hände, — damit wurden die Kinder des Morgens geweckt. Später, meinte er, sei der Vater doch immer unerreichbar gewesen und habe nur für den Beruf, seine Kirchenmusik, gelebt, wegen der er von den Kindern sehr bewundert wurde. Von der Mutter sei alles und alle abhängig gewesen, sie sei "übermächtig" gewesen.

Es gab wahrscheinlich noch einen viel entscheidenderen und schwerwiegenderen Faktor in Walters Kindheit und seiner und der Geschwister Entwicklung. Seine Eltern entstammten einer sehr strenggläubigen Familie, die einer freikirchlichen Gemeinschaft angehörte. Die Kinder wurden von klein auf mit der Vorstellung von einem strengen, strafenden Gott erzogen, der nur mit Furcht zu lieben sei. Schon dieser Widerspruch allein verunsichert nicht nur ein Kind: Jemanden lieben sollen, den man fürchtet! Was mag Luthers Auslegung der Gebote *"du sollst Gott fürchten und lieben..."* in Generationen angerichtet haben? Auch ich wurde so in einem lutherischen Elternhaus erzogen. Dazu kam, so schilderte Walter es, daß die Kinder gelehrt wurden, "vor der Sünde auf der Hut zu sein". Damit wird ein Kind ja zu früh altersunangemessen überfordert und wird immer unsicherer, weil es sich nie in der Lage fühlt, zu wissen, ob es jetzt wieder eine Sünde getan hat oder nicht. Gott bedeutete daher nicht Geborgenheit und Liebe, sondern wurde angsteinflößend erlebt. Manche legen sich dann als Selbstschutz Oberflächlichkeit und Gleichgültigkeit zu und interessieren sich für einen Gott überhaupt nicht mehr. Ein empfindsames Kind aber, wie Walter es war, wird durch so entstehende Schuldgefühle gehindert, unbeschwert zu leben. Das fehlende Urvertrauen verursachte noch mehr Unsicherheit. Die Grenze, was Sünde sei, wurde eng gezogen. Es ist bekannt, daß in solchen christlichen Kreisen bereits Kartenspiel, Tanz, Eitelkeit, ins-Kino-gehen, Alkohol genießen und ganz besonders sexuelle Betätigung als "Verführungen des Teufels" bezeichnet wurden und noch werden. Die Kinder wurden vor der bösen, sündigen Welt gewarnt und ermahnt, sich nicht verführen zu lassen, — und waren zu jung, um beurteilen zu können, was nun Böse und Gut sei. So wurden sie von Unsicherheit, von Angst vor Schuld und von Mißtrauen der Umwelt gegenüber geprägt. Jede natürliche, unbelastete Lebensfreude und Lebensbejahung, die Neugier auf das Leben mußten unterdrückt werden. Und die Sehnsucht nach Leben und Genießen-dürfen löste jedenfalls bei Walter einen großen Zwiespalt aus. Wie sollte sich das nicht schädigend auswirken? Dabei hatte ich durch Walters Erzählen den Eindruck, daß er eigentlich sehr stark gewesen sein muß und sich immer wieder diesen Einflüssen gegenüber zur Wehr gesetzt hatte.

Verheerend kam für ihn noch dazu, daß er in seiner sexuellen Entwicklung keine Hilfe erfuhr, — wie ich als Kind allerdings auch nicht. Wir hatten nur vor kompromißlosen Verboten gestanden, körperliche Lustgefühle wurden einfach als "schmutzig und gefährlich" bezeichnet, und das machte uns ein schlechtes Gewissen. Die meisten unserer Generation waren so oder ähnlich erzogen worden und hatten von Kind an ein gestörtes Verhältnis zu ihrem Körper. Oder wir lebten ein heimliches Doppelleben, wie Walter es dann schon früh begonnen hatte. Damals entstand vielleicht eine Art Eigenleben in ihm, das sich später verselbständigte.

Walter lernte so auch das Christentum als eine gesetzliche, lebensverneinende anstatt einer versöhnenden und befreienden, freudvollen Religion kennen. Sie gingen als Kinder und auch später nur der Mutter zuliebe in die Kirche. Leider ist das heute bei sehr vielen Menschen eine Hypothek, die schwer auf dem Christentum lastet und es verhängnisvollen Mißverständnissen ausliefert. In den Gesprächen zwischen Walter und mir wurde eines deutlich: In seiner Familie war der strenge Glaube sicher in der Generation der Großeltern echte Überzeugung, für ihn und seine Geschwister wurde er eine Gesetzeslehre, die sie in ihrem Sein beschädigte. Er hatte es schwer, sich von seiner Mutter zu befreien, er sagte einmal: *"Als ich als Flakhelfer zum ersten Mal von zu Hause wegkam, da war ich endlich dieses Verhältnis vom Untergebenen zur Obrigkeit los".* Ihm und den Geschwistern kamen da die Kriegsverhältnisse entgegen, und sie mußten sich sehr früh allein in der Fremde zurecht finden.

Für Walter wurde nach dem Kriege ein Koffer zum Zeichen des Erwachsenseins. Er war mit neunzehn Jahren aus der Gefangenschaft entlassen worden und hatte eine Weile bei der Besatzungsmacht gearbeitet und sich dabei auf dem schwarzen Markt Anzüge, Schuhe und andere wichtige Dinge, die damals unerschwinglich waren, erworben. Nun erfuhr er den Aufenthaltsort der älteren Schwestern und wollte zu ihnen ziehen. Er packte seinen kostbaren Besitz in einen Koffer und gab ihn bei der Bahn auf, aus Furcht, er könne ihm unterwegs gestohlen werden. Damals herrschten bei der Nachkriegsbahn sehr chaotische Zustände, und der Koffer kam nie an. Walter hatte sich vorgestellt, wie stolz er den Schwestern mit diesem Koffer seine Tüchtigkeit beweisen wollte, — mit 19 Jahren! Die Enttäuschung und der Verlust ließen ihn fast zerbrechen, und sein Vertrauen in die Umwelt bekam einen fürchterlichen Riß, von dem er sich kaum je erholte.

Davon und von einer möglicherweise zweiten, sehr großen Enttäuschung sprach Walter immer wieder mit mir: Unsere Heirat. Da seine Mutter ihn immer ermahnt hatte, eine "fromme" Frau zu heiraten, war er überzeugt, mit mir diesem Anspruch zu genügen. Ich war eine in der evangelischen Jugendarbeit engagierte Gemeindehelferin, so mußte ich doch die Richtige sein und er war stolz, seiner Mutter eine "christliche" Frau präsentieren zu können. Ein wenig glücklich und daher auch sicher betrieb er unsere Verlobung und schnelle Heirat. Aber dann war ich in den Augen der Mutter doch nicht eine nach ihren Vorstellungen "bekehrte" Christin, es gab zunehmend Diskussionen darüber zwischen seiner Mutter und mir als der theologisch gut ausgebildeten Schwiegertochter, die ich eine andere tolerantere Version von Christentum vertrat. Das wurde ihm unheimlich, er kannte es nicht, daß jemand seiner Mutter in dieser Weise widersprach und war sehr enttäuscht, daß er mit seiner Frau, die er liebte, keine Anerkennung fand. Dazu kam, daß ich mit der Zeit auch als Hausfrau von seiner Familie kritisiert und bewertet wurde. Das verstärkte seine sowieso aufkommende Angst, sich endgültig auf einen anderen Menschen eingelassen zu haben. So sind seine Aggressionen mir gegenüber leichter zu verstehen, die sich wohl auch unbewußt gegen seine Mutter gerichtet hatten, wie er nachher auch bestätigte, als man mit ihm darüber reden konnte. Er begann schon in unserer ersten gemeinsamen Zeit eine Abwehr zu zeigen gegen alle christlichen Ausdrucksformen, so bezeichnete er jede Frömmigkeit als unecht. Später erkannte ich darin eine große Widerstandskraft, die in ihm gewesen sein muß, ein energischer Versuch der Selbstbehauptung. In seiner Haltung des grundsätzlichen Mißtrauens war er nicht in der Lage, zu einem Gott Vertrauen zu finden und eine göttliche Hilfe und Kraft in sein Leben einzubeziehen. Wohl aber interessierte er sich intellektuell sehr zum Beispiel für die historisch-kritische Erforschung der Bibel in der heutigen Theologie, die ich ihm erklärte, und hörte gern entsprechende Vorträge und Predigten im Radio, und es kam vor, daß ich mich über christliche Themen mit ihm manchmal gut unterhalten konnte.

Ich war mehr Mutter als Partnerin, das merkten schon früh auch die Kinder. Doch ich war auch eine Frau, die sich nach echter Partnerschaft sehnte. Mein Bedürfnis nach Zärtlichkeit und Liebe wurde zum größten Teil durch die Kinder befriedigt, solange sie klein waren. Nach einigen

Jahren gab ich es auf, von ihm mehr zu erwarten oder gar zu verlangen, als er geben konnte und gerade dadurch wurde er befreit. Wenn ich auch mit Walter nie an ein Ende kam, konnten wir doch spüren, daß etwas gereift war. Wir waren Freunde geworden, die auf Gedeih und Verderb zusammenhielten. Manchmal entfuhr mir in den letzten Jahren: *"wir zwei werden das Leben schon meistern!"*, denn wir hatten es ja tatsächlich schon viele Jahre getan. Walters Ängste vor Beobachtungen und Bewertungen traten immer schwächer auf und ich hatte das Gefühl, einen kleinen Schimmer von Heilung zu erleben. Ich las einmal: *"Heilung ist da, wo der Gesunde sich mit dem Kranken verbindet und sie beide zugleich krank und gesund sind."* Diese Worte drückten aus, was ich erlebte.

Da es Walter besser ging, konnte ich es wagen, ein paar freie Tage für mich allein Urlaub zu machen. Ich versuchte es zuerst eine Woche im Odenwald, wo eine Tante mir ihre freie Wohnung überließ. Ich konnte mich nicht satt sehen an der herrlichen Landschaft und den leuchtenden Sonnenuntergängen, die ich in der Stadt so entbehrte! Walter war zwar erleichtert, als ich wieder zurück war, aber in der Zeit meiner Abwesenheit kümmerte er sich fabelhaft um das Einkaufen, Kochen und die Wohnung. Die Kinder staunten, wie gut er kochen konnte! Für mich schrieb er alle Erlebnisse auf und berichtete mir ausführlich, und so etwas wie Liebe rührte sich in mir beim Zuhören. Nach diesem Erfolg wagte ich es dann im Sommer, zwei Wochen lang in einem nahe gelegenen Bad einen richtigen Urlaub zu verbringen, konnte täglich schwimmen und im Wald sein und war sehr glücklich über diese Erholung und Ruhe. Mir fiel es schwer, ständig in der Stadt zu wohnen und so selten hinaus zu kommen. Walter machte das nicht so viel aus, im Gegenteil, ich mußte ihn immer wieder erst aufmerksam machen auf einen schönen Baum, eine blühende Blume. Er wollte nichts wissen von einem Urlaub auf dem Land und scheute auch den Umgang mit Fremden. Deshalb war es einfach nicht möglich, mit ihm einen gemeinsamen Urlaub zu planen.

Es war manchmal beeindruckend, wie gut Walter mit der Zeit auf seine Art sein Leben zu leben in der Lage war. Der Gedanke tat mir weh, wie schnell von den Mitmenschen ein "Geisteskranker" für minderwertig gehalten wurde. Wie mitleidig klangen manchmal die Fragen der Nachbarn, wenn sie sich nach seinem Ergehen erkundigten. Wie selbstverständlich hielten sie sich für "normal" und ihn für "unnormal". Als ein Nachbar bei einen Verkehrsunfall ums Leben kam, sagte tatsächlich eine

Frau im Haus: *"Herr M. mußte sterben und Herr ... (Walter) bleibt weiter am Leben."* Das traf mich sehr und ich begann, die "Gesunden" und "Normalen" mit Walter mal ganz nüchtern zu vergleichen. Was war an den Menschen eigentlich besser, normaler? Wie waren sie und wie lebten sie? Sie arbeiteten und arbeiteten, die meisten von ihnen, ohne in ihrem Beruf glücklich zu sein. Für viele von ihnen war Geldverdienen das Wichtigste. Sie kauften sich Autos und pflegten sie sonntags wie ihr Kind. Sie richteten sich ihre Wohnungen nach den neuesten Prospekten ein und abends saßen sie vor dem Fernseher. Wenn ich Gespräche mit ihnen führte, merkte ich, wie oberflächlich sie mir erschienen, wie schlecht sie von ihren Kindern sprachen und die Kinder von den Eltern, wie wenig sie sich um größere Probleme auf der Welt kümmerten oder diesen gegenüber voller Vorurteile oder hilflos waren und meist uninformiert daherredeten. Vor allem merkte ich, wie sehr sie in erster Linie um ihr eigenes Wohlergehen besorgt waren. Jeder durfte drauflosreden, auch wenn es wenig überlegt war, aber wenn ich von Walter etwas erzählte, wurden seine Gedanken kopfschüttelnd abqualifiziert. Dieses Abtun seiner Person geschah so ganz unmerklich, daß es kaum zu fassen war und schon gar nicht zu beschreiben. Wenn ich für ihn eintrat, kam schnell die Antwort: *"Nein, nein, man habe ihn ja gern, nur ..."* — man konnte ihn eben nicht ernst nehmen und man ging ihm aus dem Weg. Eine ältere Frau, um die ich mich viele Jahre gekümmert hatte, war nicht zu bewegen, meine Einladungen anzunehmen und mich zu besuchen, bis ich merkte, sie wollte Walters wegen nicht kommen. Auch andere Freunde und Bekannte einzuladen wagte ich nur selten. Ist die erschreckende Rücksichtslosigkeit vieler, ihre unterdrückte Gefühlswelt, die unterentwickelte Phantasie unter uns "normal", "gesund"? Nachbarn fragten mitleidig, was mein Mann den ganzen Tag mache, die selbst mit ihrer Freizeit wenig anzufangen wußten. Wieviel Abwehr und Unsicherheit, wieviel Verdrängen von Gedanken an Krankheit und Tod erlebte ich bei mir und anderen. Ich haßte dieses bedauernde Kopfschütteln über Walter und ertappte mich immer wieder dabei, wie ich mich bemühte, Taten von ihm aufzuzählen, damit sie ihn nicht verachteten. Trotzdem konnte ich doch nicht verhindern, daß er für die Umwelt ein Versager war, der zu den Randerscheinungen gehörte, die von der Gesellschaft mitgetragen werden müssen. Auch Außenseiter dürfen leben, so unsozial ist man ja nicht, bloß muß dieser in Kauf nehmen, daß er als solcher angesehen wird. Es wird ja wirklich viel getan für die Alten, die Kranken, die Behinderten, — nur welchen Wert, welchen Platz gesteht man ihnen zu? Ich behaupte: "Lebensunwertes Leben" gibt es auch heute noch.

Wer bestimmt den Wert eines Menschen? Ich begann, immer mehr darüber nachzudenken. Es konnte doch nicht sein, daß Walter mit seinem ganzen empfindsamen Innenleben weniger wert sein sollte als all die vielen normbestimmten, angepaßten Menschen um mich herum, nur weil sie alle so "tüchtig" waren und weil es ihnen besser gelang, ihre Ängste zu verdecken und zu verdrängen. Woher kommt der Wert eines Menschen? Ist es seine Bildung, seine Position, seine Fähigkeiten, sein Einkommen, sein Besitz? Es war für mich eines Tages eine Erlösung, als ich in dieser Zeit die Antwort in einer Predigt im Rundfunk mit Walter zusammen hörte: *"Gott allein bestimmt den Wert eines Menschen"*. Für Gott ist jeder Mensch wertvoll, kostbar, denn sie und er sind Geschöpfe und Abbild Gottes. Sie und er werden geliebt, ohne eine Gegenleistung erbringen zu müssen, ohne seinen und ihren Wert unter Beweis stellen zu müssen.

Diese Gedanken bewirkten bei mir eine weitere Befreiung im meinem Verhältnis zu einem unautoritären Gott, wie wir ihn aus unserer Erziehung im allgemeinen nicht kannten.

Da wir beide viele Fernsehfilme sahen, merkten wir, daß "Geisteskranke", "Irre", "Wahnsinnige" und die Nervenheilanstalten ein beliebtes Thema in den Medien sind. Aber in den allermeisten dieser Filme werden die psychisch Kranken so dargestellt, wie es das Klischee vorschreibt: Mit wirren Haaren und irrem Blick, meistens halten sie sich für Napoleon oder Jesus, sind aggressiv bis tobsüchtig, sie sind gefährlich, schreien und müssen eingesperrt werden. Sie müssen von starken Pflegern gebändigt und in Zwangsjacken festgebunden werden. Letztere sind längst durch die Medikamente abgeschafft, aber in Filmen gibt es sie immer noch. Allmählich war ich empört über diese Entstellungen und den Schaden, den sie den Kranken zufügen, denn die Bevölkerung glaubt diesen verzerrenden Darstellungen. Die wahre, schlimme Wirklichkeit über die psychiatrischen Krankenhäuser aber wird höchstens einmal in kurzen Dokumentationen und Berichten gezeigt, und die sehen wenige. Die Vorstellung, psychisch Kranke seien zumindest unerträglich, aber vor allem gefährlich, begegnete mir immer wieder, wenn ich mit Menschen sprach. Wenn ich erzählte, daß ich so einen Mann in der Familie hätte, hörte ich

die Frage: *"Geht denn das?"* Das Einsperren oder Isolieren war für die meisten Menschen die einzige Möglichkeit, die ihnen einfiel im Umgang mit gestörten Menschen.
Und gefährlich? Sollte ein psychisch Kranker gefährlicher sein als jemand, der sich alkoholisiert an das Steuer eines Autos setzt, der im Geschwindigkeitsrausch zu schnell fährt und andere gefährdet oder der seine Frau oder sein Kind schlägt? Und sind jene nicht gefährlich, die die Verantwortung für krankmachende Arbeitsbedingungen tragen, die die Umweltzerstörung verursachen und dulden und damit einen großen Teil der Bevölkerung in Gefahr bringen? Wer ist hier gefährlich unter uns? Ein psychisch gestörter Mensch, dem man mit ein wenig Medikamenten helfen kann, muß man gegen seinen Willen mit Verfügung eines Gerichtes und oft mit der Polizei in eine Nervenklinik fahren und dort mit einer hohen Dosis von Tabletten und Spritzen "stillegen", weil er mit Selbstmordabsichten "eine Gefahr für die öffentliche Sicherheit und Ordnung" ist? Wie selbstverständlich beraubt man ihn seiner Selbstbestimmung und Mitsprache.

Solche anklagenden Fragen kamen mir immer mehr. Ich begann immer bewußter nach Ursachen für die "Schizophrenie" zu suchen und zu fragen, soweit das einer Laiin möglich war. Dadurch kam ich so weit, die Diagnose und die Beschreibung einer "Schizophrenie" bei Walter , wie ich sie bisher von den Ärzten erfahren hatte, anzuzweifeln. Ich sprach bewußter von einer seelischen Entwicklungsstörung oder gestörtem Verhalten. Ich bekam entscheidende Bücher in die Hand und lernte, was man unter Psychoanalyse, Psychotherapie, Selbsterfahrung verstand. Ich spürte, daß immer noch viele Psychiater und Ärzte der Heilanstalten — heute Landeskrankenhäuser — in den Schizophrenien eher eine medizinische Erkrankung im Sinne der naturwissenschaftlichen Forschung am menschlichen Körper sehen und sie auch so mit Medikamenten und Schocks behandeln und eine Psychotherapie in den meisten Fällen ausschließen, während im Ausland Psychiater und Psychologen weitergearbeitet hatten. Heute ist man auch bei uns durch mühsame Kleinarbeit mancher Fachleute bereit, neuere Erkenntnisse in Betracht zu ziehen. Zum Beispiel wird angezweifelt, daß psychische Störungen und Erkrankungen ererbt seien, also eine persönliche, unglückliche Veranlagung, eine angeborene Störung, die allein im Patienten zu suchen ist. Wie sehr diese frühere Annahme ein Irrtum sein konnte, wurde mir deutlich, als ich las, daß man vor nicht allzu langer Zeit noch Schwachsinn, Epilepsie,

Alkoholismus, Kriminalität, Prostitution, ja sogar Tuberkulose, Lepra und eben Schizophrenie für eine Folge schlechter Erbanlagen hielt. Inzwischen weiß man viel mehr über die Ursachen und Entstehung all dieser zum Teil "asozialen" Erscheinungen. Ursächlich für solche Theorien war wohl eher eine bestimmte geistige Einstellung einer früheren Gesellschaft in einer Zeit, in der man Handhaben brauchte, um Menschen mit Schwächen und Störungen aus der gesunden, tüchtigen, funktionierenden, angepassten Gesellschaft auszuschließen, auszusondern und am Rande zu "verwahren". Von daher sind auch all die Vorurteile und der Makel zu verstehen, die so einem Kranken anhaften und die Abwehr einer Familie, die davon betroffen ist. Inzwischen aber hat man angefangen, auch bei der Schizophrenie die frühkindliche Entwicklung, die Familie und das weitere soziale Umfeld eines Menschen als Hintergrund seiner seelischen Erkrankung heranzuziehen und nach Möglichkeit zu behandeln, wobei u.a. die "Sozialpsychiatrie" entstanden ist, um die es so viele Auseinandersetzungen gibt, die aber wohl zunehmend beginnt, Therapien und Heilerfolge zu entwickeln.

Veränderte Behandlungsmöglichkeiten kosten zuviel Geld, weshalb, — so dachte ich — wohl auch die Kirchen wenig bereit sind, in der Behandlung psychisch Kranker neue Wege einzuschlagen. Sich körperlich Behinderter anzunehmen und für sie Einrichtungen zu schaffen ist etwas populärer. Ein Heft des Diakonischen Werkes, das mir in die Hände fiel, erklärt zwar die Abweichungen psychisch Kranker vom gesunden Verhalten sehr gut, erwähnt aber als selbstverständlich die Einweisung solcher Menschen in psychiatrische Kliniken als "hilfreiche" Maßnahme, ohne zu beschreiben, wie entwürdigend die Einweisungen vor sich gehen, erwähnt auch nicht die Einschaltungen von Amtsrichtern, die Unmengen von Medikamenten, mit der ein Kranker erst recht buchstäblich erledigt und nicht behandelt wird. Ebensowenig werden in diesem Heft die oft sehr fragwürdig und oberflächlich zustande kommenden Diagnosen erwähnt noch der Makel, mit dem ein Patient von da ab unter den Mitmenschen leben muß. Das ist aber die Wirklichkeit, die wir erfahren haben.

Der Weg zum anderen Ufer

Nach vielen Jahren hatten Walter und ich ein Erlebnis, durch das wir wieder neue Erfahrungen machten. Eines Tages, nachdem Walter eine große Wurzel im Garten ausgraben hatte, bekam er schmerzhafte Herzbeschwerden, wollte aber nichts von einem Arzt wissen. Nach Wochen wiederholte sich so ein Anfall noch einmal. Ich war ganz ratlos, da es ihm offensichtlich schlecht ging, aber er wollte nicht, daß ich einen Arzt rief. Die Schmerzen wiederholten sich nun in kleineren Zeitabständen, und es gelang mir allmählich, ihn zu überreden, einen Arzt aufzusuchen, zumal er nun sehr unter Atemnot litt. Der Arzt stellte eine gefährliche Herzschwäche fest und Walter mußte umgehend in einem Krankenhaus behandelt werden. Damit wurde er aus seinem Schutzraum völlig unvorbereitet herausgerissen und sah sich plötzlich einer unbekannten Situation gegenüber. Es war für ihn und mich ein großes Erlebnis, für andere Menschen gar nicht nachvollziehbar, daß Walter als "normaler" Mensch in ein "normales" Krankenhaus aufgenommen, dort freundlich und zuvorkommend empfangen wurde und ein freier Mensch sein konnte, dem das ganze Krankenhaus offenstand. Ärzte und Schwestern sprachen ernsthaft und höflich mit ihm, besonders, als er nach einigen Tagen Fragen stellte. Ich hätte nun meinerseits mit dem Arzt sprechen können, wie ich das früher getan hatte, das tat ich diesmal aber nicht, sondern ermunterte Walter dazu, selbst mit Ärzten und Schwestern zu verhandeln, was er mutig tat. Der Arzt teilte ihm mit, daß er mit dem Nervenarzt gesprochen habe wegen des laufenden Medikamentes, so daß Walter nicht das Gefühl hatte, es würde ihm was vorgemacht und er wurde ernstgenommen. Ich hatte in früheren Jahren oft gefürchtet, Walter müsse wegen einer Erkrankung einmal in ein Krankenhaus und könne sich dort schwierig verhalten, so daß man ihn erneut in die Nervenklinik einweisen würde. Auch jetzt hatte ich große Sorgen, ob er auf Dauer der Umwelt gewachsen sein würde und besuchte ihn oft und auch die Kinder sahen immer liebevoll nach ihrem Vater. Er teilte das Krankenzimmer mit einem anderen Patienten, der viermal wechselte! Er mußte sich also viermal auf einen fremden Menschen einstellen, was er fabelhaft bewältigte! Er war ohne Schwierigkeiten in der Lage, sich mit anderen zu verständigen. Am meisten genoß er die Freiheit und schaute sich das ganze Krankenhaus an und ging in der ersten Zeit fast zu viel umher, als wolle er sich wirklich davon überzeugen, daß es da keine verschlossenen Türen gab.

Ich machte in dieser Zeit eine Erfahrung, die ich Walter nicht erzählte. Eines Morgens rief ich den Nervenarzt an und sprach mit dessen Frau, da Walter einen Termin nicht einhalten konnte. Beide waren Menschen, die ihn nun seit zwanzig Jahren kannten und doch wissen mußten, wie wenig schwierig er längst war. Als ich ihr in argloser Weise erzählte, er habe in den ersten Tagen im Krankenhaus die Tropfen nicht genommen, da er nicht sicher war, ob es seine gewohnten waren, kam sofort die Antwort: *"die muß er aber nehmen, sonst, wenn er mißtrauisch und schwierig ist, muß er in die Nervenklinik."* Ich war empört! Warum mußte sie denn jetzt gleich von der Nervenklinik sprechen, ich hatte doch gerade erzählt, wie gut er sich in alles hineingefunden hatte und eben nicht schwierig war! Warum mußte sie nach siebzehn Jahren mit der Nervenklinik drohen? Ich regte mich den übrigen Tag sehr auf. Die Kinder aber beruhigten mich: *"sei ganz sicher, das kommt gar nicht in Frage. Wenn Papa so etwas passieren sollte, sind wir auch noch da. Jetzt sind wir erwachsen und haben auch mitzureden, denn er ist unser Vater."* Hardy sagte: *"seine neue Einweisung wäre für ihn der Tod".* Andreas fügte hinzu: *"ich würde gern einmal mit Frau Dr. ... über meinen Vater sprechen."* Ich fühlte sehr dankbar, wie stark die Kinder zu uns Eltern standen und uns liebten.

Als Walter nach Hause entlassen wurde, sprach der Arzt von einem *"lieben, freundlichen Menschen"* und der Mitpatient meinte: *"na, so einen guten Partner bekomme ich bestimmt nicht mehr."* Das tat Walter gut. Er kam auf den Gedanken, nun wohl eine legitime Krankheit zu haben und daher zu Recht ein Rentner zu sein und empfand diesen Tatbestand wie eine späte Rehabilitation!

Trotzdem hat ihn die Herzerkrankung noch sehr beunruhigt und aus der Bahn geworfen. Daß er nun zu einem zweiten Arzt gehen mußte, dem Hausarzt, weil er ständig Medikamente brauchte, konnte er immer wieder nicht verstehen. Dieser hatte sein stures System von regelmäßigen Untersuchungen und bestellte Walter anfangs zu oft. Er war nicht flexibel genug, um auf jemand wie Walter einzugehen. Walter nahm seine Herztabletten sehr unregelmäßig und war von mir nicht von ihrer Notwendigkeit zu überzeugen. Eines Abends sagte er: *"das ist alles mein Verdienst, daß Ihr das überhaupt erfahren habt, daß ich herzkrank bin, weil ich das mitgemacht habe und ins Krankenhaus gegangen bin. Menschen wie euch darf man so etwas nicht verraten. Aber damit ist jetzt Schluß, ich bin jetzt wieder gesund und brauche keinen Arzt mehr."*

Als es ihm einmal sehr schlecht ging und er kaum noch Luft bekam, ging ich in die Sprechstunde des Arztes und bat ihn um einen Hausbesuch.

Dieser meinte aber, Walter w o l l e nicht kommen und lehnte meine Bitte ab und fügte hinzu: *"wenn er so schwierig ist und sich nicht behandeln lassen will, muß er eben in ein Landeskrankenhaus."* Ich war wieder fassungslos und fragte empört: *"was soll er denn in einem Landeskrankenhaus?"* Ich fuhr mit Walter im Taxi zu seinem Nervenarzt, und dieser bekam einen großen Schreck und informierte umgehend den Hausarzt, und dieser stand am nächsten Morgen vor der Tür!

Als Walter eines Abends ganz dicke Beine hatte, sah er selbst ein, wie wichtig die Herztabletten für ihn waren und nahm sie von da ab regelmäßig, obwohl oft schimpfend.
In dieser Zeit veränderte sich mein Leben entscheidend. Walters Krankheit nahm ich zum Anlaß, den Religionsunterricht aufzugeben. Es herrschte in der Schule eine gespannte Atmosphäre, die durch den Notendruck entstand, — es ging oft um Viertel- und Drittelnoten in den Zeugnissen — und ich geriet in Druck mit dem Notengeben im Religionsunterricht, was mir ohnehin schon immer sehr fragwürdig schien. Der Abschied vom Umgang mit Kindern fiel mir sehr schwer. Ich war einundfünfzig Jahre alt und überlegte, daß, wenn ich noch etwas Neues beginnen wollte, ich nicht noch älter werden dürfte. Ich konnte ehrenamtlich in der Beratungsarbeit und Seelsorge der evangelischen Kirchengemeinde stundenweise mitarbeiten und machte dafür ein Jahr lang mit anderen einen entsprechenden Ausbildungskursus mit. Mit diesem Lernen in einer Gruppe begann für mich wirklich ein neues Leben! Ich machte persönlich in den nächsten Jahren einen großen Entwicklungsprozeß durch. Ich lernte die Psychologie erst richtig kennen mit ihrer Neurosenlehre u.a. und bekam ganz neue Erkenntnisse vermittelt über die Menschen und mich selbst. Da wir uns als Helfer und Helferinnen gemeldet hatten, lernten wir in der Gruppe erst mal, unsere eigenen Motive zu hinterfragen: warum wollten wir helfen? Was meinten wir mit Hilfe? Wie geht es mir, wenn jemand leidet, weint? Warum möchte ich trösten, damit sie oder er aufhört zu weinen? Warum möchte ich, daß meine Ratschläge Erfolg haben, ankommen? Warum will ich überhaupt Ratschläge geben? Kann ich angesichts von Schmerzen und Leiden meine Hilflosigkeit eingestehen und aushalten? Ich lernte die Motive meines Helfen-wollens und das anderer im Bedürfnis nach Bestätigung sehen, nach Wichtigsein für andere, nach Gebrauchtwerden und Geliebtwerden. Ich lernte meine unbewußte Angst kennen, eigene Bedürfnisse anzumelden, was ich früher als egoistisch und deshalb verboten angesehen hatte — überhaupt die Angst, nicht daseinsberechtigt zu sein, wenn ich mich nicht für andere zur Verfügung stelle oder gar aufopfere, das Verhalten, was man psychologisch das Helfersyndrom nennt. Und mir gin-

gen die Augen auf, warum ich gerade diesen Mann geheiratet hatte, heiraten mußte nach meiner von Kind auf entstandenen Charakterstruktur! Sehr betroffen sah ich meinen ganzen langen Lebensweg von dieser Angst bestimmt vor mir liegen! Das häufige schlechte Gewissen, wenn ich mal "nein" gesagt hatte, die vielen Schuldgefühle, wenn ich mich überfordert gefühlt hatte, weil ich meinte, immer für alle und alles verantwortlich zu sein!

Ich übte nun, diese Angst und Schuldgefühle abzubauen, mich zu ändern, und wir unterstützten uns in der Gruppe dabei gegenseitig. Ich wurde wie ein befreiter Mensch, ich gewann eine neue Sicherheit und Gelassenheit und lernte Verantwortung loszulassen oder abzugeben und nicht immer zur Verfügung zu stehen. Auch als unsere Arbeit dann begann, wurden wir von hauptamtlichen Mitarbeiterinnen begleitet, und ich lernte mit den anderen, mich selbst, meine Gefühle und Reaktionen überhaupt erst mal wahrzunehmen und zuzulassen, ohne mich immer gleich schuldig zu fühlen. Ich mußte nicht mehr perfekt sein! So konnte ich auch die Angst anderer besser verstehen und sie in ihrer eigenen Wahrnehmung unterstützen, aber ich konnte auch mein Hilfebedürfnis anderen gegenüber begrenzen und lernte, *"nein"* zu sagen, wenn ich meine Grenzen erkannte. Ich begann ein ganz verändertes Verhalten auch den Kindern und besonders Walter gegenüber. Ich konnte die Kinder eigenverantwortlich sein und damit loslassen, und sie und ich waren befreit. Und wir konnten allmählich miteinander darüber sprechen, was für mich bis heute ein unbeschreibliches Geschenk ist. Sie hatten weniger Ängste und Schuldgefühle entwickelt als ich, so schien es mir, und sie trafen sehr selbstbewußt und sicher eigene Entscheidungen, — auch das macht mich bis heute glücklich.

Auch Walter konnte ich loslassen, er sollte selbst verantwortlich sein für sein Rauchen zum Beispiel, und Essen. Ich legte mein dauerndes Muttersein auch ihm gegenüber ab, wobei mir jetzt erst klar wurde, wieviel Macht ich auch damit ausgeübt hatte. Dadurch gewann ich für mich selbst eine größere Unabhängigkeit und nahm — mit weniger schlechtem Gewissen — meine eigenen Bedürfnisse wahr.

In dieser Zeit fand ich einen Arbeitskreis innerhalb der evangelischen Arbeitnehmerschaft, in dem gemeinsam gesellschafts- und sozialkritische Texte und Bücher gelesen und besprochen wurden. Es nahmen daran Ehepaare und Alleinstehende, Ältere und Jüngere, evangelische und katholische Christen teil, eine ideale Zusammensetzung. Und nun entstanden untereinander echte Freundschaften und ein so lebendiger Austausch, wie ich ihn noch nie erlebt hatte. Das Wunderbare geschah: Ich fand in diesem Kreis endlich Freundinnen und Freunde in meinem Alter, einige mit erwachsenen Kindern wie meine, alle an ihrer eigenen Entwicklung und Veränderung und Weiterbildung interessiert. Wir trafen uns immer öfter, und ich ließ Walter allein, da er nicht mitkommen wollte, und es gab damit weniger Probleme als ich früher gedacht hatte. Wir besuchten Seminare an Wochenenden und bildeten uns an Themen wie "Psychotherapie und Seelsorge", Transaktionsanalyse, Selbsterfahrung in Gruppen, wir erlebten biblische Geschichten neu, indem wir sie spielten, wir übten uns in Meditation und Körpererfahrung. Wir feierten und luden uns ein, wanderten im Taunus und veranstalteten dort Grillfeste! Und immer führten wir dabei viele tiefgehende Gespräche über politische und religiöse Fragen und machten glückliche Erfahrungen miteinander. Es tat uns gut, mit Menschen zusammen zu sein, die nicht mehr oberflächlich mit allem umgingen.

In meiner Mitarbeiterinnengruppe wurde mir noch eine weitere Erfahrung zuteil, die mich sehr froh machte. Ich war die Älteste, die meisten waren viel jünger, zwei im Alter von Viola und Hardy. Wir erlebten gemeinsam ihre Studienabschlüsse, Heiraten und das Geborenwerden ihrer Kinder mit, und es war ein intensives gegenseitiges Begleiten. Wir trafen uns nach der Reihe in unseren Wohnungen und lernten unsere Partner und Familien kennen, und eines Abends, als sie alle bei mir waren, saßen nicht nur meine Kinder, sondern auch Walter in lebhaftem Gespräch vertieft dabei. Ich erlebte allmählich in der Begegnung mit all diesen Freundinnen und Freunden eine Offenheit und Vertrauen, wie ich sie vorher selten gekannt hatte, und es tat mir wohl. Wir sprachen uns ehrlich auf unsere Ängste und Motive an, auch wenn wir Probleme miteinander hatten und waren durchaus nicht immer einer Meinung, da wir sehr verschieden waren. Wir trafen uns gegenseitig in unseren evangelischen und katholischen Gottesdiensten und Tagungen, und mein Leben bekam eine große Erweiterung.

Die Kinder waren immer abwechselnd da und manchmal, an Geburtstagen und Feiertagen, oder auch so an gemütlichen Nachmittagen oder Abenden, waren wir mal alle zusammen. Dann wurde viel erzählt, diskutiert und auch gelacht, und wenn sie gingen, fühlten wir beide, Walter und ich, uns wohl. Das war auch gut möglich für uns, da wir uns wegen der Kinder keine Sorgen machen mußten. Sie verfolgten ihre Ausbildungsziele und kamen mit ihrem Geld aus und führten ein ausgefülltes und kreatives Leben mit vielen Freunden. Hardy wohnte dann noch eine Zeitlang bei uns, als er zum Zivildienst eingezogen wurde, den er in einem Altenheim in der Nähe ableistete. Nach einer Weile zog auch seine Freundin fast ganz bei uns ein. Sie kochten nun oft für sich selbst, denn ich war nicht mehr bereit, meine Unabhängigkeit wegen der Mahlzeiten für die Familie einzuschränken.

Walter war in dieser Zeit sehr schlank und schmal geworden und sah fast jünglingshaft aus, wie in jungen Jahren, als wir heirateten. Es ging ihm manchmal sehr schlecht, er litt dann unter großer Atemnot, und der Arzt sagte einmal zu mir: *"Er kann eines Tages tot umfallen"*. Manchmal mußte er auf dem Weg von seinem Zimmer zur Küche dreimal stehenbleiben und nach Luft ringen. Trotzdem wollte er das Rauchen nicht aufgeben, weswegen er und ich von seinen Geschwistern leidenschaftliche Vorwürfe zu hören bekamen. Aber ohne Rauchen zu leben wäre für ihn ein großer Einbruch gewesen, für den er keine Kraft hätte aufbringen können. Es war wohl ihm und mir bewußt, daß er einen langsamen Selbstmord betrieb, was wir uns aber nicht eingestehen wollten. Einmal, als ich vorsichtig daran rührte, sagte er sehr entschieden: *"Wann ich sterbe, das weiß Gott"*, — und ich ließ es dabei, es war ja nicht falsch.

Eines Tages kam ich auf den Gedanken, wir könnten vielleicht doch einmal zusammen Urlaub machen. Mit großer Sehnsucht zog es mich zur Ostsee, und da wir beide, Walter und ich, mit der Ostsee aufgewachsen waren, dachte ich, eine Reise dorthin würde ihn freuen. Es war auch so, wir mieteten ein kleines Apartment nicht weit vom Strand. Aber diese Zeit war ein eigenartiges Hin-und-Her zwischen Glücklichsein und Unglücklichsein. Der Strand, das Meer: herrlich! Eine Dampferfahrt an der Küste entlang, im Strandkorb ausruhen, schwimmen, abends im Restaurant leckeren Fisch essen und Tee trinken bei Kerzenschein, zwischendurch die Kinder anrufen, Pläne für Fahrten nach Kiel und Lübeck, alles war so ein Glück! Aber dann saß Walter jeweils schon um fünf Uhr morgens aufrecht im Bett, wollte Radio hören und hüllte unser kleines Zimmer in Rauchwolken ein und war nicht zu einer Umstellung seiner Gewohnheiten zu bewegen. Ich konnte an Schlaf nicht mehr denken, — also staute sich bei mir Enttäuschung und Wut, und ich lief früh allein durch die Felder und zum Strand und weinte. Dreimal passierte es, daß Walter seine Herzmittel nicht genommen hatte und danach schlimme Herzanfälle bekam, auf der Bank vor dem Schwimmbad saß und dachte, er müsse sterben, während er auf mich wartete. So war ich nach einer Woche seelisch und körperlich so erschöpft, daß ich Hals über Kopf erklärte, heimfahren zu wollen. Schweigend packten wir die Koffer, rechneten ab und fuhren zur Bahn, und schweigend schauten wir aus dem Zugfenster, uns war so traurig zumute.

Ich sehnte mich so nach einem Urlaub und danach, aus der Stadt herauszukommen, daß meine Schwester mir ihre Wohnung für eine Woche anbot, während sie verreist war, denn sie wohnte an einem herrlichen bayerischen See. Ich nahm das dankbar an und ließ Walter trotzig allein, obwohl es ihm nicht gut ging. Ich wollte wirklich jetzt an mich denken und sagte mir: *nachher bin ich ja wieder für ihn da.* Ich hatte kurz vorher an einem Wochenende langsame, chinesische, heilgymnastische Übungen erlernt, von denen eine große Ruhe ausging. Nun verbrachte ich wirklich diese eine Woche mit meditativem Schweigen und diesen langsamen Bewegungen, ich begegnete kaum einem Menschen, machte Spaziergänge auf schönen herbstlichen Wegen und saß nachts im Mondenschein, der gerade in diesen Nächten leuchtend über dem See stand und sein Licht ins Zimmer fluten ließ. Ich hatte so ein Schauspiel lange nicht gesehen!

Walter empfing mich mit einem auf Tonband gesprochenen Bericht, der mich sehr rührte. Es war ein leuchtender, farbenfroher Herbst, und wir fuhren auf Fahrrädern gemeinsam durch Parks und am Flüsschen entlang, und hinauf zum Drehrestaurant, ehe die herbstlichen Nebel kamen. Eines morgens fuhr ich nach H., um eine alte Dame, die Freundin meiner Tante, an deren erstem Todestag zu besuchen und das Grab zu schmücken. Vorher, während des Frühstücks hatte ich ein lebhaftes Gespräch mit Walter. Er sagte mir, er hätte in der Nacht eine große Erkenntnis gehabt, er wüßte nun genau, daß seine Eltern ihn und seine Geschwister erst jeweils zwei Jahre nach der Geburt auf dem Standesamt angemeldet hätten, und er habe daher ein falsches Geburtsdatum, er sei in Wirklichkeit zwei Jahre älter. Deshalb müsse er nun ein ganz neues Horoskop machen und sei eigentlich ein ganz anderer Mensch, als er gedacht hätte. Auf meine Skepsis hin wurde er nur noch eifriger und verabschiedete sich von mir sehr abgelenkt und flüchtig.

Vom Friedhof kommend auf dem Weg ins Altenheim ging ich kurz vor zwölf Uhr in eine Kirche, aus der ich Orgelmusik hörte. Während ich lauschend in dem dämmerigen Raum saß, spürte ich tiefen Frieden und so ein Gefühl: es ist alles in Ordnung. Kaum hatte ich das Zimmer der alten Dame betreten, läutete das Telefon, Hardy war dran, weinte und sagte ganz leise: *"Papa ist eben gestorben."* Er hätte den Arzt geholt, der nur noch den Tod habe feststellen können, und nun hätten sie ihn auf das Bett gelegt. Und plötzlich rief er es heraus wie einen Siegesruf: *"Mama, der Papa hat es geschafft!"* und ich bekam Herzklopfen. Ich versprach, mit dem nächsten Zug zu kommen.

Hardy hatte den Vater, als er ihn etwas fragen wollte, in seinem Sessel sitzend vorgefunden, den Bleistift und ein begonnenes Horoskop in der

Hand, etwas zurückgelehnt, — und gemerkt, daß er tot war. Der Arzt hatte sich wie ein Automat verhalten, Totenschein ausgestellt und gesagt, er müsse nun ein Beerdigungsinstitut anrufen, während Hardy weinte. Es sei so gewesen, als hätte er gesagt, es müsse nun die Müllabfuhr kommen und den Toten wegräumen. Andreas kam in diesem Augenblick, und der Arzt sei ohne Gruß an ihm vorbei zur Tür gestürmt. Als ich kam, lag Walter wie schlafend da mit einem schönen, ausgeglichenen Gesicht, in dem sich alles beruhigt hatte, die Jungen hatten Kerzen angezündet und wir umarmten uns innig. Das angefangene Horoskop bewegte uns sehr: er war mitten in der unermüdlichen Suche nach seiner Identität, deren er sich nie sicher war, hinübergegangen in ein neues Leben, wo es keine Fragen und kein Suchen-müssen mehr gibt, wo er endlich ans Ziel kommen konnte. Er war um zwölf Uhr gestorben, als ich in der Kirche gesessen hatte!

Nach allen Notwendigkeiten, die wir gemeinsam bis zum Abend klärten, saß ich dann still bei Kerzenschein neben meinem lieben Toten, und beim Gedanken an meine in einem fernen Land weilende Tochter konnte ich endlich gelöst weinen. Mir fiel ein, daß Walter ein paar Tage vorher an Viola einen kleinen Brief geschrieben und ihn um fünf Uhr morgens zum Briefkasten gebracht hatte! Ich berührte seine Hände und mich traf ihre Kälte und ich spürte, daß er schon weit von mir entfernt war: er hatte mich verlassen. Durch den Spalt des Fensters strömte im Morgengrauen die herbstliche Kühle herein und ich spürte den Tod im Zimmer, aber da ich ihn schon als Kind durch den frühen Tod meiner Mutter kannte, hatte er für mich eher mit Heimkehr zu tun und schreckte mich nicht. Ich fühlte allmählich in mir ein großes Gefühl der Entlastung und Befreiung, das mich dann den neuen Tag begleitete, als das schmerzliche In-den-Sarg-legen geschah. Meine beiden großen Söhne und Hardys Freundin umgaben mich mit großer Liebe und Hilfsbereitschaft, und ich dachte: immer, wenn es darauf ankam, waren die Kinder voll da. Beide erwachsenen Söhne konnten von Herzen um ihren Vater trauern und weinen.

Nach 24 Stunden fiel es mir ein: ich hatte einen ganzen Tag ohne Kompliziertheit und Mühe im Umgang mit Walter verbracht und ich spürte, daß ein neues Leben für mich begann, eine neue Chance. Um frei zu werden und mir selbst zu erlauben, diese zu nutzen, brauchte ich noch fast drei Jahre. Noch lange meinte ich, unbedingt Tätigkeiten ergreifen zu müssen, bei denen ich mich wieder für andere einsetzte oder gar aufopferte. Etliche Male merkte ich gerade noch im letzten Augenblick, daß ich das nicht mehr wollte und mußte, um das Ganze noch rechtzeitig absagen zu können. Erst allmählich gewann ich die Freiheit, für mich einiges zu tun oder mit Menschen umzugehen, wie ich es wollte und wie es meinen Wünschen und Bedürfnissen entsprach, ohne ein schlechtes Gewissen aufkommen zu lassen, ich sei egoistisch und nur ein Leben für andere sei sinnvoll. So tief sitzt die Erziehung besonders bei uns Frauen in uns und läßt nicht zu, ohne Schuldgefühle wir selbst zu sein und unseren Wünschen zu folgen.

Nach Jahren hatte ich einen Traum, mit dem ich Abschied von Walter nahm: wir gingen beide auf einer großen Einkaufsstraße, und ich wollte neue Kleider kaufen und lief voller Begeisterung von einem Schaufenster zum anderen und auch hin und wieder in ein Geschäft hinein, um mir etwas anzusehen, und vergaß Walter neben mir. Plötzlich merkte ich, daß er weg war, — verschwunden! Ich lief zwischen allen Leuten umher und dachte, ich müßte ihn doch leicht finden mit seinem hellen Mantel. Und tatsächlich: da kam er auf mich zu, ganz ungewohnt ruhig, und als ich ihn sah, kniete ich nieder auf der Straße und beugte mein Gesicht tief zur Erde in einem gemischten Gefühl von Respekt vor ihm und dem Unglücklich-sein, — *"wie lange muß ich ihn nun immer noch suchen?"* Er sagte: *"lass uns an den Strand gehen,"* — wir kamen an das Meer, und von einer Mauer oben sah ich Wildgänse auf dem Wasser und rief: *"sieh mal, die sind wirklich wild!"* Da merkte ich, daß Walter ganz nah unten am Wasser stand und mit seinem Blick schon weit über dem Meer war und mich gar nicht mehr hörte, mit mir gar nichts mehr zu tun hatte, während es für mich noch die wilden, vitalen Gänse gegeben hatte! Er war schon über den Ozean!

Ich möchte schließen mit einem Zitat einer der Menschen, von denen ich viel in meinem neuen Leben gelernt habe:

"... wir können doch nur das Vertrauen haben, daß Gott uns begleitet; und erst vom Ende her wird sich erweisen, daß es tatsächlich Gott gewesen ist, der all die Zeit in dem, was uns menschlich so fern und doch gleichzeitig so eng verwandt erschien, zur Seite war und uns begleitete ..."

(Aus: *"Voller Vertrauen rettet er uns"* von Eugen Drewermann)

Udo Weinbörner

In Sachen Eva D.

Die Geschichte einer Zwangssterilisierten

Roman

mit Materialien zu den geschichtlichen Hintergründen

DM 19,-

„Die Handlung des Romans ist kurz beschrieben: eine junge Frau wird zur Zeit der Naziherrschaft in Deutschland zwangssterilisiert und muß die biologischen, psychischen und materiellen Folgen in der Bundesrepublik weitertragen. Weil eine tradierte Justiz die erzwungene körperliche Versehrung als rechtens erachtet.
Mit dem Instrument des Tagebuchs gelingt es dem Autor, die subjektive Wirklichkeit dieser Frau in immer neuen Belichtungen dem Leser vorzuhalten. Das geschieht in einer überzeugenden Präsentation, der man schon nach den ersten Seiten des Romans nicht mehr ausweichen kann. Die gewollte Nüchernheit des fiktiven Diariums mobilisiert den Leser, bringt ihn zur berechtigten Empörung gegenüber juristischen Mechanismen, die offenbar bruchlos aus der Diktatur in die Demokratie transportiert wurden. Wieweit Politik, Justiz und Medizin in einträchtiger Koalition Menschen überrollen und zum gedemütigten Opfer machen ist mit diesem Buch angeklagt."

Aus einem Brief des Schriftstellers J. Reding, Dortmund

Udo Weinbörner hat einen anrührenden, aufrüttelnden Roman über die Lebensgeschichte einer zwangssterilisierten Frau geschrieben. Der Roman ist eine subtile Anklage gegen die Gleichgültigkeit im Nachkriegsdeutschland – eine Gleichgültigkeit, die bis heute anhält. Der Autor gibt dem Roman eine umfangreiche Materialsammlung bei.

Die Parlamentarier des Bundestages, die derzeit über ein neues Sterilisationsgesetz zu beraten haben, täten gut daran, intensiv darin zu lesen.

Dr. Heribert Prantl, SÜDDEUTSCHE ZEITUNG, München